高等院校医药物流专业系列教材

孙前进 曾 渝 / 主编

Medical
Distribution Center Planning and Operation

医药配送中心规划与运营

胡贵彦 王 艳 吴菲菲 编著

中国发展出版社
CHINA DEVELOPMENT PRESS

图书在版编目（CIP）数据

医药配送中心规划与运营/胡贵彦，王艳，吴菲菲编著．—北京：中国发展出版社，2022.1

ISBN 978-7-5177-0758-5

Ⅰ.①医… Ⅱ.①胡… ②王… ③吴… Ⅲ.①药品—物流管理—高等学校—教材 Ⅳ.①F724.73

中国版本图书馆 CIP 数据核字（2017）第 230070 号

书　　　名：	医药配送中心规划与运营
著作责任者：	胡贵彦　王　艳　吴菲菲
出版发行：	中国发展出版社
联系地址：	北京经济技术开发区荣华中路22号亦城财富中心1号楼8层（100176）
标准书号：	ISBN 978-7-5177-0758-5
经 销 者：	各地新华书店
印 刷 者：	北京市密东印刷有限公司
开　　本：	787mm×980mm　1/16
印　　张：	16.75
字　　数：	303 千字
版　　次：	2022 年 1 月第 1 版
印　　次：	2022 年 1 月第 1 次印刷
定　　价：	45.00 元

联系电话：（010）68990642　68990692
购书热线：（010）68990682　68990686
网络订购：http://zgfzcbs.tmall.com
网购电话：（010）68990639　88333549
本社网址：http://www.develpress.com
电子邮件：fazhanreader@163.com

版权所有·翻印必究

本社图书若有缺页、倒页，请向发行部调换

总　序

"高等院校医药物流专业系列教材"在有关各方的关注、指导、支持与编写人员努力下终于出版，这是物流教材内容跨学科——从一般综合管理向某特定行业的深入进展与高度融合，同时是一种挑战与尝试，需要物流专业与医药专业的结合与配合。

2005年4月19日，国家食品药品监督管理总局（现为国家市场监督管理总局）发布了《关于加强药品监督管理促进药品现代物流发展的意见》（〔2005〕160号）。文件指出："发展药品现代物流，是深化药品流通体制改革，促进药品经营企业规模化、规范化和进一步规范药品流通秩序的重要措施。对促进药品生产、经营企业的结构调整，提高药品生产、经营企业的管理水平和效益，将会起到积极的作用，同时也有助于提高我国的药品监管水平。"医药物流是物流体系的一个重要组成部分，具有物流业的一般共性，更具有药品物流的特性。

药品的特殊性是除了自身的商品属性外，还具有自然属性、法律属性、社会属性。正因如此，为保证消费者的用药安全，国家制定了一系列的法律法规、标准规范，对从药品的生产审批，一直到患者消费的全过程实行监管。

本套教材完全遵循、执行《中华人民共和国药品管理法》(2019年8月26日修订通过)、《中华人民共和国药品管理法实施条例》(2019年3月18日第2次修订版)、《药品经营质量管理规范》(2016年6月30日修正)、《药品经营质量管理规范现场检查指导原则及评定标准》(食药监药化监〔2014〕20号)、中华人民共和国国家标准《药品物流服务规范》(GB/T 30335—2013)、中华人民共和国国家标准《药品冷链物流运作规范》(GB/T 28842—2012)、中华人民共和国国内贸易行业标准《药品物流设施与设备技术要求》(SB/T 11036—2013)等法律法规、标准规范的基本要求编写,不做分析,不倡导"创新"与"变通"。例如,《药品经营质量管理规范》是药品经营管理和质量控制的基本准则。其明确要求:企业应当在药品采购、储存、销售、运输等环节采取有效的质量控制措施,确保药品质量,并按照国家有关要求建立药品追溯系统,实现药品可追溯。它由总则、药品批发的质量管理(质量管理体系、组织机构与质量管理职责、人员与培训、质量管理体系文件、设施与设备、校准与验证、计算机系统、采购、收货与验收、储存与养护、销售、出库、运输与配送、售后管理)、药品零售的质量管理(质量管理与职责、人员管理、文件、设施与设备、采购与验收、陈列与储存、销售管理、售后管理)、附则四部分构成。

由于各种规范、政策经常有更新、修订的可能,使用本教材时请查询政策发布单位的最新修订版本。

本套丛书现由《药品营销网络与物流配送》《医药电子商务》《医药冷链物流》《医药配送中心规划与运营》《医药采购供应管理》五册构成,后续还有可能增添。

本套丛书遵循我国高等教育应用型人才的教育要求,本着实用为主的原则,在兼顾了理论内容的广泛性、知识框架的系统性的同时,加强了实践知识内容的典型性与实用性,每章中设置了案例导读、拓展阅读以及案例分析等模块,注重培养学生对所学知识理解与实践应用的能力。

本套教材由北京秦藤物流咨询有限公司、中日物流合作联盟策划实施，海南医学院管理学院在写作前期有一定程度的参与。

由于编者学识所限，书中难免有遗漏或是不妥之处，恳请广大读者批评指正。

主　编

2020 年 5 月

前　言

　　经济社会的发展，人民生活水平的提高，以及老龄化社会的推进，必将带动中国医药消费需求快速增长。2000年起国家强调"三改并举"，药品生产流通体制改革以及药品价格管理体制改革成为我国医疗体制改革的核心内容。

　　药品是关系人类生命健康的特殊商品，国家对其研发、生产、储存和运输的环境有着严格的要求。如何将药品及时有效地从生产领域经过流通领域转向消费领域是一个系统工程，需要有坚实的药品营销网络体系作支撑，需要有专业化的储存与配送以及先进的信息系统等作为保障。医药配送中心正是医药流通中的关键一环。

　　本书从规划与运营两个板块对医药配送中心进行剖析，力求好的规划并达到高效的运营。全书分为9个章节。第1章从总体上对医药配送中心进行了概述。医药配送中心规划板块包括第2章至第6章内容，即医药配送中心基本资料的收集与分析、医药配送中心选址规划、医药配送中心系统规划、医药配送中心区域设施与设备规划及医药配送中心基本作业管理；医药配送中心运营板块包括第7章至第9章内容，即医药配送中心成本管理、医药配送中心的信息系统以及医药配送中心绩效管理。

　　根据我国高等教育培养实战型、应用型人才的教育特点，本书在编写过程中遵循实用为主的教学原则，力求做到理论知识内容涉及的广泛性，以及实践知识内容的典型性与实用性。每个章节中设置了案例导读、案例分析等板块，注重培养学生对所学知识的实战与应用能力。

由于编者水平有限，书中难免有许多不足之处，恳请广大读者批评指正。本书在编写过程中参考了许多学者的研究成果，谨向所有参考文献的编著者表示衷心感谢！

编　者

2019年8月

目　　录

第1章　医药配送中心概述 ··· 1

　案例导读　华润医药商业集团有限公司案例——建立现代医药物流 ················ 2

　1.1　医药配送中心的概念 ··· 2

　1.2　医药配送中心的功能 ··· 8

　1.3　医药配送中心的类型 ··· 10

　1.4　医药配送中心的现状及发展 ··· 13

　课后思考 ·· 18

　案例分析　XJ制药公司在物流配送方面存在的问题 ································ 18

第2章　基本资料的收集与分析 ··· 22

　案例导读　药品仓库突发火灾，损失惨重 ·· 23

　2.1　建立医药配送中心的目标及设计原则 ······································ 23

　2.2　基本规划资料的收集 ·· 26

　2.3　基本规划资料的定量分析 ··· 28

　2.4　基本规划资料的定性分析 ··· 41

　课后思考 ·· 45

　案例分析　行业模式创新的领导者——广州医药股份有限公司 ················ 45

第3章 医药配送中心选址规划 ·········· 47
案例导读 扬子江药品集团物流配送中心选址 ·········· 48
3.1 医药配送中心选址规划概述 ·········· 49
3.2 医药配送中心的选址原则与影响因素 ·········· 51
3.3 医药配送中心选址的程序与决策步骤 ·········· 54
3.4 医药配送中心选址的方法 ·········· 57
课后思考 ·········· 70
案例分析 湖北同济堂有限公司配送中心选址 ·········· 70

第4章 医药配送中心系统规划 ·········· 75
案例导读 某医药公司物流配送中心系统规划 ·········· 76
4.1 医药配送中心总体规模规划 ·········· 77
4.2 医药配送中心作业流程规划 ·········· 80
4.3 医药配送中心作业区域能力规划 ·········· 82
课后思考 ·········· 88
案例分析 W医药配送中心内部结构与规划 ·········· 88

第5章 医药配送中心区域设施与设备规划 ·········· 91
案例导读 嘉事京西物流中心采用自动化物流系统 ·········· 92
5.1 作业区域空间规划 ·········· 93
5.2 行政区域与厂区面积规划 ·········· 105
5.3 配送中心的建筑要求 ·········· 108
5.4 周边设施规划 ·········· 116
5.5 配送中心的公用配套设施规划 ·········· 118
5.6 医药配送中心的物流设备 ·········· 122
课后思考 ·········· 136
案例分析 A医药企业物流配送中心的功能区布局规划 ·········· 136

第 6 章 医药配送中心基本作业管理 ……………………………………………………… 138

案例导读　S 公司医药物流配送中心作业管理与策略优化 ……………………… 139

6.1　医药配送中心基本作业流程 …………………………………………………… 140

6.2　进货作业管理 …………………………………………………………………… 141

6.3　搬运作业管理 …………………………………………………………………… 147

6.4　储存保管作业管理 ……………………………………………………………… 155

6.5　盘点作业管理 …………………………………………………………………… 161

6.6　订单处理作业管理 ……………………………………………………………… 165

6.7　分拣作业管理 …………………………………………………………………… 170

6.8　补货作业管理 …………………………………………………………………… 175

6.9　出货作业管理 …………………………………………………………………… 176

课后思考 ……………………………………………………………………………… 178

案例分析　将客户满意度视为使命——Boots 公司药品零售配送中心 ………… 178

第 7 章 医药配送中心成本管理 ………………………………………………………… 181

案例导读　××医药配送中心成本计算实例 …………………………………… 182

7.1　医药配送中心成本管理概述 …………………………………………………… 183

7.2　医药配送中心的成本构成 ……………………………………………………… 186

7.3　医药配送中心成本的核算方法 ………………………………………………… 188

7.4　医药配送中心成本的控制 ……………………………………………………… 193

课后思考 ……………………………………………………………………………… 197

案例分析　湖南省急救药品配送服务中心启动 ………………………………… 197

第 8 章 医药配送中心信息系统 ………………………………………………………… 199

案例导读　北京万年青诚医药冷链信息监管方案 ……………………………… 200

8.1　医药配送中心信息系统概述 …………………………………………………… 201

8.2　医药配送中心信息技术及应用 ………………………………………………… 206

8.3　医药配送中心信息系统的设计 ………………………………………………… 219

课后思考 ·· 225
　　案例分析　九州通等运用 RFID 电子标签技术让药品冷链物流不"断链" ······ 225

第9章　医药配送中心绩效管理 ·· 228
　　案例导读　K 医药配送中心配送绩效 ·· 229
　　9.1　医药配送中心绩效评价及指标体系 ··· 229
　　9.2　医药配送中心绩效评价方法 ··· 241
　　9.3　医药配送中心绩效改进方法——基准化管理 ··· 247
　　课后思考 ·· 252
　　案例分析　上海医药的六西格玛管理 ·· 253

参考文献 ··· 255

第 1 章　医药配送中心概述

本章导读

医药配送中心在我国的兴起,充分说明了这种组织形式具备发展现代医药物流的战略优势。医药配送中心拥有广泛的、相对稳定的零售及消费需求网络,能够保证医药产品顺畅地进入流通领域,有效地实现产品的价值。另外,医药配送中心是医药产品市场需求信息的最佳反馈渠道,因为它在处理大量订单的过程中,可以准确掌握某类(种)产品的市场需求情况,了解消费者对医药产品的改进要求,并且通过采购过程将这些信息及时地反馈给生产企业,以便生产企业及时调整生产,改进产品,提高产品的市场占有率。近年来,我国医改政策频出,国家医保目录动态调整、"4+7"药品带量采购扩围、"两票制"广泛开展等一系列医改措施深入推进,推动着医药流通行业向着高质量、高标准、严规范的方向发展,也推动着我国医药配送中心的发展。本章介绍了与医药配送中心相关的概念,说明了医药配送中心的功能及分类,分析了我国医药配送中心的发展现状以及发展趋势。

知识结构图

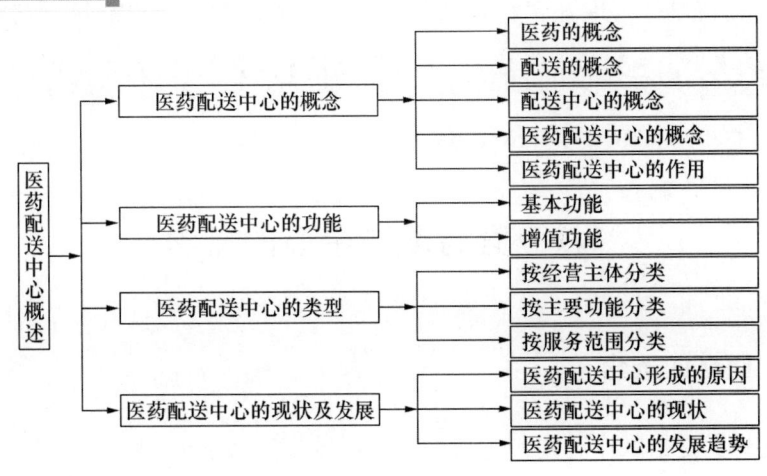

> **案例导读**
>
> ## 华润医药商业集团有限公司案例——建立现代医药物流
>
> 华润医药商业集团有限公司（以下简称"华润医药商业"）是华润医药集团全资的大型医药流通企业，主要从事医药商品营销、物流配送以及供应链相关服务。2013年公司销售总额达734亿元，位居中国医药流通行业第二。当今医药商业发展的基础是融合资金流、信息流、实物流的现代医药物流。华润医药在全国布局过程中，把建设现代医药物流配送中心作为集团发展的引擎。
>
> 华润医药商业在整合各地资源后，积极搭建升级物流平台，复制成熟的集团化仓库管理系统（Warehouse Management System，WMS）管理，在各地加快建设现代医药物流的步伐。2010年9月3日，黑龙江省首家现代医药物流中心——华润牡丹江现代医药物流中心奠基，2012年竣工投入使用；2010年11月16日，山东省最大的医药物流中心落户济南槐荫工业区；2010年11月18日，华润医药商业与苏州市高新区签订投资框架协议，日处理5万张订单的大型现代医药物流中心项目建设正式启动；2011年1月12日，华润医药商业与郑州市经济技术开发区签订发展现代物流框架协议；2011年3月22日，华润医药商业在哈尔滨市经济技术开发区投资建设大型的现代医药物流配送中心；2011年7月，华润辽宁医药现代物流中心在沈阳正式上线；2012年，吉林康乃尔医药现代物流配送中心在长春建成并投入使用；2013年，华润新龙北京公司、武汉公司现代物流配送中心竣工……
>
> 目前，华润医药商业在全国拥有40家现代医药物流中心，WMS管理已经复制到大部分物流配送中心，一个集团化的现代物流配送体系正在崛起。

资料来源：《中国药品流通行业发展报告（2014）》。

1.1 医药配送中心的概念

1.1.1 医药的概念

本书所述医药是指医疗器械和药品。医疗器械指直接或者间接用于人体的仪器、设备、器具、体外诊断试剂及校准物、材料以及其他类似或者相关的物品,包括所需要的计算机软件。医疗器械可用于疾病的诊断、预防、监护、治疗或者缓解,损伤的诊断、监护、治疗、缓解或者功能补偿,生理结构或者生理过程的检验、替代、调节或者支持,以及生命的支持或者维持等,通过对来自人体的样本进行检查,为医疗或者诊断目的提供信息。常用的医疗器械大概包括以下几种:家庭保健器材,如血压计、电子体温表、睡眠改善器等;家庭医疗康复设备,如制氧机、牵引椅等;家庭护理设备,如护理床、家庭急救药箱;医院常用医疗器械,如手术床、血液细胞分析仪等。随着科技的发展,一些科研成果也在迅速转化,一些新型医疗器械出现在人们的视野,如新型电动按摩椅、气血循环机等。

根据 2019 年 8 月新修订的《中华人民共和国药品管理法》[①](以下简称《药品管理法》)关于药品的定义,药品指用于预防、治疗、诊断人的疾病,有目的地调节人的生理机能并规定有适应症或者功能主治、用法和用量的物质,包括中药、化学药和生物制品等。可见,《药品管理法》所指的药品,其作用对象是人,包括中西药制剂、中药材等。药品又分为处方药[②]与非处方药[③]。这一定义明确了药品的使用目的及特殊的使用方法,使之与食品及保健品区别开来。

可见,使用目的和使用方法的不同是医药产品与其他产品的基本区别。当人们为了预防、诊断抑或是治疗疾病时,就需要借助医药产品。这是其他产品所不能替代的。

1.1.2 配送的概念

根据中华人民共和国国家标准《物流术语》(征求意见稿)(GB/T 18354—2020)的规定,配送(Distribution)是指在经济合理的区域范围内,根据客户要求,对物品进行拣选、加工、包装、分割、组配等作业,并按时送达指定地点的物流活动。

---

① 《中华人民共和国药品管理法》由第十三届全国人大常委会第十二次会议于 2019 年 8 月 26 日修订通过。自 2019 年 12 月 1 日起施行。

② 处方药是指必须由有处方权的执业医师或者执业助理开出处方,才能到医院药房或者药店购买的药物。一般处方药绝大多数具有一定的毒副作用,因此需要在医生的指导下合理使用。与处方药对应的是非处方药。

③ 非处方药是指为方便公众用药,在保证用药安全的前提下,经国家卫生行政部门规定或审定后,不需要医师或其他医疗专业人员开写处方即可购买的药品,一般公众凭自我判断,按照药品标签及使用说明就可自行使用。非处方药又称为柜台发售药品(Over the Counter Drug),简称 OTC 药。

配送是物流活动中一种非单一的业务形式，它与商流、物流、资金流紧密结合，并且主要包括了商流活动、物流活动和资金流活动，可以说是包括了物流活动中大多数必要因素的一种业务形式。

从物流来讲，配送几乎包括了所有的物流功能要素，是物流的缩影或在某个小范围内全部物流活动的体现。一般的配送集装卸、包装、保管、运输于一身，特殊的配送则还要以加工活动为支撑，所以包括的方面更广。但是，配送的主体活动与一般物流不同，一般物流是运输及保管，而配送则是运输及分拣配货。分拣配货是配送的独特要求，也是配送中有特点的活动。以送货为目的的运输则是实现配送的主要手段，从这一主要手段出发，常常将配送看成运输的一种。

从商流来讲，配送和物流的不同之处在于，物流是商物（指商流、物流）分离的产物，而配送则是商物合一的产物，配送本身就是一种商业形式。虽然配送在具体实施时也有以商物分离形式实现的，但从配送的发展趋势看，商流与物流结合越来越紧密是配送成功的重要保障。

1.1.3 配送中心的概念

根据中华人民共和国国家标准《物流术语》（征求意见稿）（GB/T 18354—2020）的规定，"配送中心（Distribution Center）是指从事配送业务且局域完善的信息网络的场所或组织，其应符合下列基本要求：①主要为特定客户或末端客户提供服务；②配送功能健全；③辐射范围小；④提供高频率、小批量、多批处理服务"。

《物流手册》对配送中心的定义是："配送中心是从供应者手中接受多种大量的货物，进行倒装、分类、保管、流通加工和情报处理等作业，然后按照众多需要者的订货要求备齐货物，以令人满意的服务水平进行配送的设施。"

《现代物流学》对配送中心的定义是："配送中心是从事货物配备（集货、加工、分货、拣选、配货）和组织对用户的送货，以高水平实现销售或供应的现代流通设施。"

日本《市场用语词典》对配送中心的解释是："它是一种物流结点，它不以贮藏仓库的单一的形式出现，而是发挥配送职能的流通仓库，也称作基地、据点或流通中心。配送中心的目的是降低运输成本、减少销售机会的损失，为此建立设施、设备并开展经营、管理工作。"

《货运物流实用手册》对配送中心的解释是:"配送中心是实现配送业务的现代化流通设施。配送中的'货物配备'是配送中心主要的业务,是全部由它完成的;而送货既可以完全由它承担,也可以利用社会货运企业来完成。"

可见,配送中心首先要有一定的场所,拥有一定的设施设备,然后以此为中心向各种客户提供服务。

1.1.4 医药配送中心的概念

医药配送中心是医药供应链中销售物流的重要组成部分。该中心可根据医药销售终端的订单和销售情况,利用现代物流和信息技术,集仓储管理和物流配送于一体进行规模化的采购和进货,通过优化医药产品供销配运环节中的验收、存储、分拣、配送等作业过程,减少医药物流配送环节的成本,缩短医药物流的时间和客户的经营成本,以缓解医药配送环节费用较高导致医药产品价格居高不下的局面。

医药配送中心的运营,一是以药品和医疗器械配送为主,主要面对医院、零售药店和基层医疗终端市场;二是吸引主要上游供应商并与他们建立网络伙伴关系,使之成为众多医药产品的配送中心或中转仓库;三是从医药产品配送扩大到医院、药店需要的相关产品的储存、配送。

与此同时,医药配送中心不仅自身实现管理信息化,而且要帮助上游供应商、下游客户实现物流管理现代化,实现网上交易、计算机订货、制单、配货、核算、管理、信息处理等,形成区域性物流中心。

医药配送中心的工作人员由上游供应商、医药储存配送方以及医药销售终端人员共同组成,但由医药流通企业的人员负责管理。医药配送中心主要对医药产品的在库管理、周转、分拣、配送、回单以及温湿度控制等作业进行管理,通过对医药产品进行整体的物流作业管理,加快医药产品的流通速度,提高医药产品的流通效率。

医药配送中心可建立供应链战略联盟,将供应链上的企业资源整合为一体,实现互补和共享;还可对相互联系、分工协作的整个行业链进行整合,形成以供应链为核心的、社会化的医药物流系统,使物流活动逐步从生产、交易、消费过程中分化出来,成为一种专业化的经营活动。

综上，本书所指的医药配送中心是专门从事医药及相关产品的配备（集货、流通加工、分货、拣选、配货）和送货，借助现代化的信息技术，高效率、低成本地完成配送业务的现代流通设施。

1.1.5　医药配送中心的作用

1. 对流通企业与制造企业的作用

（1）医药配送中心有助于企业降低销售环节的物流成本。医药配送中心主要通过简化医药产品供应链和集中运输来降低物流成本。"小批量、多频次"的配送要求加大了企业产品配送管理的难度，如果是传统配送方式（"一对一"方式），还增加了物流成本。而医药配送中心参与产品配送环节，降低了物流运作成本，这是医药配送中心最根本的作用。

医药配送中心可以将"小批量、多用户"的待运医药产品进行集中，对相同方向的产品进行统一运输。运输货物数量的增加可以使生产企业用整车运输代替零担运输，从而降低单位货物运输成本。同时，医药配送中心还可以简化医药产品的供应链，减少供应链上配送运输的作业次数，使企业可以更有效地利用现有资源和人员，节约配送的管理费用等。

（2）医药配送中心有助于企业开展电子商务。随着网络技术的发展，电子商务作为一种新的交易方式，在医药行业逐渐被消费者和商家所接受，将成为制造企业未来销售模式的发展方向。但是我国传统的医药配送体系远不能满足电子商务发展的要求，产品配送的滞后性成为我国电子商务发展公认的瓶颈。医药配送中心是随着现代医药物流和物流技术的发展而出现的，是对传统医药配送体系运作模式的改进，它提高了医药配送的效率，缩短了企业对产品需求变化的反应时间。医药产品的自销模式可以消除产品销售中不必要的环节，从而降低医药产品销售的成本。因此，企业可以通过不同形式合理地建设医药配送中心来改善企业的配送体系，为开展电子商务提供良好的支持。

（3）医药配送中心可以提高企业的服务质量、扩大产品的市场占有率。医药产品种类的日新月异，消费者对产品品牌忠诚度的下降，使同类产品制造企业之间的竞争越来越激烈。如果医药产品不能适时适量地配送到需求点，就会造成需求产品的缺货现象，使客户的忠诚度进一步下降。因此，提高配送服务水平，将为医药制造企业的发展提供机遇。

医药制造企业建设医药配送中心,可以缩短产品的交货时间,提高供货的频率,提供适时适量的配送服务,降低缺货率。医药制造企业配送服务水平的提高,可以增强其产品的市场竞争力,从而扩大产品的市场占有率。

(4)医药配送中心提高了物资设备利用率和库存周转率。医药配送中心集中库存产品,可以使有限库存在更大范围内为更多客户所利用,这使其物资设备利用率和库存周转率大大提高;还可以使仓储与配送环节建立和运用规模经济优势,降低单位存货配送和管理的总成本。

(5)医药配送中心完善了干线运输中心的社会物流功能体系。采用医药配送中心作业方式,可以在一定范围内将干线、支线运输与仓储等环节统一起来,使干线运输过程及功能体系得以优化和完善,形成一个大范围医药物流与局部范围医药配送相结合的、完善的医药物流配送体系。

(6)医药配送中心对整个社会和生态环境起着重要的作用。由医药配送中心组织配送,可以减少运输车辆,缓解交通压力,减少噪声、尾气排放等运输污染,为保护生态平衡、建设美好家园作出贡献。

2. 对药店及医院等需求方的作用

(1)降低医药进货成本。医药配送中心集中进货,不仅可以降低医药进货成本(运输、管理费用等),还可以在价格上享受优惠,使医药产品的成本降低、利润率上升。

(2)改善店铺的库存水平。由医药配送中心及时配送,有利于店铺实现无库存经营。同时,医药配送中心的集中库存还可以达到降低库存总水平的目的。

(3)减少店铺的采购、验收、入库费用。医药配送中心利用软硬件系统,大批量、高效率地检验、登记入库,从而大大简化了各个店铺相应的工作程序。

(4)减少交易费用,降低医药物流整体成本。例如,M家医药制造商同N家店铺分别交易的情况下,交易次数为$M \times N$次。如果通过配送中心这一中介,则交易次数仅为$M+N$次。显然,厂商和店铺数目越多,越能节约费用。

(5)促进供需双方的信息沟通。连锁药店的配送中心起着供需双方的中介作用,掌握着供方的产品信息与需方的需求信息。因此,其基本运作有利于促进供需双方的信息沟通,提高整个供应链的运作效率。

1.2 医药配送中心的功能

1.2.1 医药配送中心的基本功能

1. 集散功能

医药配送中心凭借其在物流网络中的枢纽地位和各种先进的设施设备，将各地医药厂商的产品集中到一起，经过分拣、配装后向众多用户发送。与此同时，医药配送中心把各个用户所需的多种货物进行有效组合、配载，形成经济合理的货运批量。

2. 储存与库存控制功能

为了及时满足市场需求和应对不确定性，不论何种类型的配送中心都需要具备存储功能，特别是在供货商距离较远的情况下。储存主要包括对进入医药配送中心的医药产品进行堆放、管理、保管、保养、维护等一系列活动。

为了降低医药产品的库存总成本，同时更好地满足客户需求，提高自身的服务水平，医药配送中心需要采用现代化的库存控制方法，确定合适的订货时间和订货批量，做好库存药品的控制工作。

3. 分拣功能

作为物流节点的医药配送中心，其服务对象有的达到数百家。由于客户的经营特点不同，其在进货或订货时会对医药产品的种类、规格、数量等提出不同的要求。为了能有效地开展配送活动，医药配送中心必须采取适当的方式、技术和设备对医药产品进行分拣作业，以便向不同的用户配送多种货物。

4. 流通加工功能

为了提高自身物流服务水平，医药配送中心通常根据进出医药产品的物流特性，与固定的医药制造商或分销商进行长期合作，开展一定的流通加工作业，对库存的医药产品在出库前进行再加工。医药配送中心的基本流通加工功能包括制作并粘贴条形码、称重、组装、再包装等。这些作业既可以给医药物流配送中心带来一定的社会效益，还可以创造一定的经济效益。

5. 包装功能

医药配送中心的包装作业目的不是要改变商品的销售包装，而在于通过对销售包装进行组合、拼配、加固，形成适于物流和配送的组合包装单元。

6. 运输功能

到达医药配送中心的产品，有的需要在卸货区直接装车，运送到市内及周边各需求地；有的需要暂时存放在配送中心的仓储区，然后根据客户需求组织运送；有的需要先运到流通加工区，经简单加工后再进行运输作业。为了完成上述运输任务，医药配送中心必须拥有或租赁一定规模的运输工具，形成覆盖一定区域的运营网络，为客户选择满足其需求的运输路线，然后在规定的时间内将医药产品运抵目的地，并满足安全、迅速、低廉的要求。

配送是"配装"和"运送"的结合，包括车辆的选择、医药产品的配装、运输路线的确定等。为了充分利用运输车辆的容积和载重能力，提高运输效率，必须选择合适的车型，然后将不同用户的医药产品组合配装在同一车辆上。混装时有一些基本要求，如按送货地点到达的先后顺序装车，先到的装载在混载货物的上面或外面，后到的装载在下面或里面，以及"重不压轻"等。运送医药产品时为了使距离最短、时间最少、费用最低，往往涉及线路的选择问题。如运输任务为单任务，只送货或只取货，相对简单，只涉及最短和次短路径的选择；如运输任务为双重任务，既送又取，问题就变得复杂了，不仅有路径的选择，还涉及先取、送谁，后取、送谁的问题。

7. 装卸搬运功能

为了加快医药产品在医药配送中心的流通速度，医药配送中心需要配备专业化的装载、卸载、提升、运送、码垛等装卸搬运机械，以提高装卸搬运作业效率，减少作业对医药产品造成的损坏。

8. 物流信息处理功能

医药配送中心的整个业务活动涉及众多信息的处理，包括对下游客户的订货信息、上游供应商的供货信息及自身库存的综合处理，所以应制定医药产品的采购和配送计划。对于现代化的医药配送中心来说，物流的效率和效益都与物流信息处理水平息息相关。

1.2.2 医药配送中心的增值功能

1. 结算功能

医药配送中心的结算功能是其对物流功能的一种延伸。它不仅是物流费用的结算,还包括替货主向收货人结算货款等。

2. 需求预测功能

医药生产企业或流通企业自建配送中心可以根据医药产品的进货、出货信息来预测其未来一段时间的进出库量,进而预测市场对医药产品的需求。

3. 物流系统设计咨询功能

公共型医药配送中心要充当医药生产企业的物流专家,为医药生产企业设计物流系统,代替医药生产企业选择和评价运输商、仓储商及其他物流服务供应商。这是一项增值服务。

4. 物流教育与培训功能

医药配送中心的运作需要得到医药生产企业的支持和理解。它通过向医药生产企业提供物流培训服务,培养医药生产企业与配送中心经营管理者的认同感,提高医药生产企业的物流管理水平;将医药配送中心经营管理者的要求传达给医药生产企业,便于确立物流作业标准。

1.3 医药配送中心的类型

1.3.1 按经营主体分类

根据不同的经营主体,医药配送中心可以分为生产企业医药配送中心、商业企业医药配送中心和第三方医药配送中心。

1. 生产企业医药配送中心

生产企业医药配送中心一般由规模较大的企业出资兴建,目的是为本企业的产品生产或销售提供物流服务。生产企业的医药配送中心有以下两种。

（1）为医药企业生产活动提供支持的配送中心。它的客户主要是制药厂，处理的对象主要是生产医药产品所需要的原材料及零部件。原材料与零部件存在一定的数量关系，其品项会随产品种类的增加而增加。因此，医药配送中心应注重原材料的配套储存、拣选、运输送货、流通加工等。

（2）服务于医药生产企业产品分销网络的配送中心。这类医药配送中心是企业分销网络的中枢，其市场覆盖面广，具有分销能力强、市场信息收集和传递及时、运输和配送医药产品快速、需求预测与订单处理功能完善等优点。

2. 商业企业医药配送中心

大型的商业企业因业务需要设立医药配送中心。因商业企业主要包括批发商和零售商，故将商业企业医药配送中心细分为批发商型医药配送中心和零售商型医药配送中心。这类医药配送中心从事原材料、辅料的流转，或从事大型医药超市、连锁药店的产品配送。

商业企业医药配送中心有三个特点：首先，由于大部分商业企业医药配送中心由采购部门转换而来，因此其配送中心与采购部门合二为一；其次，商业企业配送中心随着商业连锁形式的发展，逐渐向网络化的方向发展，商品采购实行统一管理；最后，商业企业医药配送中心的组织形式与商业规模有很大的关系，商业规模较小的配送中心实行直接组织形式，大型连锁商业企业一般实行职能制组织形式。

3. 第三方医药配送中心

第三方医药配送中心是由生产企业、商业企业以外的物流企业提供物流服务的业务形式。第三方医药配送中心一般拥有公共使用的装卸货平台、大型自动化立体仓库、较先进的货物拣选系统、较强的运输能力及快速及时的信息处理能力。第三方医药配送中心可以是具有某些功能（如仓储、运输、配送等）的专业组织，也可以是集物流、商流和资金流于一体的物流组织。

1.3.2 按主要功能分类

从配送中心的概念来看，配送中心有仓储、流通加工、分拣、配送等功能，而各个配送中心又会有所侧重。根据各医药配送中心所强调的功能不同,将其分为储存型医药配送中心、流通型医药配送中心和加工型医药配送中心。

1. 储存型医药配送中心

储存型医药配送中心强调的是配送中心的储存功能。这种配送中心在功能上与传统的仓库非常接近。

2. 流通型医药配送中心

流通型医药配送中心强调的是配送中心的集运功能。这种配送中心作为产品集中和组合的场所,将同方向小批量的产品或原料集中起来,然后用整车进行运输;有时也将不同方向运来的货物进行装卸、组合后,拼成整车进行运输。

3. 加工型医药配送中心

加工型医药配送中心是以流通加工为主要业务的配送中心。这种配送中心对进入的货物进行简单的加工,如贴标签、换包装等,实现产品增值。

1.3.3 按服务范围分类

医药配送中心的服务范围是由其服务半径决定的。服务半径是指配送中心服务的需求点的地理覆盖范围。配送中心的服务能力越强,其服务半径就越大,覆盖的服务范围就越广;反之,配送中心的服务能力相对较弱,其服务半径就要小一些,覆盖的服务范围也会相应缩小。因此,按照服务范围将医药配送中心分为城市医药配送中心和区域医药配送中心。

1. 城市医药配送中心

城市医药配送中心是以一个城市为配送服务范围的配送中心。公路运输是这种配送中心选择的主要运输方式。由于运输距离短、反应能力强,城市医药配送中心能够进行"多品种、小批量、多用户"的配送。多数零售商建设和管理的配送中心属于这种类型。

2. 区域医药配送中心

区域医药配送中心是以较强的辐射能力和库存储备、较强的分拨能力,向全省、全国或国际范围内的用户进行产品分拨配送的配送中心。这种配送中心的规模比较大,用户比较多，配送的批量也比较大。通常情况下，区域医药配送中心的产品先运到城市医药配送中心，再从城市医药配送中心运到最终需求点。如果最终需求点的需求量大，也可以从区域医药配送中心直接将产品运送到最终需求点。

1.4 医药配送中心的现状及发展

1.4.1 医药配送中心形成的原因

医药配送中心是伴随着社会生产的不断发展和社会分工的细化而产生的，是市场经济发展到一定阶段的产物，同时也是物流进一步发展的必然趋势。医药配送中心的形成主要基于以下条件。

1. 医药流通量迅速增加

随着人类社会的进步和迅速发展，对医药产品的需求也在迅速扩大。医药资源分布的不均衡性、经济技术发展的不平衡性等导致原材料、产品在世界范围内大量流动。医药流通量的增加，促进了医药物流的发展，也促使作为物流节点的仓库功能发生变化。医药仓库从原来的单一保管功能发展到拥有收货、分货、装卸、加工、配送等多种功能，并逐渐转变为现代的医药配送中心。

2. 运输方式的多样化和运输工具的发展

使用单一的运输工具运输医药产品比较简单，但当医药产品在飞机、火车、汽车、轮船等多种运输工具之间转换时，其物流业务变得异常复杂。首先，医药产品需要在物流节点装卸、换载、理货，使配载工作量大大增加，同时也加大了货损、货差的可能性；其次，不同医药产品的同一流通方向、同一医药产品的不同流通方向、不同货主的同一流向医药产品、同一货主的不同流向医药产品、不同运输方式之间的转换交接，要求医药物流节点必须拥有足够的场地、泊位、站台、仓库甚至铁路专用线等设施，才能完成这些工作。这些因素要求物流节点发展成为医药配送中心。

3. 道路交通的发展

高速公路的发展，大大缩短了医药产品的运输时间，从而改变了医药物流节点或配送中心的布局和规模，众多小仓库消失了，取而代之的是分布在交通枢纽、城市边缘的设备先进、周转速度快的医药配送中心。

4. 降低物流成本的压力

竞争的压力和追求高额利润的动力，迫使医药流通企业不断降低自己的物流成本。当市场竞争的压力不够大的时候，制药厂商、药品仓库所有者和医药运输业主之间是彼此独立的，但当市场竞争压力逐渐增大之后，他们发现必须密切配合才能降低物流成本。首先，拥有自备仓库的制药厂商觉得必须将仓储业务交给专业仓储企业去做，才能减少自己在仓储上的投入，增加生产资金，扩大生产规模；其次，要减少产品的库存量，以减少产品的资金积压，就需要加快运输速度，减少货物损耗，而这需要与医药仓储运输企业密切合作才能做到；最后，医药配送中心专业化的操作使复杂的业务流程简单化和标准化。工作熟练程度的提高，可以加快医药产品流通的速度，从而达到降低成本的目的。

5. 城市经济的发展

城市是一个国家或地区的政治、经济、文化中心，也是医药物流的集结地。城市经济的发展，对医药配送中心的形成及其类别和功能都起着至关重要的作用。首先，城市经济规模的扩大，需要较大的医药物流场所与之适应，那种较小的单一功能的药品仓库也就被规模较大的多功能的医药配送中心所取代；其次，地价昂贵、交通不畅、装卸不便，以及车辆尾气、噪声污染等原因，导致城市中心仓库从市内迁往郊区。在迁建和新建过程中，往往伴随着更新、增添设备，扩大规模，这就形成了医药配送中心。

6. 科学技术的发展

自动化识别技术、计算机技术、信息传递技术、卫星定位技术以及货物递送、分拣、装卸、运输等技术的发展，使大型医药配送中心有了先进的技术支持。

1.4.2 医药配送中心的现状

新医改以来，医药流通行业的发展取得了一定的成绩，新型药品流通模式不断出现。流通的营销方式走向多样化，总代理、总经销、区域代理、区域分销、直销、连锁经营、现代医药物流、互联网医药销售和信息服务等，这些新型流通模式对传统模式造成了极大的冲击。经过一系列改革，药品流通企业的经营规模正朝着集约化方向发展，市场集中度逐步提高。因此，医药配送中心也迎来了发展热潮。如北京医药股份、上海医药、广州医药、国药股份、华润医药、九州通等公司相继建立了一系列现代医药配送中心。据商务部发布的2019年、2020年《药品流通行业运行统计分析报告》，2018年全国医药物流直报企业（420家）配送货值（无税销售额）达13154亿元（具有独立法人资质的物流企业配送货值占70.9%），共拥有1132个物流中心，仓库面积约1272万平方米，其中常温库占28.5%，阴凉库占68.6%，冷库占2.9%；拥有专业运输车辆29186辆，其中冷藏车占7.8%，特殊药品专用车占0.7%。自运配送范围在省级及以下的企业数量占81.2%；配送范围覆盖全国的企业数量占4.1%。委托配送范围在各级行政单位较为均衡，承担全国、跨区域、跨省、省内、市内及乡镇范围配送的企业数占比为12%~22%。在物流自动化及信息化技术方面，48%的企业具有仓库管理系统，32%的企业具有电子标签拣选系统，25.8%的企业具有射频识别设备。2019年全国医药物流直报企业（450家）配送货值（无税销售额）为15744亿元（具有独立法人资质的物流企业配送货值占71%），共拥有1267个物流中心，仓库面积约1196万平方米，其中常温库占28.1%，阴凉库占69.3%，冷库占2.6%；拥有专业运输车辆16244辆，其中冷藏车占15.6%，特殊药品专用车占1.6%。自运配送范围在省级及以下的企业数量占81.4%；配送范围覆盖全国的企业数量占4.1%。委托配送范围均衡覆盖各级行政区域，承担全国、跨区域、跨省、省内、市内及乡镇范围配送的企业数占比为11%~21%。在物流自动化及信息化技术方面，51.5%的企业具有仓库管理系统，33.6%的企业具有电子标签拣选系统，27.3%的企业具有射频识别设备。

但是，由于我国幅员辽阔，地区发展不平衡，我国的医药配送中心依然处在低水平、低效率、小规模的起步阶段。总体来看，我国现阶段医药配送中心发展面临的主要问题如下。

1. 医药物流的模式依然粗放，流通配送的社会化、组织化、专业化程度不高

我国医药物流行业起步晚，医药物流配送企业小而散，致使我国医药配送中心的社会化规模程度低。众所周知，集约化配送作为联合运输的一种形式，在发展现代医药物流上占据优势。其运输、存储等在物流配送上衔接配套，服务功能完善。而医药生产企业、流通企业和物流储运企业习惯于自成体系、自我服务，"大而全""小而全"各自为战。大量潜在的物流需求还不能转化为有效的市场需求，网络服务设施不完善造成单位资源浪费严重，制约着我国医药流通行业的长足发展。

2. 医药配送中心设备资源利用率低，发展相对缓慢

目前我国现代化的医药配送中心的投资建设取得了一定的成绩，但功能简单的普通货场为数众多，现代化的自动设施少，实际运转率低，运行手段以手动或半人力为主，缺少高效的机械自动化。

3. 现代化水平不高、信息自动化低

由于基础设施落后，管理设计没有系统化，我国医药配送中心内部的基础作业基本上还是以手工作业为主，仅到货分拣、重装组配、货物盘点等无专业电子扫描装置。这影响了医药配送中心的发展。

4. 国家政策配套，医药配送环境逐步改善

根据相关规定，医药生产企业的选拔标准具体、可操作性强，但对医药配送企业只简单规定由各省（区、市）依据医药经营资格和现代物流能力自行确定。医药配送企业由省（区、市）招标确定，原有的医药流通体制被打破，利益格局出现变革。个别地市卫生行政部门为了本地医药企业生存，对要进入本地区的医药配送企业提出一些附加条件，阻碍了医药配送的发展。有的中标医药配送企业因配送半径和成本问题无法实施有效配送，一些地方医药企业和个体药商要求挂靠中标企业进行转配送，扰乱了正常的市场秩序。

近年推行"两票制"①，大型商业公司加快对各省份流通市场的整合。"两票制"的实施，能有效减少药品流通环节，提高流通效率，降低药品虚高价格；加强药品监管，实现质量、价格可追溯；并且促使相关企业转型升级，做大做强，提高行业集中度，促进产业发展。

1.4.3　医药配送中心的发展趋势

1. 医药配送中心的共同配送方式将得到进一步发展

现阶段，我国大多数的医药流通企业仍然采取自营仓库、车队的方式为客户提供药品

---

① 指药品从药厂卖到一级经销商开一次发票，从经销商卖到医院再开一次发票。

物流服务，而这种经营方式最大的难点就在于物流成本居高不下、客户服务始终处于较低的水平，很难满足企业在未来市场中的竞争。在这种背景下，医药配送中心组织的共同配送得到进一步发展的机会。共同配送使多个医药配送企业进行横向联合、集约协调、求同存异以及效益共享，通过作业活动的规模化降低作业成本，提高物流资源的利用效率。

2. 医药配送中心的流程优化，作业效率进一步提高

优化医药配送中心内部的物流作业，也是加快医药配送中心发展要解决的重要问题。配送中心要结合自己的实际情况，对原有的配送体系实施流程再造，有效地利用和管理现有的物流资源，在医药产品运输合理化、出入库自动化和库存信息化方面进行优化管理，提高医药配送中心的运作效率。

3. 医药配送中心的集约化程度明显提高

对物流功能、要素进行整合是发展医药现代物流的关键。要用政策引导医药物流资产重组、管理重组、技术重组，向集约化协同发展。新成立的医药配送中心要充分发挥互联网的优势，及时准确地掌握物流动态信息，协调物流网点，构筑起全国一体化的物流网络，最大限度地节省时间和费用，以赢得竞争优势，为供应链上下游企业提供优质的服务。

4. 医药配送中心的管理规范化与经营集团化

医药现代物流的重点是将供应商、配送中心、终端销售网络进行合理的分工、整合。供应商重点抓产品的研发、生产和对终端消费者的服务；配送中心重点抓对上游供应商、下游客户的服务，通过规模化配送，提高物流效率，从而降低流通成本；终端销售网络重点抓好药品的销售，提供专业的健康咨询服务。政府要总体规划，制定规范的医药物流发展政策，抓好医药物流中心建设的合理布局，用政策引导企业走专业化分工、合作的发展之路。

通过医药企业的重组联合、一体化发展，优化内部物流作业过程，提高医药流通企业的物流效率和服务水平。一是将销售渠道的各个参与者（厂商、批发商、零售商和消费者）结合起来，实行一体化管理，保证医药物流行为的合理化。医药现代物流管理中的销售物流不仅是单一阶段的销售物流（如从厂商到批发商、从批发商到零售商、从零售商到消费者的相对独立的物流活动），而且是一种整体的销售物流活动，也就是涵盖厂商、批发商、零售商和消费者的一体化物流系统。二是通过市场形成一批跨地区、跨行业、跨所有制和跨国经营的大型医药商业集团公司，通过一体化发展，实现厂商、批发商、零售商的联合或批发商的强强联合，降低物流成本，提高物流效率和服务水平。

5. 配送中心的管理与服务信息化

信息化是医药流通企业能否成功扩张，同时降低管理成本的关键因素。作为医药产业上下游的纽带，医药配送中心比其他供应链企业更需要发展现代物流。医药配送中心应以信息化建设为支撑，依靠强大的信息系统，发展先进的信息技术。加强条形码、GSP（一般指药品经营质量管理规范）管理和电子数据交换、管理信息系统以及射频技术、企业资源计划、全球定位系统和供应链管理等物流技术在医药现代物流企业中的应用，从而全面提高医药配送中心的信息化管理水平。

课后思考

1. 分析医药配送中心的含义。
2. 简述医药配送中心的功能。
3. 医药配送中心的分类依据有哪些？
4. 医药配送中心信息化应如何进行？

案例分析

XJ 制药公司在物流配送方面存在的问题[①]

一、XJ 制药公司简介

XJ 制药公司的前身为 XJ 制药厂，创建于 1972 年，是国内规模最大、品种最为齐全的甾体药物生产厂家之一。公司拥有一支超过 700 人的制剂产品销售队伍，形成了医院线和 OTC 线两个完整的销售网络，并摸索出了有效的销售管理和市场推广策略。公司医院线的

---

① 陈萍："XJ 制药股份有限公司物流配送系统研究"，浙江工业大学硕士学位论文，2011 年。

销售网络已覆盖全国地级市以上的主要医院,与 2800 多家医院的妇产科和 3500 多家医院的麻醉科建立了业务联系;OTC 线的销售人员管理的药店已达到 6 万多家。公司的国际贸易部已与美国、印度、英国等 30 多个国家的 40 多家原料药加工企业、制剂生产厂家和贸易商建立了业务联系。

二、XJ 制药公司物流配送系统基本情况

公司是生产型的企业,所生产的药品要到达各个地方,就必须有良好的物流配送系统。目前公司的物流系统由现代运输、仓储、流通加工、配送、现代信息处理组成,主要面向医院、诊所、药店和医药批发公司调拨。

XJ 制药公司的配送系统情况如下。

(1) 公司物流配送的硬件设施方面:公司的药品配送设施设备按照国家 GSP 标准建设和配置。主要由三部分组成:一是仓储设施,有普通库、冷藏库。二是搬运工具,主要有步行拖板车、货运电梯和推车。仓库之间的药品移动主要依靠推车、步行拖板车,而药品装车要靠人工完成,机械化、自动化程度低。三是运输工具。公司有停车场,配有送货车,承担全部药品的送货。

(2) 公司物流配送的软件设施方面:公司内部具有局域网并有自己的网站,但是其配送软件系统还是处于比较落后的水平,公司与外部的信息传递和沟通手段主要还是通过电话、传真和电子邮件的方式。

三、XJ 制药公司物流配送模式

医药企业对物流配送的需求主要集中在降低成本和快速将产品送达消费者手中,而首先是降低成本。在这个方面,XJ 制药公司也不例外,同样遇到如何降低成本的问题。XJ 制药公司在综合考虑连锁公司的实际情况和公司的发展目标以后,决定采取两种物流配送模式。一种是自建配送中心(即自营配送模式)。它是主要的配送模式,约占公司药品配送总量的 90%。另一种是第三方物流配送模式,也就是委托第三方物流公司来进行配送。它是辅助配送模式,约占公司药品配送总量的 10%,配送量小,配送地区偏远。

采取这两种方式的主要原因如下。

(1) 公司自建配送中心时,由于国内的第三方物流还不太成熟,大型的专业的第三方物流配送公司还不具备规模,因此无论是第三方物流还是第四方物流,在我国的发展还需要一段时间。

(2) 经过近40年的发展，XJ制药公司在主要地区已经有了比较完善的分销网络，公司可以利用这些资源对其进行改造，降低初始投资成本。

(3) 配送对医药公司很重要，自建配送中心经营配送业务可以更好地控制配送业务，提供高质量配送服务，同时可以规避共营配送产生的冲突和摩擦。

四、XJ制药公司物流配送系统存在的问题

尽管XJ制药公司物流配送体系发展速度很快，但是在发展过程中也存在不少问题。

(1) 物流配送效率低。当前公司采用的是仓库、人员和车辆的传统运营方式，以手工操作为主，物流的设备陈旧导致流转效率不高，管理手段落后导致管理效率不高。

(2) 物流配送成本高。公司的调拨计划虽然具体到年、月、周，可在实际执行过程中，由于受到医院、药店的到货具体时间和市场供需的变化影响，药品运输仍然以计划运输为主，临时配送占到了一定的比例。物流中心拥有的大型货车比较少，市区外的运输大多委托给了第三方物流，如邮政物流，造成药品运输的流通半径小，流通环节繁多，导致可变成本开支增加，仓储转运的费用增加。

(3) 物流配送信息化程度低。先进的技术集中体现了物流水平，现代化的物流发展要以先进的技术作为支撑。XJ制药公司的物流信息化程度较低，目前虽然有了一定规模的企业内部网络，也配备了药品配送的管理信息系统，但大多只能实现计算机的录入以及统计数据的共享，并不能满足真正实际应用的需要，造成了信息资源的浪费。

(4) 配送专业人才缺乏。公司缺乏物流配送的专业人才，具有物流专业学历的员工非常少。物流从业人员大部分是靠单位自行培养，因此缺乏系统的物流专业知识，遇到问题往往难以有效应对。现代物流是一个涵盖实物流、信息流、资金流的综合体系，而药品是一种特殊的商品，不仅具有一般的商品性，而且具有治病救人的特殊性，因此要搞好医药物流，就需要有一大批既懂得医药专业知识又受过专业训练的从业人员。物流配送作为综合性比较强的商品流通方式，包括了生产、包装、加工、配送、运输、管理等环节，专业的物流管理人才是不可缺少的。

(5) 配送中心现代化程度低。XJ制药公司配送中心计算机的应用程度仅限于日常事务和业务运作流程的管理，而物流中的许多重要决策问题，如配送中心的选址、药品组配方案、运输的最佳路径、最优库存控制等，仍处于半人工决策状态。机械化水平程度较低，几乎所有的物流环节都是人工处理，与现代物流配送中心以机电一体化、无纸化为特

征的配送自动化、现代化等要求仍有相当大的差距。此外，运输技术、储存保管技术、装卸搬运技术、物资检验技术、包装技术、流通加工技术以及与物流各环节都密切相关的信息处理技术等，与现代物流配送中心先进的技术要求，差距也不小。

? 思考题

1. 导致 XJ 制药公司配送系统出现问题的根本原因是什么？
2. 针对目前 XJ 制药公司配送系统的问题，你的解决方案是什么？

第 2 章　基本资料的收集与分析

■ 本章导读

医药配送中心的建设是一项规模大、投资高、建设周期较长、涉及面广的系统工程。一般来说，建造一个设施完整、功能齐全、服务优良的现代化医药配送中心，需经过规划设计与施工安装两大建设过程。随着社会发展、科技进步、信息网络技术的普及和生活消费观念的改变，医药配送中心已逐步由仓储型、运输型传统企业演变改制成社会化、专业化、信息化与自动化的综合医药物流枢纽。为了降低成本、合理利用资金、提高物流速度，使配送中心迅速收回投资，必须对新建医药配送中心进行科学合理的规划设计；在对配送中心进行规划设计前，就需要对医药配送中心的基本资料进行收集与分析。本章介绍医药配送中心的目标和设计原则，并按照规划资料的收集类型分别阐述对现行资料的收集和未来资料的收集，然后对规划资料进行详细的定量分析与定性分析。

■ 知识结构图

```
                                      ┌─ 目标任务
              ┌─ 建立医药配送中心的目标及设计原则 ─┤
              │                       └─ 设计原则
              │
              │                       ┌─ 现行资料的收集
基本资料的   ├─ 基本规划资料的收集 ──┤
收集与分析   │                       └─ 未来规划资料的收集
              │
              │                       ┌─ 库存类别分析
              │                       ├─ 销售额变化趋势分析
              ├─ 基本规划资料的定量分析 ┼─ 订单品项数量分析
              │                       ├─ 物品特性与包装分析
              │                       └─ 货态分析
              │
              │                       ┌─ 作业流程分析
              │                       ├─ 事务流程分析
              └─ 基本规划资料的定性分析 ┼─ 作业时序分析
                                      └─ 自动化水平分析
```

> **案例导读**

药品仓库突发火灾，损失惨重

2011年7月14日早上7点左右，位于西安市建章路的一个医药配送中心突发火灾，西安市调集消防支队9个消防中队、42辆消防车、260多名官兵奋战近三个小时，将大火扑灭。虽然没有造成人员伤亡，但10000多平方米的仓库以及货物全部烧毁，企业损失惨重。

据了解，着火时，厂区内的消防栓没有出水，从而错失了扑救的最佳时期。着火的仓库由五家企业共同使用，存放的全是药品。由于火灾发生突然，货物都没能及时撤出，企业损失惨重。

无独有偶，2016年2月18日19时许，位于广西贵港市北区的一个制药厂存储原料的仓库突发大火，仓库内堆放的数十吨制药原料被引燃，相邻仓库还存有乙烷罐、酒精。19日0时许，大火才被完全扑灭。大火虽然没有造成人员伤亡，但将一批草药原材料化为灰烬，企业损失惨重。

2016年7月12日，江西省宜春市袁州区疾控中心药品仓库突发大火，仓库内有三个药品冷藏室，存放了价值约290万元的医用药品。情况十分危急，如果处理不及时，将会造成巨大的经济损失。袁州区公安消防大队立即组织人员赶赴现场扑救。经过半个多小时的奋战，才将大火扑灭。

以上几个火灾案例，虽然发生的原因不同，但有一点是相同的，即无论是药品仓库还是医药配送中心，建设前都要进行合理的规划，在后续的运行过程中要保证设施设备的完善以及正常使用。

资料来源：作者根据相关报道整理。

2.1 建立医药配送中心的目标及设计原则

2.1.1 目标任务

医药配送中心是集约化、多功能的物流中枢，系统庞杂，投资巨大，因此，正确的决策是至关重要的。之所以建造新的医药配送中心，主要有以下几点原因。

（1）企业经营规模不断扩大，市场区域不断拓展，经营药品的品项数和药品数量逐年增加，现有的物流网点、人员和设备已经不能满足客户的需要。

（2）在某些区域，现有物流网点较分散、规模小，造成物流成本居高不下、运输效率不高，需要对物流网点进行重组和整合。

（3）物流网点设施设备陈旧，维护费用高又难以改造，不能适应医药企业物流业务的发展。

（4）周边环境发生变化，如城市市政建设需要原配送中心地址迁移，或者客户需求向少量化、多批次发展，使医药配送中心的出货日趋细化，迫切需改善物流设施。

因此，医药配送中心规划前就要明确其原因，然后运用系统工程的理念和方法确定规划医药物流中心的目标任务。总体来说，有以下几个目标。

（1）提高物流系统的吞吐能力和运转效率，以适应经营业务扩展的需求。

（2）快速响应客户需求，供货准确适时，为客户提供必要的信息咨询服务，提高核心竞争力。

（3）主动适应品项变化需求，及时响应物流配送运行中可能出现的各种意外情况，保证物流配送正常运转。

（4）对物流系统中的产品进行实时跟踪。

（5）改善劳动条件和工作环境，减轻员工的劳动强度。

（6）合理规划运输，关注废弃物的回收与再利用，提倡低碳物流、绿色物流，做到环境友好。

总之，医药配送中心规划的最终目的是人力、资金、设备和人流、物流、信息流得到最合理、最经济、最有效、最环保的配置和安排，力求以最小的投入获得最大的效益和最强的服务竞争力。此外，与其他行业相比，医药物流具有受政策影响大、市场变化快、安全性和时效性要求高等特点，且医药配送中心作为医药物流运营的核心设施，其规划合理与否，直接影响到物流运营成本与作业效率，因此，做好医药配送中心前期的规划意义重大。

2.1.2 设计原则

医药配送中心规划是建设与运营的基础性工作，应当遵循以下原则。

1. 需求导向原则

《药品经营质量管理规范》(2016年版)第二章第五节四十六条规定：库房的规模及条件应当满足药品的合理、安全储存。据此，医药配送中心的规划要充分考虑物流业务的需求，只有以市场需求和业务需求为导向，才能使规划的医药配送中心既能够支持供应链的运作，又能保持很高的利用率。

2. 系统工程原则

医药配送中心的工作包括医药产品入库、储存保管、搬运装卸、拣选、流通加工、包装、配送、信息处理，以及与医药产品供应商、连锁药店的连接方式等内容。归纳起来可分为：进货入库作业管理、在库保管作业管理、拣选作业管理、流通加工作业管理、出库作业管理、配送运输作业管理和信息系统管理。这些作业内容相互依存、相互影响，有着密不可分的内在联系。如何使各项作业和管理均衡协调、有序高效运转，实现工序合理化、操作简单化和作用机械化是极为重要的。医药配送中心工作的关键是做好物流量的分析预测，调节业务量，把握物流最合理的流程，调节物流作业方式。同时，由于运输线路和物流节点的交织网络特征，医药配送中心的选址对于调节物流量、控制物流速度、降低物流成本、提高物流效率都具有非常重要的作用。

3. 经济性原则

医药配送中心对医药产品进行储存、运输与配送活动，因而在规划时应综合考虑储存费用、运量、运费和运距等多方面因素，并通过适当的方法求解出不同方案下总的成本，为医药配送中心的规划决策提供参考。

4. 软件先进、硬件适度原则

近年来，随着科学技术的飞速发展，物流领域涌现出许多先进的设施设备和实用技术。在规划医药配送中心时，是否采用某种先进技术不能一概而论，而应对技术指标、使用条件、功能需求、能力要求和经济成本等进行综合论证，审慎地作出选择。如果为了追求先进性而配备高度机械化、自动化的设备，会带来很大的资金负担。所以，"先进性"应该指合理设备，即能以较简单的设备、较少的投资实现需要的功能。根据我国的实际情况，医药配送中心的规划应贯彻软件先进、硬件适度的原则。也就是说，机械设施设备等硬件要根据医药企业实际需求,满足作业要求即可;软件则采用国际通用格式标准,搭建与国际接轨的、迅速便捷的信息平台。

5. 发展的原则

在规划医药配送中心时,无论是建筑设施的规划和机械设备的选择,还是管理信息系统的设计,都要使其具有较强的应变能力和较高的柔性化程度,以适应物流量增大、经营范围拓展以及政策变化趋势的需要。建设医药配送中心投资巨大、建设周期长,因此可以考虑分期建设。如在规划设计第一期工程时,应将第二期工程纳入总体规划,并充分考虑到扩建时的业务需要。

6. 环境保护原则

由于医药产品的特殊性,环境保护成为医药配送中心在规划时不可忽略的重要原则,应该把握其经济性与环保的平衡,尽可能做到低污染、低排放。在规划医药配送中心时,要考虑到医药产品储存的要求,防止医药产品的污染和交叉污染。当有药品液体、气体、粉末泄漏时,要能迅速采取安全处理措施,防止其对储存环境、其他药品以及周边环境造成污染。

2.2 基本规划资料的收集

根据医药配送中心的类型,规划前首先要进行基本资料的收集和调查研究工作。最常用的方法是询问法,包括现场访谈、电话访谈、计算机访谈、街上拦截、自我管理调查问卷、单程邮寄调研、固定样本邮寄、网络查询和厂商实际使用的表单收集等。规划资料的收集包括现行资料的收集和未来规划资料的收集。

2.2.1 现行资料的收集

现行资料的收集是根据准备建造医药配送中心的类型和现实需求而进行的,具体包括如下内容。

1. 基本运行资料

基本运行资料包括医药配送中心的业务类型、营业范围、营业额、从业人员数、运输车辆数、供应厂商和客户数量等。

2. 医药产品资料

医药产品资料包括产品类型、品种规格、品项数、供货渠道和保管形式等。此外，还包括对特殊药品的冷藏冷冻等相关要求。

3. 订单资料

订单资料包括医药产品种类、名称、数量、单位、订货日期、交货日期、交易方式和生产厂家等。

4. 医药产品特性

医药产品特性包括货物形态、气味、温湿度要求、腐蚀变质特性、装填性质、重量、体积、尺寸、包装规格、包装形式、储存特性和有效期限等。

5. 销售资料

销售资料按医药产品种类、用途、地区、客户及时间等要素分别统计。

6. 作业流程

一般医药配送中心的作业流程为进货、搬运、储存、拣选、补货、流通加工、备货发货、配送、退货、盘点、仓储配合作业（移仓调拨、容器回收、废弃物回收处理）等。

7. 事务流程与单据传递

事务流程与单据传递包括接单分类处理、采购任务指派、发货计划传送、相关库存管理和相关账务系统管理等。

8. 厂房设施资料

厂房设施资料包括厂房结构与规模、布置形式、地理环境与交通特性、主要设备规格、生产能力等。

9. 作业工时资料

作业工时资料包括机构设置、组织结构、各作业区人数、工作时数、作业时间与时序分布等。

10. 物料搬运资料

物料搬运资料包括进货发生频数、数量、在库搬运车辆类型及能力、时段分布与作业形式等。

11. 供货厂商资料

供货厂商资料包括供货厂类型、货品种类和规格、地理位置、供货厂商的规模、信誉、交货能力、供货家数及据点分布、送货时间段等。

12. 配送网点与分布

配送网点与分布包括配送网点分布与规模、配送路线、交通状况、收货时段、特殊配送要求等。

2.2.2 未来规划资料的收集

除收集现行资料外，还要考虑到医药配送中心在该计划区域的发展，收集未来发展趋势和需求变化的相关资料。

1. 运营策略和中长期发展计划

包括国家经济发展和产业政策走向、外部环境变化、企业未来发展、国际现代物流技术、国外相关行业的发展趋势等。

2. 医药产品未来需求预测

包括医药产品现在的销售增长率，预测未来需求及增长趋势。

3. 医药产品品种变化趋势

即医药产品在品种和类型方面的可能变化趋势。

4. 规模和水平预测

即医药配送中心未来可能发展到的规模和水平。

2.3 基本规划资料的定量分析

对收集的各个方面的原始资料，从政策性、可靠性等方面进行整理分析，并结合新建医药配送中心的实际情况加以修订，作为规划与设计的参考依据。基础规划资料的分析分为定量分析和定性分析。定量分析内容包括库存类别分析、销售额变化趋势分析、订单品项数量分析、物品与包装特性分析和货态分析。定性分析内容包括作业流程分析、事务流程分析、作业时序分析和自动化水平分析。

需要特别注意的是，一定要将资料做整理、统计和计算，并和规划设计有机地结合，这样才能规划设计出符合实际需要的医药配送中心。

2.3.1 库存类别分析

医药配送中心的药品种类繁多，少则几千种，多则上万种，甚至几十万种。每种药品的价格不同，库存数量也不等。有的药品品项数不多，但价值很大，即占有资金很多；而有的药品品项数很多，但价值不高，占有资金也不多。如果对所有库存药品均给予相同的重视程度和管理是不可能的，也是不符合实际的。面对纷繁杂乱的库存药品，如果不分主次，那么效率和效益也不可能很高，而分清主次可以事半功倍。ABC（Activity Based Classification）分析法就是根据对库存物品的重视程度进行分类排列，从而实现区别对待、分类管理和控制的一种方法，这一分析法也适合医药配送中心对库存药品的分类。

ABC 分析法又称帕累托分析法，由意大利经济学家维尔弗雷多·帕累托（Vilfredo Pareto）于 1879 年提出。它是将库存物品按照重要程度分为特别重要库存（A 类库存）、重要库存（B 类库存）和不重要库存（C 类库存）三个等级，然后针对不同等级物品采取不同的管理策略。

采用 ABC 分析法包括以下几个步骤。

1. 收集资料

按库存管理的要求，收集与医药产品储存有关的资料，包括各种医药产品的单价、储存特性、库存量、销售量和结存量等。库存量和销售量应收集半年到一年的资料，结存量应收集最新的盘点分析资料。

2. 处理资料

将收集来的数据资料进行整理并按价值（或重要性、保管难度等）进行计算和汇总，如计算销售额、品项数、累计品项数、累计品项百分数、累计销售额、累计销售额百分数等。当医药产品品项数不多时，应以每一种医药产品为单元进行统计；当医药产品品项数较多时，可将库存医药产品按价值大小递增的方法进行分类统计，分别计算出各范围所包含医药产品的库存量和价值。

3. 绘制 ABC 分析表

ABC 分析表栏目构成如表 2-1 所示。

表 2-1　　　　　　　　库存医药产品数量与价值统计

医药产品名称	品项数累计	累计品项百分数	医药产品单价	平均库存	平均资金占用额			平均资金占用额累计百分数
					分类	结果金额	累计	

制表按下述步骤进行：将计算出的平均资金占用额由高到低填入表中第 6 栏。以此栏为准，将相应医药产品名称填入第 1 栏、医药产品单价填入第 4 栏、平均库存填入第 5 栏，在第 2 栏中按 1、2、3、4……编号填入总的品项数。然后计算累计品项百分数，填入第 3 栏；计算平均资金占用额累计，填入第 7 栏；计算平均资金占用额累计百分数，填入第 8 栏。

4. 根据 ABC 分析表确定分类

按照 ABC 分析表，观察第 3 栏累计品项百分数和第 8 栏平均资金占用额累计百分数，将累计品项百分数为 5%~15%、平均资金占用额累计百分数为 60%~80% 的医药产品确定为 A 类；将累计品项百分数为 20%~30%、平均资金占用额累计百分数为 20%~30% 的医药产品确定为 B 类；其余为 C 类。C 类与 A 类正好相反，其累计品项百分数为 60%~80%，而平均资金占用额累计百分数仅为 5%~15%。

5. 绘制 ABC 分析图

以累计品项百分数为横坐标，以平均资金占用额累计百分数为纵坐标，按 ABC 分析表第 3 栏和第 8 栏所提供的数据，在坐标图上取点，并连接各点，绘成 ABC 分析曲线。按 ABC 分析曲线对应的数据和 ABC 分析表确定 A、B、C 三个类别，并在图上标明，则制成 ABC 分析图，如图 2-1 所示。

按照 ABC 分析的结果，结合医药配送中心的管理资源和经济效果，对 A、B、C 三类

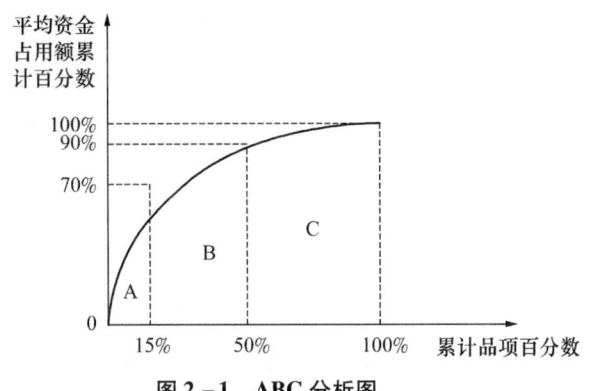

图 2-1 ABC 分析图

医药产品分别采取不同的管理办法和采购储存策略。

A 类医药产品在品项数量上仅占 15% 左右,管理好 A 类医药产品,就能管理好 70% 左右的年销售金额。它是关键的少数,要进行重点管理。对仓储管理来说,其货位尽量靠近医药配送中心出口,要对其进行定时盘点和检查,必要时每天都要盘点检查。在保证安全库存和不缺货的前提下,小批量、多批次按需采购、储存和发货,最好能做到准时制管理,尽可能地降低库存总量,减少仓储管理和资金占用成本,提高资金周转率。

B 类医药产品属于中批量医药产品,对其应进行次重点管理,即常规管理。其库存期比 A 类医药产品长,需加强日常管理,先进先出,多采用立体货架进行储存。B 类医药产品的前置期相对于 A 类较长,进行盘点和检查的周期也稍长,一般是每周一次。

C 类医药产品数量巨大,但占用资金额较小,不应投入过多的管理力量。其采购量可大一些,以获得价格上的优惠。由于 C 类医药产品所占用的资金额较小,即使多储备,也不会增加太多资金,所以可多储备一些关键物料,避免发生缺货现象;同时要简化库存管理,每月循环盘点一遍。对于积压和不能发生作用的医药产品,应每周向公司决策层通报,及时将其清理出医药配送中心。

2.3.2 销售额变化趋势分析

销售额的大小决定新建医药配送中心的规模。掌握销售额的基本数据,对建设医药配送中心的性质和规模非常重要。

首先汇总整理医药产品历年销售和发货资料并进行分析,从而了解销售趋势和变化情况,然后根据销售额变化趋势,制定相应的对策和目标值。分析过程中的时间单位以资料收集范围和广度而定。如果预测未来发展趋势，则以一年为单位；如果预测季节变化，则以月为单位；如果分析月或周内变化倾向，则以天为单位。

常用的分析方法有时间序列分析法、回归分析法和统计分析法等。这里仅运用时间序列分析法对销售额进行分析预测。

1. 时间序列分析法

时间序列分析法是根据某一事物的纵向历史资料，按时间进程组成动态数列，进行分析、预测未来的方法。这个方法比较适合市场预测，如对市场资源量、采购量、需求量、销售量和价格的预测。

运用时间序列分析法，首先要选择模型参数。这里选一次指数平滑预测为医药配送中心的模型参数。

一次指数平滑预测是利用时间序列中的本期实际销售量与预测销售量加权平均作为下一期的预测销售量，其基本公式为：

$$F_{t+1} = \alpha x_t + (1-\alpha) F_t$$

式中，F_{t+1} 为在 $t+1$ 时刻一次指数平滑预测销售量；x_t 为 t 时刻的实际销售量；α 为平滑系数，$0<\alpha<1$；F_t 为在 t 时刻一次指数平滑预测销售量。

上述公式的实际含义为：下期预测销售量 = 本期实际销售量的一部分 + 本期预测销售量的一部分。

要运用一次指数平滑公式进行预测，就必须首先确定被称为初始值的 F_1。初始值是不能直接得到的，应通过一定的方法选取。若收集到的时间序列数据较多且比较可靠，就可以将已知数据的某一个或某一部分的算术平均值或加权平均值作为初始值 F_1。若收集到的时间序列数据较少或者数据的可靠性较差，通常用专家评估的方法选取 F_1。

平滑系数 α（$0<\alpha<1$）的取值大小，体现了不同时期数据在预测中所起的作用。α 值越大，对近期数据影响越大，模型灵敏度越高；α 值越小，对近期数据影响越小，可以消除随机波动，只反映大致的长期发展趋势。如何掌握 α 值，是运用指数平滑模型的重要技巧，一般采用多方案比较，从中选出最能反映实际变化规律的 α 值。

本期实际销售量反映当前的现实，本期预测销售量反映历史的状况，因为预测销售量是由过去的数据推算而来的。α 值越大，现实销售量在预测中占的比例越大；α 值越小，历史销售量在预测中占的比例就越大。由此可见，α 值是事物发展的历史总趋势与事物当前变化的现实之间相互权衡的天平砝码。它的一般取值原则是：初始值 F_1 的准确性小，α 宜取较大的数值（大于0.5）；预测销售量与实际销售量虽有不规则摆动，但总的趋势较为平稳，α 宜取小一点数值（小于0.5），强调历史发展趋势；预测销售量与实际销售量的差异和变化较大时，α 宜取大些（大于0.5），以强调近期实际的变化状态。

【例2-1】表2-2为某医药配送中心1~12月某医药产品的市场销售资料统计，试预测下一年1月该药品的市场销售量。

表2-2　　　　某医药配送中心某医药产品销售资料统计及预测　　　　单位：吨（t）

月份	期数	市场销售量	预测销售量	月份	期数	市场销售量	预测销售量
1月	1	35		7月	7	39	37.78
2月	2	29	31.84	8月	8	35	38.39
3月	3	22	30.42	9月	9	28	36.69
4月	4	32	26.21	10月	10	34	32.34
5月	5	40	29.10	11月	11	39	33.17
6月	6	41	34.55	12月	12	43	36.09
				次年1月	次年1期		39.54

解：首先确定初始值。由于前3个月的销售量差别比较大，所以不能取某个月的销售量为初始值。这里取前3个月的销售量的算术平均值作为初始销售量，即

$$F_1 = \frac{x_1 + x_2 + x_3}{3} = \frac{35 + 29 + 22}{3} = 28.67t$$

然后确定平滑系数。从实际统计的销售量来看，在上、下半年各有一次销售波动，其频率适中，平滑系数α不宜选得过大或过小，这里选α为0.5。

最后计算预测销售量。根据预测公式，计算2月至次年1月的预测销售量。

$$F_2 = \alpha x_1 + (1-\alpha) F_1 = (0.5 \times 35 + 0.5 \times 28.67)t = 31.84t$$

$$F_3 = \alpha x_2 + (1-\alpha) F_2 = (0.5 \times 29 + 0.5 \times 31.84)t = 30.42t$$

$$\vdots$$

$$F_{13} = \alpha x_{12} + (1-\alpha) F_{12} = (0.5 \times 43 + 0.5 \times 36.09)t = 39.54t$$

即次年1月的预测销售量为39.54t。

平滑系数分析是通过数据的加权求和"平滑掉"短期不规则的过程。平滑后的数据反映了长期市场趋势和经济周期的信息。因此，在物流预测中都是极其有用的方法。特别是该方法所用的数据量，就总体而言并不是很多，对任何时间序列都有较好的适用性，因而被广泛应用于市场资源量、采购量、需求量、销售量及价格的预测中。

2. 年度销售量变化趋势

若分析一个年度销售量的变化，则选月份为时间单位，取为横坐标，而纵坐标代表销售量。按时间序列进行分析，就医药产品销售趋势而言，有长时间内是渐增或渐减的趋势，以一年为周期的受自然气候、文化传统、商业习惯等因素影响的季节变化，以固定周期为单位（如月、周）的循环变动，以及不规则变化趋势的偶然变动。也就是说，按照时间序列分析的医药产品销售趋势包括长期趋势变化、季节变化、循环变化和不规则变化4种情况。根据不同的变化趋势来预测未来市场销售情况，从而确定目标值，决定投资策略，制定设备购置和利用计划。

（1）长期渐增趋势如图2-2所示。这还应结合更长周期的成长趋势加以判断，规划时以中期需求量，即峰值的80%为目标值。若需考虑长期渐增的需求，则可预留空间或考虑设备的扩充弹性，以分期投资为宜。

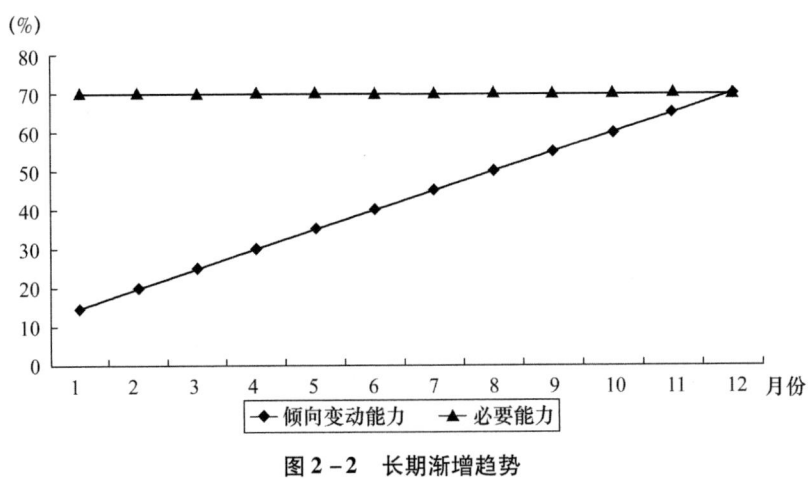

图2-2 长期渐增趋势

（2）季节变化趋势如图2-3所示，通常以峰值的80%为目标值。如果季节变动的差距超过3倍，可考虑部分医药产品外包或租赁设备，以避免过多的投资造成淡季的设备闲置。另外，在淡季应争取互补性的物品服务，以增加设备的利用率。

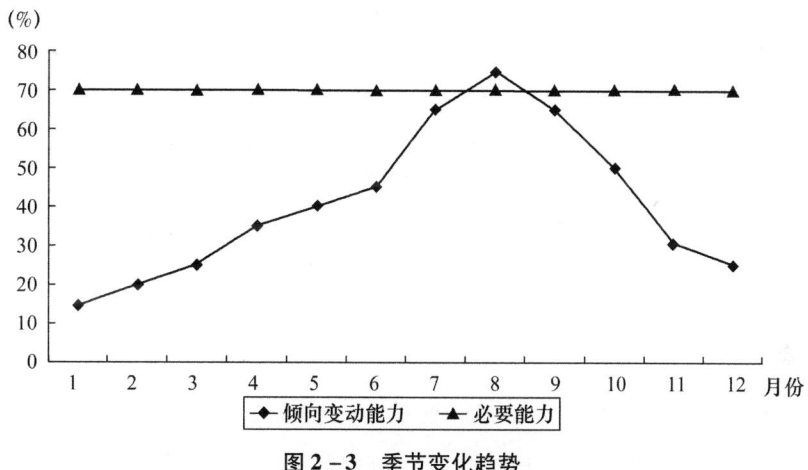

图2-3 季节变化趋势

（3）循环变化趋势如图2-4所示，其变化周期以季度为单位，若峰值与谷值差距不大，可以利用峰值进行规划，后续分析仅以一个周期为单位进行。

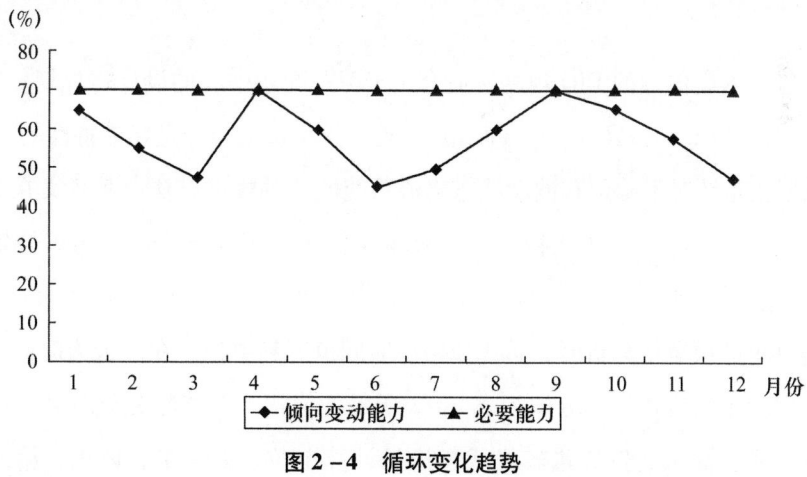

图2-4 循环变化趋势

（4）不规则变化趋势如图2-5所示，系统较难规划，宜采用通用设备，以增加设备的利用弹性。

2.3.3 订单品项数量分析

众所周知，订单是医药配送中心的生命线，如果没有订单，医药配送中心就失去了存在的意义。订单的品种、数量、发货日期差别很大，且在不断变化，它既是医药配送中心的活力表现所在，又是难以把握的不确定性因素。这使医药配送中心的规划人员无论是规

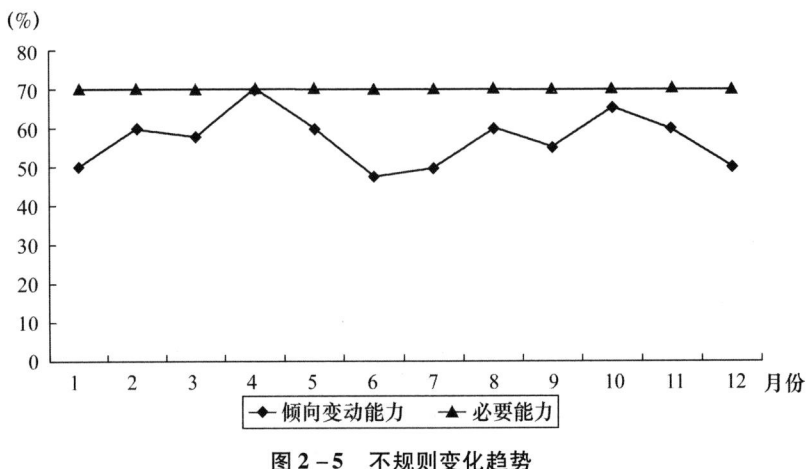

图 2-5 不规则变化趋势

划新系统还是改造旧系统,都感到无从下手。若能掌握数据分析的原则,做出有效的资料组群,简化分析过程再进行相关分析,则可得出较可靠的分析结果,这是规划的基础性工作。

日本学者铃木震倡导的 EIQ 规划法适合用于医药配送中心的设计与规划。EIQ 即订单(Entry)、品项(Item)和数量(Quantity)的英文首字母组合,是物流特性的关键因素。

EIQ 规划法是针对不确定和波动状态物流系统的一种规划方法。其意义在于,根据医药配送中心的设置目的掌握物流特性,并对物流状态和运作方式规划出符合实际的物流系统。

在进行订单品项数量分析时,首先应考虑时间范围和单位。在以天为时间单位的数据分析中,主要订单发货资料可分解为表 2-3 所示的格式。在资料分析时必须统一数量单位,把所有订单、品项、发货量转换成相应的计算单位,如重量、体积、箱或金额等单位。金额与价值功能分析有关,多用在物品和储区分类等方面。重量、体积等单位与物流作业有密切的关系,它们将影响整个系统的规划。

表 2-3 主要订单发货资料

发货订单	发货品项						订单发货数量	订单发货品项
	I_1	I_2	I_3	I_4	I_5	…		
E_1	Q_{11}	Q_{12}	Q_{13}	Q_{14}	Q_{15}		Q_1	N_1
E_2	Q_{21}	Q_{22}	Q_{23}	Q_{24}	Q_{25}	…	Q_2	N_2

续表

发货订单	发货品项						订单发货数量	订单发货品项
	I_1	I_2	I_3	I_4	I_5	…		
E_3	Q_{31}	Q_{32}	Q_{33}	Q_{34}	Q_{35}	…	Q_3	N_3
⋮	⋮	⋮	⋮	⋮	⋮		⋮	⋮
发货量	$Q_{.1}$	$Q_{.2}$	$Q_{.3}$	$Q_{.4}$	$Q_{.5}$	…	—	$N_.$
发货次数	K_1	K_2	K_3	K_4	K_5	…	—	$K_.$

注：Q_1（订单 E_1 的发货量）= $Q_{11} + Q_{12} + Q_{13} + Q_{14} + Q_{15} + \cdots$

$Q_{.1}$（品项 I_1 的发货量）= $Q_{11} + Q_{21} + Q_{31} + Q_{41} + Q_{51} + \cdots$

$K_.$（所有产品的发货总次数）= $K_1 + K_2 + K_3 + K_4 + K_5 + \cdots$

【例 2-2】表 2-4 为某医药配送中心自动分拣区在淡季某一天的发货订单品项数量统计，试对其进行 EIQ 分析。

表 2-4 发货订单品项数量

订单＼品项	I_1	I_2	I_3	I_4	I_5	I_6
E_1	450	370	120	0	220	0
E_2	360	100	110	330	0	180
E_3	250	0	0	500	110	360
E_4	100	400	240	410	0	310
E_5	0	100	350	200	240	0

解：订单发货量为：

$Q_1 = 450 + 370 + 120 + 0 + 220 + 0 = 1160$ 箱

$Q_2 = 360 + 100 + 110 + 330 + 0 + 180 = 1080$ 箱

同理，可以计算出 $Q_3 = 1220$ 箱，$Q_4 = 1460$ 箱，$Q_5 = 890$ 箱

订单的发货次数为 $N_1 = 4$，$N_2 = 5$，$N_3 = 4$，$N_4 = 5$，$N_5 = 4$

品项的发货量为：

$Q_{.1} = 450 + 360 + 250 + 100 = 1160$ 箱

$Q_{.2} = 370 + 100 + 0 + 400 + 100 = 970$ 箱

同理，可以计算出 $Q_{.3} = 820$ 箱，$Q_{.4} = 1440$ 箱，$Q_{.5} = 570$ 箱，$Q_{.6} = 850$ 箱

品项发货次数为：$K_1 = 4$，$K_2 = 4$，$K_3 = 4$，$K_4 = 4$，$K_5 = 3$，$K_6 = 3$

所有订单的发货总项数：$N = 6$

所有产品的发货总次数：$K = 4+4+4+4+3+3 = 22$

要了解医药配送中心实际运作的物流特性，只分析一天的资料是不够的。但若分析一年的资料，往往因为资料数量庞大，分析过程费时、费力而难以做到。为此，可选取具有代表性的某个月或某星期为样本，以一天的发货量为单位进行分析，找出可能的作业周期和波动幅度。若各周期中出现大致相同的发货量，则可缩小资料范围。如一周内发货量集中在星期五和星期六，一个月集中在月初或月末，一年集中在某一季度等。这样可求出作业周期和峰值时间。总之，尽可能将分析资料压缩到某一个月、一年中每月的月初第一周或者一年中每周的周末。如此取样，既可节省时间和人力，又具有足够的代表性。

(1) 订单量分析。通过对订单量的分析可以了解每张订单的订购量分布情况，从而确定订单处理的原则，以便进行拣货系统、发货方式和发货区的规划。一般以对营业日的 EQ 分析为主。EQ 分布图形对规划储存区的拣货模式也有重要参考价值。当订单量分布趋势越明显时，分区规划越容易。EQ 量很小的订单数所占比例大于 50% 时，应把这些订单另行分类，以提高效率。

(2) 品项数量分析。通过对品项数量的分析，可以掌握各种产品发货量的分布情况，进一步分析产品的重要程度。IQ 分析可用于仓储系统的规划、储位空间的估算、拣货方式及拣货区的规划。

EQ 分布图形和 IQ 分布图形十分相似。现就医药配送中心常见的 EQ 和 IQ 类型分析如下，其中 I 为品项，Q 为数量。

第一种，I 型，此为一般配送中心的常见模式。EQ 和 IQ 的分布图类型如图 2-6 所示。

EQ 分析：由于订货量分布趋于两极化，可以用 ABC 分析法作进一步分类。规划时可将订单分级处理，少数量大的订单可以进行重点管理，相关拣货设备的使用亦可分级。

IQ 分析：由于订货量分布趋于两极化，可利用 ABC 分析法进一步分类。规划时可将医药产品按储存区分类储存，不同类型的医药产品可设不同水平的储存单位。

第二种，II 型。EQ 和 IQ 的分布图如图 2-7 所示。该类型的特点是大部分订单量（或发货量）相近，仅少数有特大量及特小量。

EQ 分析：对主要量分布范围进行规划，少数差异较大者进行特例处理。

IQ 分析：对同一规格的储存系统和定址型储位进行规划，少数差异较大者进行特例处理。

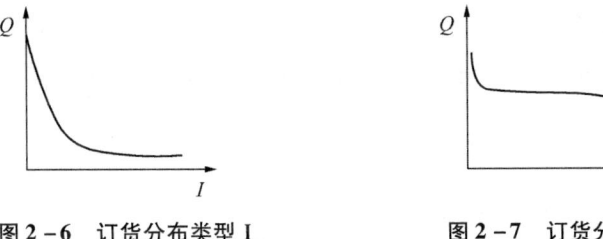

图 2-6　订货分布类型 I　　　　图 2-7　订货分布类型 II

第三种，III 型。EQ 和 IQ 的分布图如图 2-8 所示。该类型的特点是订单量（或发货量）分布呈渐减趋势，无特别集中于某些订单或范围。

EQ 分析：系统较难规划，宜规划通用设备，以增加设备柔性。

IQ 分析：与 EQ 分析相同。

第四种，IV 型。EQ 和 IQ 的分布图如图 2-9 所示。该类型的特点是订单量（或发货量）分布相近，仅少数订单量（或发货量）较少。

EQ 分析：可分为两种类型，部分少量订单可以批次处理或以零星拣货方式规划。

IQ 分析：可分为两种类型，部分少量物品可用轻型储存设备存放。

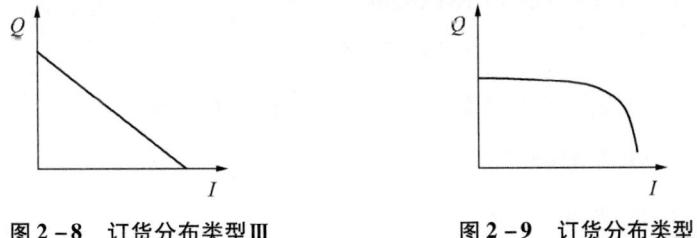

图 2-8　订货分布类型III　　　　图 2-9　订货分布类型IV

第五种，V 型。EQ 和 IQ 的分布图如图 2-10 所示。该类型的特点是订单量（或发货量）集中于特定数量且为无连续性渐减，可能为整数发货，或为大型物件的少量发货。

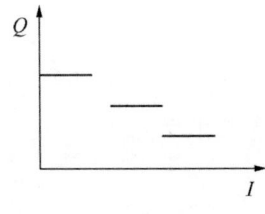

图 2-10　订货分布类型V

EQ 分析：可以为较大单元负载单位规划，而不考虑零星发货。

IQ 分析：可以为较大单元负载单位或重量型储存设备规划，但仍需考虑物品特性。

一般说来，在规划储存区时多采用时间周期为一年的 IQ 分析，在规划拣货区时还要参考单日的 IQ 分析。通过对单日和全年的 IQ 数据分析，结合发货量和发货频率的相关分析，使整个仓储拣货系统更符合实际情况。

2.3.4 物品特性与包装分析

在分析订单品项数量时，应结合物理特性与包装情况，以便划分不同的仓储区和拣货区。

1. 物理特性

物理特性通常是影响物品分类的最重要因素。也就是说，任何物品的类别通常是按其物流性质来划分的。

尺寸：长、宽、高。

物态：固体、液体和气体，不稳定的、黏的、热的、湿的、脏的等。

重量：每运输单元重量或单位体积重量。

形状：扁平的、弯曲的、可叠套的、不规则的等。

损伤的可能性：易碎、易爆、易污染、有毒、有腐蚀性等。

价格：贵重物品或一般物品。

储存温度：普通、冷冻或冷藏等。

湿度要求。

气味：中性、刺激等。

2. 基本单位与包装单位

基本单位：个、包、条、瓶、箱、盒、捆、托盘等。

包装单位：个数（基本单位/包装单元）。

3. 包装材料

包装材料可以分为箱、捆包、袋、金属容器、塑料容器或包膜等。

2.3.5 货态分析

货态指物品的储存样态，也就是储存单位。一般医药配送中心的储运单位包括托盘（P）、标准箱（C）和单品（B）。对于不同的储运单位，所配备的储存和搬运设备也不同。因此，掌握医药物流过程中的单位变换相当重要。

P、C 和 B 所采用的储存搬运设备不同，系统规划也相应有差异，因此建立一个把 P、C、B 形状图表化的辅助系统很有必要。储运单位分析的内容就是将货态（P、C、B）纳入分析范围，用货态图和表格作为表现形式，并把它们换算成相同的单位，以方便物流过程中的储存和搬运工作。

当货物之间的形状、尺寸、重量相差较大时，可将它们分成大物、中物、小物或组合等几种类型，然后分别选择相对合适的搬运与储存设备。

在物流下游企业的订单中，常常同时包含各类出货状态。应合理规划仓储区和拣货区，将订单按出货单位类型进行分析，正确计算出各作业区域的实际需求，以便选择相应的设备进行相关作业。

2.4 基本规划资料的定性分析

在进行医药配送中心规划时，除了进行定量资料分析外，对物流与信息流进行定性分析也很重要。物流与信息流定性分析分为作业流程分析、事务流程分析、作业时序分析及自动化水平分析。

2.4.1 作业流程分析

作业流程分析是指对一般常态性和非常态性的作业加以分类，并整理出医药配送中心的基本作业流程。因为产品不同，医药配送中心的作业流程也不相同。一般医药配送中心的作业流程分析包括以下项目。

1. 一般常态性物流作业

（1）进货作业，包括车辆进货、卸载、验收、编号和理货等内容。

（2）储存保管作业，包括入库和调拨补充等内容。

（3）拣货作业，包括按单拣选、批量拣选等内容。

（4）发货作业，包括流通加工、集货、品类拣选、点收和装载等内容。

（5）配送作业，包括车辆调度、路线安排和交货等内容。

（6）仓储管理作业，包括盘点、抽盘、移仓与储位调整和到期品处理等内容。

2. 非常态性物流作业

（1）退货作业，包括退货卸载、点收、责任确认，以及退货良品、瑕疵品和废品处理等内容。

（2）换货、补货作业，包括误差责任确认，以及零星补货拣取、包装和运送等内容。

（3）辅助作业，包括车辆出入管制、停泊，以及容器回收、空容器暂存、废料回收处理等内容。

2.4.2 事务流程分析

医药配送中心在运转过程中，除了物流与信息流相结合之外，还有大量表单和资料在传递。医药配送中心品项繁多，每日订单量大，相应处理订单和相关发货表单的工作量也很大。要使物流逐步实现无纸化作业，关键在于信息流和信息传递界面的分析与规划。事务流程分析就是信息流与信息传递界面的分析与规划。

1. 物流支援作业

（1）接单作业，包括客户资料维护、订单资料处理、货量分配计划、订单资料维护、退货资料处理、客户咨询服务和交易分析查询等内容。

（2）发货作业，包括发货资料处理、发货资料维护、发货与订购差异处理、换货补货处理和紧急发货处理等内容。

（3）采购作业，包括供应商资料维护、采购资料处理、采购资料维护、采购资料异动和货源规划等内容。

（4）进货作业，包括进货资料处理、进货资料维护、进货与采购差异的处理和进货时序管理等内容。

（5）库存管理作业，包括物品资料维护、储位资料管理、库存资料处理、到期时间管理、盘点资料处理和移仓资料处理等内容。

（6）订单拣取作业，包括配送计划制作、拣选作业指示处理、配送标签印制处理和分拣条形码印制处理等内容。

（7）运输配送作业，包括运输计划制作、车辆调度管理、配送路径规划、配送点管理、货运行业基础资料维护和运输费用资料处理等内容。

2. 一般事务作业

（1）财务会计作业，包括一般进销存账业务处理、成本核算会计作业和相关财务报表作业等内容。

（2）人事薪金作业，包括人事考核作业、缺勤资料处理、薪金发放作业、员工福利、教育培训和绩效管理等内容。

（3）厂务管理作业，包括设备财产管理、门卫管理、公共安全措施、厂区卫生维护和办公物品订购发放等内容。

3. 决策支援作业

（1）效益分析，包括物流成本分析和运营绩效分析等内容。

（2）决策支援管理，包括运营现状分析、市场走向分析与企业发展分析等内容。

2.4.3 作业时序分析

作业时序分析就是医药配送中心在工作过程中必须了解作业的时间分布。许多医药配送中心采取夜间进货，一来避开白天车流量大，二来此时间段购物人少，便于进行进货、验收等作业。图2-11为某医药配送中心一天内各项作业的时间段分布。

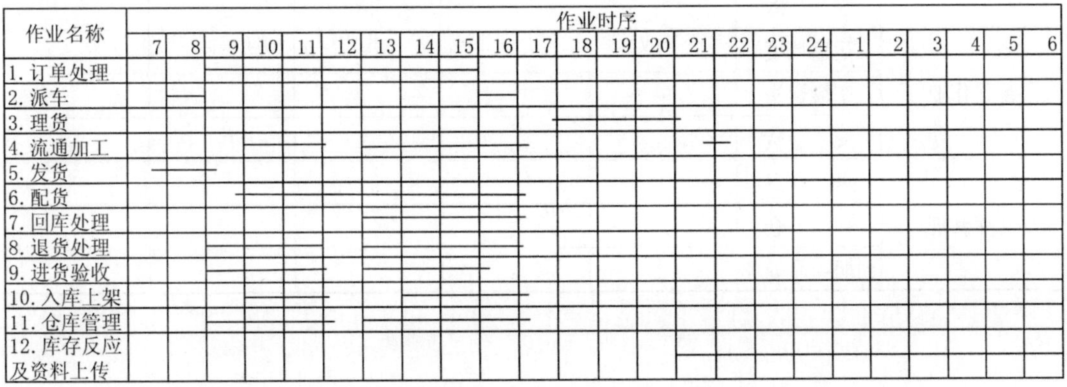

图2-11 某医药配送中心一天内各项作业的时间段分布

2.4.4 自动化水平分析

自动化水平分析是对现有物流设备的自动化程度进行分析。自动化水平过低或过高都会影响医药配送中心的效益。这种分析结果对规划新建医药配送中心具有极其重要的参考价值。医药配送中心自动化水平分析见表2-5。

表2-5 医药配送中心自动化水平分析

作业分类	作业内容	自动化水平				
		人工	手动+机械	机械化	自动化	智能化
进货作业	车辆进货					
	进货暂存					
	点收检验					
	理货					
储存保管	入库					
	调拨补充					
拣货作业	订单拣货					
	批次拣货					
	分拣					
	集货					
发货作业	流通加工					
	包装堆叠					
	发货检验					
	装载					
配送作业	运输调度					
	车辆运送					
	交货					
在库管理	盘点					
	移仓					
	到期物品处理					

课后思考

1. 简述医药配送中心规划的目标。
2. 医药配送中心基础资料的定量分析和定性分析方法有哪些?
3. 简述 ABC 分析法的步骤。
4. EIQ 规划法的 4 个单项分析内容分别是什么?

案例分析

行业模式创新的领导者——广州医药股份有限公司[①]

广州医药股份有限公司(以下简称"广州医药")是中国药品流通行业最大的中外合资企业,也是世界 500 强沃尔格林博姿联合的成员企业,多年来一直保持华南地区龙头企业的地位。广州医药年销售规模超过 300 亿元,是覆盖广东、湖北等 8 个省,拥有 18 家成员企业的全国性集团化企业。

广州医药首创医药物流标准化与医药流通信息化充分结合的专业物流模式,打造集广阔物流配送网络、强大物流配送能力、专业物流解决方案、现代物流管理信息系统于一身的一体化综合物流服务平台,拥有药品的第三方物流配送资格。广州医药黄金围现代(药品)物流中心是满足终端分销业务的专业物流中心。仓库面积 3 万平方米,可储存商品 16 万件,日均进出商品约两万件。2013 年投入使用的狮山物流中心已成为广州医药的物流枢纽。该物流中心定位为"未来 5 年国内最大的单体医药物流中心",选址在佛山市南海区狮山红沙高新区。其共分两期建设,总面积达 29656 平方米,两期合计新增托盘 33 万个以上,新增商品储存能力 70 万件。仓内综合运用了物联网技术、穿梭车货架系统、窄巷道高位存储系统、亮灯拣选系统、输送和自动分拣系统等业界最先进的物流技术,是目前国内单体最大、最先进的药品仓库。

同时,广州医药将进驻广药集团在广州市白云区的大型医药工业园区,打造新的白云医药物流园,并结合省内外子公司的物流网络扩展,形成以白云医药物流园为中心,以黄

[①] 李华:"我国医药企业信息化进程面临的问题及对策研究",沈阳药科大学硕士学位论文,2005 年。

金围和狮山物流中心为支撑,联合多个异地二级配送中心,快速响应、专业配送、高水平服务的物流体系。

思考题

1. 狮山物流中心为什么会成为"国内最大单体医药物流中心"?
2. 广州医药在进行物流配送中心的规划时首先考虑了哪些因素?

第 3 章 医药配送中心选址规划

本章导读

医药配送中心的位置在整个医药物流中占有非常重要的地位，属于物流管理战略层面的问题。物流的实际运动空间表现为网络结构形式，由点和线构成。医药配送中心（物流节点）是医药物流网络的重要组成部分。从发展趋势来看，医药配送中心不仅执行一般的物流职能，而且越来越多地执行指挥调度、处理信息等职能，是整个物流网络的关键所在。本章首先说明医药配送中心选址的必要性和重要性，然后运用基本方法来阐述如何进行医药配送中心的选址，并比较了各种方法的优缺点，使选址更精确、更科学、更贴合实际。

知识结构图

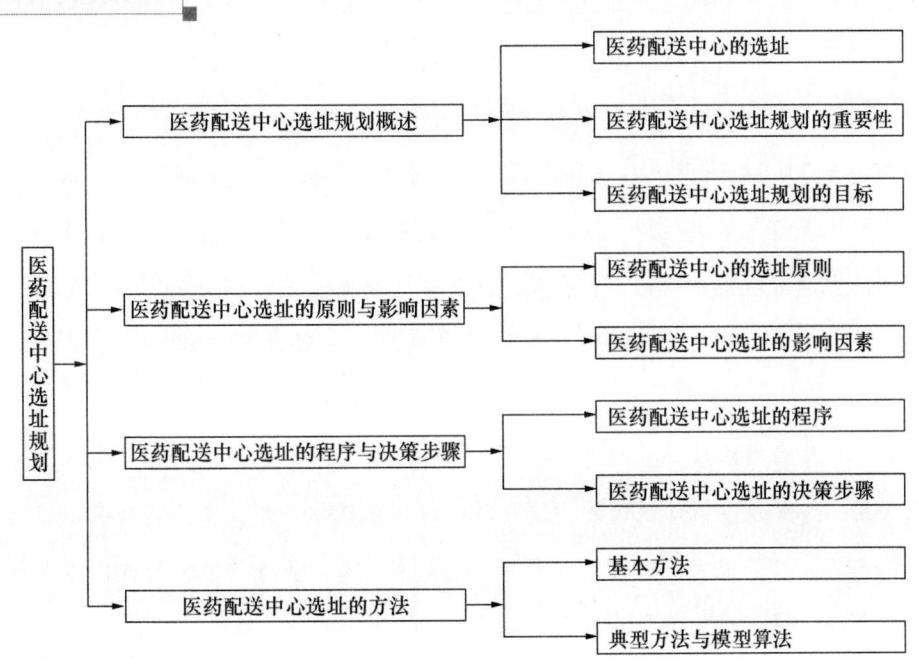

案例导读

扬子江药品集团物流配送中心选址

作为国民经济的重要组成部分，医药产业关乎每一个人的身体健康，是一个国际化程度高、专业性强的高投入高风险产业。作为下游的药品物流行业也显示出美好前景。过去10年，我国在药品物流领域取得了一定成绩，如产权多元化、发展零售连锁等。不过，总体来讲，目前国内药品物流发展还处于初级阶段，流通环节多、资金消耗大、经济效益低是药品物流的通病。有数据显示，我国医药批发商的纯利润在1%左右，比美国低近2%。这些都制约了我国药品物流行业的进一步发展。

不过庆幸的是，药品的物流配送正在受到越来越多制药企业的重视。一些大型企业开始筹建自己的物流配送中心，以解决企业自身的物流配送问题。扬子江药业正是在这样的背景下开始筹建自己的药品物流配送中心的。

扬子江药业集团（以下简称Y药品集团）创建于1971年，目前是一家跨多个地区、销售与研究相结合的特大型医药集团。其营销网络覆盖除台湾地区以外的省、自治区、直辖市，以及海外部分地区，部分产品出口到亚洲、欧洲、非洲等20多个国家和地区。Y药品集团属于大型的医药集团，自身有建立物流配送中心的需求。

此外，长三角地区拥有得天独厚的交通优势，水路发达，有长江水道、京杭大运河，域内遍布30多个大型的沿海和内河港口；公路方面，长三角地区的高等级公路排名全国靠前，覆盖密集且延伸广泛；再配以高速重载铁路运输网络，更好地推动了长三角地区海陆空联合运输。而且，长三角地区集中了如南京医药、华东医药、上海医药等众多大型医药企业，旺盛的药品物流配送需求可为Y药品集团自建物流配送中心带来契机。

目前，Y药品集团每天有大量药品出入库，之前的通常做法是将物流配送业务外包给数家公司，导致药物流动的信息不能及时追踪、更新。另外，原料药仓库出库时经常发现过期药物，造成很大的浪费。如果硬件设施不能跟上业务需求，长此以往必然导致配送效率下降，进而影响整个公司运营。

> Y药品集团自建物流配送中心首先考虑的是初期为自己生产的药品提供配送,将上游药厂以及下游医院和药店的库存进行整合,从而降低药品的流通成本;后期可能为其他企业提供第三方物流配送延伸服务,即为市场上众多没有条件建物流配送中心的医药企业承担配送任务。总之,在合适的位置建立药品物流配送中心,对于企业缩短、优化、完善供应链有直接的益处。

资料来源:王凯成,廖吉林:"基于AHP和TOPSIS的Y药品集团物流配送中心选址研究",《物流工程与管理》2020年第1期。

3.1 医药配送中心选址规划概述

3.1.1 医药配送中心的选址

医药配送中心的选址,是指在具有若干个资源点(即供货点,指医药产成品、半成品及原材料供应商)和若干个需求点(如医院、零售药店及基层医药终端市场)的某个经济区域内,选合适的地址规划、设置配送中心的过程。医药配送中心的选址也称为医药物流网点的设置,包括地理区域的选择和具体地址的选择。

医药物流网点的设置,首先要选择合适的地理区域,这对于一个业务范围覆盖全国,乃至全球的医药物流企业而言尤为重要。在选择地理区域时,决策层要全面掌握企业的经营状况,把握未来区域政策走向、企业业务拓展空间,同时结合企业的产品特性、服务范围和运营策略,审慎评估决策所带来的投资、效益和风险,选择一个合适的地理区域作为进一步选址的对象。

确定医药物流网点地理区域,就要选择具体的物流网点建设地点。通常所说的选址规划即具体地址的选择。医药物流网点具体地址的选择是一个非常庞杂的系统工程,由诸多因素决定。

3.1.2 医药配送中心选址规划的重要性

21世纪以来,随着医药物流量的不断增长,我国的医药物流事业突飞猛进,物流业务范围不断扩大，经营业务日趋复杂，呈多批次、少批量、短周期、高质量需求的发展趋势，配送区域和辐射空间迅速拓展。为了更好地服务客户，必须高度重视和认真研究医药配送中心的网点设置。据有关资料显示，日本的医药企业正在归并分散在全国各地的中小型物流网点，把已经在客户附近建立起来的物流网点撤销，建设大型医药配送中心。此举虽然使配送距离延长，运费相应增加，但可以减少人力成本、保管费和管理费，降低总的物流成本。另外，减少物流网点、压缩层次固然可以降低总成本，然而除成本（物流效率）以外，还应考虑是否方便客户和是否有市场竞争力，考虑是在大城市的周边地区还是在地方城市等。因此，医药配送中心的整合，必须以不影响进货时间、进货单位、交易条件、客户服务水平为前提。

医药配送中心拥有众多的建筑物、构筑物和设施设备，一旦建成，就很难搬迁。如果选址不当，将会付出沉重的代价。因此，物流网点的设置是医药配送中心规划中的首要工作。

医药物流网点设置得合理与否，对于医药配送中心的投资规模、运营成本、作业效率和服务质量等都会产生直接和深远的影响。

3.1.3 医药配送中心选址规划的目标

医药配送中心选址规划的目标，简单地说，就是在不断变化的商品流通中，使医药产品通过医药配送中心的汇集、中转、分发直至输送到需求点的总体效益最高。

1. 提供优质的物流服务

在激烈的竞争中，作为销售战略的一环，优质的物流服务是不可缺少的。如果没有完善的物流系统将承接的订单按正确的数量和价格，在恰当的时间和地点提供给客户，企业就难以在销售竞争中取胜。作为提供专业医药物流服务的医药配送中心，必须适应客户小批量、多品种、交货期短的要求，按期保质保量交货，提高物流服务效率。

2. 降低物流总成本

医药配送中心是连接医药生产和消费的流通部门，是利用时间及场所创造效益的机构。高速公路网的完善和信息网络的普及，电子商务和大量处理大批次、小批量软件系统的应用，使物流作业速度越来越快，运输时间大大缩短。对物流网点进行合理规划，设立较大规模的医药配送中心，可以减少库存，使运输大型化，通过协同配送降低运输费用；可以减少土地购买费、建设费、机器设备费、人力费用等，从而减少物流总成本。

3. 注重环境保护

物流与环境有密切的关系，在设置医药物流网点时必须考虑环境保护，推行绿色物流。如设置物流网点时一定要把减少迂回运输、交错运输、单程运输等考虑在内。这既是降低成本的要求，也是降低物流对环境的危害。另外，在医药配送中心的规划和运营过程中，必须考虑废旧物品的合理回收、包装材料的再利用、废弃物品的净化处理、噪声控制在允许的范围内等问题。

综上所述，医药配送中心布局应以费用低、服务好、社会效益高为最终目标。

3.2 医药配送中心的选址原则与影响因素

3.2.1 医药配送中心的选址原则

医药配送中心在选址过程中应遵守经济性原则、适应性原则、协调性原则和战略性原则。

1. 经济性原则

在医药配送中心选址过程中，发生的有关费用主要包括建设费用和经营费用。医药配送中心选址在市区、近郊还是远郊，其未来物流活动所需装备和设施的建设规模、投资费用以及运输、人工等物流费用是不同的。所以在选址时，应以总费用最低作为医药配送中心选址的经济性原则。

2. 适应性原则

医药配送中心的选址应与国家以及政府的经济发展规划、大政方针和经济政策相适应，与中国特色市场经济体制改革的前进方向相适应，与我国医药物流资源分布和需求分布相适应，与国民经济和社会发展相适应。

3. 协调性原则

医药配送中心选址应将国家的医药物流网络作为一个大系统来考虑，使医药配送中心的固定设施与活动设备、自有设备与公用设备,在地域分布、物流作业生产力、技术水平等方面相互协调。

4. 战略性原则

国民经济的不断发展必然导致生产力布局的变更,生产结构和运输条件也会随之发生变化,这些变化无疑对医药物流系统的效益产生新的影响。在设置医药配送中心网点时,除了考虑现存情况外,还应具有战略眼光和前瞻性。制定长远规划时,既要考虑全局,又要考虑长远,局部要服从全局,眼前利益要服从长远利益,使医药配送中心网点设置对今后业务拓展和企业发展留有空间。

3.2.2 医药配送中心选址的影响因素

在进行医药配送中心选址时,要充分考虑自然环境、经营环境、基础设施、法律法规以及社会等因素。

1. 自然环境因素

(1) 气象条件。在医药配送中心选址过程中,主要考虑的气象条件有湿度、温度、风力、降雨量、无霜期、日照等。如选址时要避开风口,因为在风口建设医药配送中心会加速露天堆放药品的老化。

(2) 地质条件。医药配送中心是药品的汇集地,如果其地下存在淤泥层、流沙层、松土层等,受压地段会出现裂缝、沉降、塌陷、翻浆等情况。因此,医药配送中心选址时,地质条件应符合国家强制性建筑规范对承载力的要求。

(3) 水文条件。医药配送中心选址要远离容易泛滥的河川流域和地下水上溢区域。

(4) 地形条件。医药配送中心应选择地势较高、地形平坦且适宜建筑的地形。其中,完全平坦的地形最理想,稍有坡度或起伏的地形次之,坚决避开山区、陡坡地区。在外形上可选择长方形,不宜选择狭长或不规则形状。此外,选址一定要避开古墓葬和文物聚集区。

2. 经营环境因素

(1) 产业政策。医药配送中心所在地区的物流产业政策会对物流企业的经济效益产生重要的影响。

（2）货物流量。医药配送中心设立的根本目的是降低医药物流成本，如果没有足够的货物流量，其规模效益就很难发挥。所以，医药配送中心的建设一定要以足够的货物流量为基础。

（3）货物流向。货物流向决定着医药配送中心的工作内容和物流设施设备的配置。对于供应物流来说，医药配送中心主要为生产企业提供原材料、零部件，应选择靠近生产企业的地点，便于减少生产企业的库存，随时为生产企业提供服务，还可以为生产企业提供暂存或发运服务。对于销售物流来说，医药配送中心的主要职能是将产品集中、分拣、配送到门店或客户手中，故应选择接近客户的地点。

（4）物流费用。费用是医药配送中心选址时考虑的重要因素之一。大多数医药配送中心选择接近物流服务需求地点，比如大型工业区、商业区，以便缩短运输距离、降低运输费用。

（5）商品特性。经营药品的医药配送中心应该根据药品的特性进行选址。

（6）服务水平。在现代医药物流过程中，能否实现准时运送是服务水平高低的重要指标。因此，在医药配送中心选址时，应保证客户在任何时候向医药配送中心提出需求时都能获得快速满意的服务。

（7）人力资源条件。现代医药物流配送中心需要机械化、自动化的物流设备，需要有高素质的人力资源保证医药配送中心的顺利运营。

（8）城市的扩张与发展。医药配送中心的选址既要考虑城市扩张的速度和方向，又要考虑节省分拨费用和减少装卸次数。

3. 基础设施因素

（1）公共设施状况。这主要包括城市配套的水、电、暖、气等是否到位，网络、固话、银行、邮政等条件是否具备，附近有没有污水、垃圾处理的设施。

（2）运输条件。医药配送中心的选址必须具备方便的交通运输条件，要靠近交通枢纽。如紧邻港口、交通主干道、铁路货运站、机场，至少有两种运输方式相衔接。

4. 法律法规因素

医药配送中心的选址应符合国家的法律法规要求，应在国家法律法规允许的范围之内，符合国家对物流设施标准、人工劳动条件、环境保护等的要求。

5. 社会因素

社会因素包括所选城市的地位、生活环境、就业情况、居民态度、治安情况和环境保护。例如，环境保护要求医药配送中心选址要考虑自然环境和人文环境，尽可能降低对居民生活的干扰。对大型转运枢纽，应设置在远离市中心的地方，使城市交通环境状况不受影响，城市生态建设得以维持和增进。

3.3 医药配送中心选址的程序与决策步骤

3.3.1 医药配送中心选址的程序

医药配送中心选址的具体程序如图3-1所示。

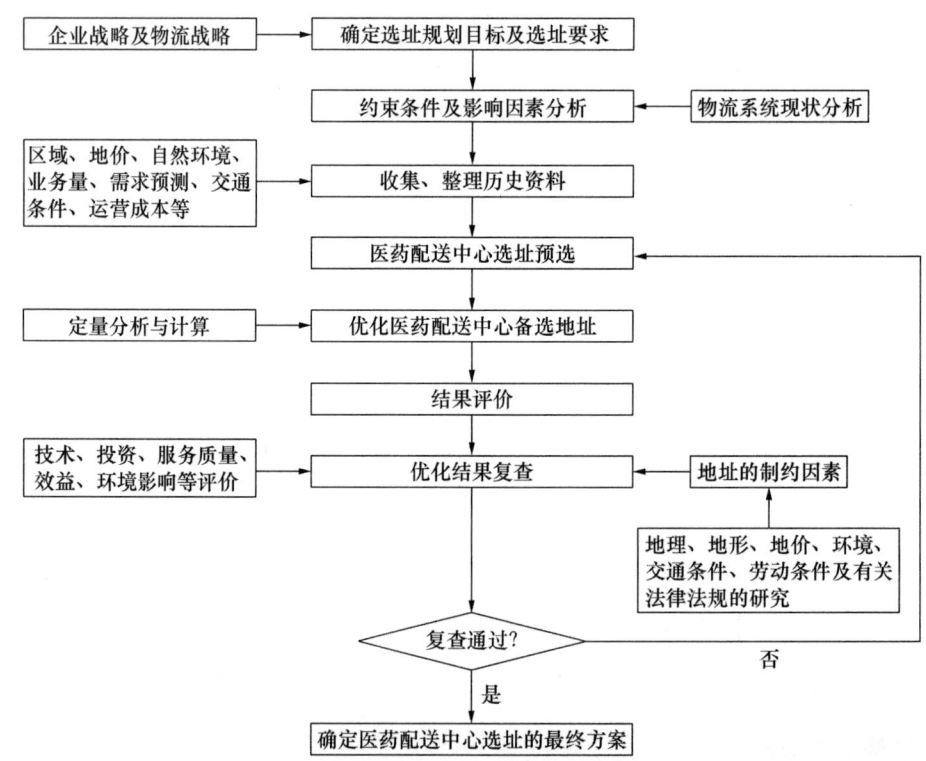

图3-1 医药配送中心选址的程序

3.3.2 医药配送中心选址的决策步骤

1. 确定选址规划目标及选址要求

医药配送中心选址规划时,首先要分析企业发展战略及物流战略规划,明确企业业务发展方向及物流系统在企业发展中的地位。在此基础上,进一步明确医药配送中心在物流系统的地位,明确现有物流设施的布局,分析新建医药配送中心的必要性和意义,明确新建医药配送中心规划目标,将选址规划目标明确化。此外,需详细界定企业对医药配送中心选址的要求。

2. 约束条件及影响因素分析

根据医药物流系统的现状,制定医药配送中心选址规划,确定基本条件,以便缩小选址的范围。

(1) 需求条件。主要分析医药配送中心的服务对象——客户的分布情况,对其未来的分布情况进行预测,分析物流量增长率及物流配送的区域范围。

(2) 运输条件。应靠近干线公路、铁路货运站、内河港口、空港基地等重要交通枢纽,同时运输方式能有效衔接。

(3) 配送服务的条件。根据客户要求的到货时间、发货频率等计算从医药配送中心到客户的距离和服务范围。

(4) 用地条件。根据企业实际情况,考虑是利用现有土地还是重新征用土地;重新征用土地的成本有多大;地价允许范围内的用地分布情况如何。

(5) 区域规划。根据区域规划的要求,了解选定区域的用地性质,考虑区域内物流产业用地规划及产业集聚发展的需求。

(6) 流通加工职能条件。考虑商流职能是否与物流职能分开,医药配送中心是否附有流通加工的职能。

总之,不同类别的配送中心对选址的要求不同,医药配送中心要根据自身产业特点、货物流通特点等进行选址规划。

3. 收集、整理历史资料

医药配送中心的选址方法一般是通过成本计算,也就是将运输费用、配送费用及物流设施费用模型化，根据约束条件及目标函数建立数学模型，从中寻找费用最小的方案。在采用这种方法寻求最优的选址时，必须对业务量和费用进行正确的分析和判断。

（1）业务量资料。医药配送中心选址时，应掌握的业务量资料主要包括：医药配送中心向客户配送的货物数量；医药配送中心报关的货物数量；工厂到医药配送中心的货物运输量；配送线路上的业务量。

由于这些数据在不同时期会有波动，因此，要对所采用的数据进行研究。另外，除了对现有的各项数据进行分析外，还必须确定医药配送中心投入使用后的预测数据。

（2）费用资料。医药配送中心选址时应掌握的费用数据包括：工厂到医药配送中心的运输费用；医药配送中心到客户的运输费用；与设施、土地有关的费用及人工费、业务费等。

前两项费用会随着业务量和运输距离的变化而变动，所以必须对其进行分析。第三项费用包括固定费用和可变费用，最好根据固定费用与可变费用之和进行成本分析。

在医药配送中心选址过程中，还需要用缩尺地图表示客户的位置、现有设置的位置和工厂的位置，并整理各候选地址的配送路线及距离等；必备车辆数、作业人数、装卸方式、装卸费用等要与成本分析结合起来确定。

4. 医药配送中心地址预选

在进行医药配送中心位置选择时，首先要根据上述各影响因素进行定性分析和评估，确定几个备选地址。在确定备选地址时，首先要确定区域范围。如在世界范围内选址，首先要确定某个国家；在某一国家范围内选址，首先要确定某个省份，再进一步将位置确定在某个城市或商业区。

备选地址的数量直接影响到后续最优方案的确定。因为备选地址过多，候选方案的优化工作量将过大，成本高；备选方案过少，可能导致最后的方案远离最优方案，选址效果差。所以合适的备选地址数量是医药配送中心选址及物流网点布局中非常关键的一步。

5. 优化医药配送中心备选地址

确定备选地址后，下一步要做的是详细地考察若干具体地点。针对不同情况，确定选址评价方法，得出优化后的地址。如果对单一医药配送中心进行选址，可以采用重心法等；如果对多个配送中心进行选址，可采用鲍摩—瓦尔夫模型等。近年来，选址理论发展迅速，计算机技术在其中也得到了广泛应用，这些都为定量化选址方法的研究提供了有力的支持。

6. 结果评价

在定量分析中，主要考察对选址产生影响的经济因素，所以应用由定量模型得出的结果进行医药配送中心选址时，常常会发现在经济上最为可取的地点，在实际中却行不通。这是因为除了经济因素外，还有很多非经济因素影响医药配送中心的选址。因此，要结合市场适应性、购置土地条件、服务质量、交通、劳动力等因素，对计算结果进行评价，看优化结果是否具有现实可行性。

7. 优化结果复查

分析其他影响因素对计算结果的相对影响程度，分别赋予它们一定的权重，采用权重因素分析法对计算结果进行复查。如果复查通过，则原计算结果即为最终结果；如果复查发现原计算结果不适用，则返回医药配送中心地址预选阶段，重新分析，直至得到最终结果为止。

8. 确定医药配送中心选址的最终方案

优化结果通过复查，即可作为最终选址结果。

3.4　医药配送中心选址的方法

3.4.1　基本方法

1. 定性分析法

定性分析法主要是根据选址影响因素和选址原则，依靠专家或管理人员丰富的经验、知识及综合分析能力，确定医药配送中心具体位置的方法。其步骤一般为：根据经验确定评价指标，利用该指标对候选配送中心位置进行优劣检验，综合检验结果作出决策。常用的定性分析法有专家打分法和德尔菲法。

2. 定量分析法

（1）解析法。解析法是根据具体需求量、时间等因素，以医药配送中心位置为因变量，用代数法来求解医药配送中心的坐标。解析法中最常用的有重心法、交叉中值法。解析法考虑的影响因素较少，模型简单，主要适用于单个医药配送中心的选址问题。

（2）数学归纳法。数学归纳法是在一种特定的约束条件下，通过建立数学规划模型和求解方法，从许多可行的方案中挑选出一个最佳方案。该方法是选址中最常用的方法。其优点是算法精确，能获得最优解；不足之处是对一些复杂问题很难建立合适的数学规划模型。该方法常用的模型有线性规划模型、非线性规划模型、整数规划模型、混合整数规划模型、动态规划模型和网络规划模型等。

（3）多准则决策方法。在医药配送中心的选址中，除了单准则问题外，还有大量的多准则决策问题。多准则决策问题涉及多个选择方案（对象），每个方案都有若干个不同的准则，通过多个准则对方案（对象）优化作出综合性的选择。医药配送中心的选址常以建设和运作的总成本最小化，满足客户需求，满足社会、环境要求等为准则进行决策。多准则决策方法包括多指标决策方法与多属性决策方法两类，比较常用的有层次分析法（AHP）、模糊综合评价、聚类方法、数据包络分析（DEA）、优序法等。其中，层次分析法和模糊综合评价在医药配送中心选址研究中有着较为广泛的应用，但这两种方法都是基于线性的决策思想。在当今复杂多变的环境下，线性的决策思想逐渐暴露出其固有的局限性，非线性的决策方法是今后进一步研究的重点和趋势。

（4）启发式算法。启发式算法是相对于最优化方法而言的，是一种逐次逼近最优解的方法。该方法对所求得的解进行反复判断、改进，比较适合规模较大的选址问题。比较常用的启发式算法有增加算法、删减算法、短时算法、领域搜索算法、禁忌搜索算法、蚁群算法等。启发式算法不能保证得到最优解，但可以得到问题的满意解，而且其计算简单，求解速度快。

（5）仿真算法。在选址问题中，仿真技术可以通过反复改变和组合各种参数，多次试行来评价不同的选址方案。

仿真算法具有较强的使用价值，常用来求解较大规模的、难以计算的问题。其不足主要在于不能提出初始方案，只能通过对各个已存在的备选方案进行评价，从中找出最优方案。所以在运用这项技术时必须首先借助其他技术找出初始方案。同时，仿真算法对人和机器的要求较高，设计人员必须具备丰富的经验和较高的分析能力，而复杂的仿真系统对计算机硬件的要求较高。

3.4.2 典型方法与模型算法

医药配送中心的选址几乎决定了整个医药物流系统的模式、结构和形状。下面对常用的医药配送中心选址方法、模型及算法进行介绍。

1. 德尔菲法

20 世纪 40 年代美国兰德公司发展了一种新型的专家预测法，即德尔菲法。

德尔菲法具有以下几个基本特征：吸收专家参与选址，充分利用专家的经验和学识；采用匿名或背靠背的方式，使每一位专家独立作出自己的判断；选址过程经过多轮反馈，使专家的意见逐渐趋同。

德尔菲法的实施步骤如图 3-2 所示。

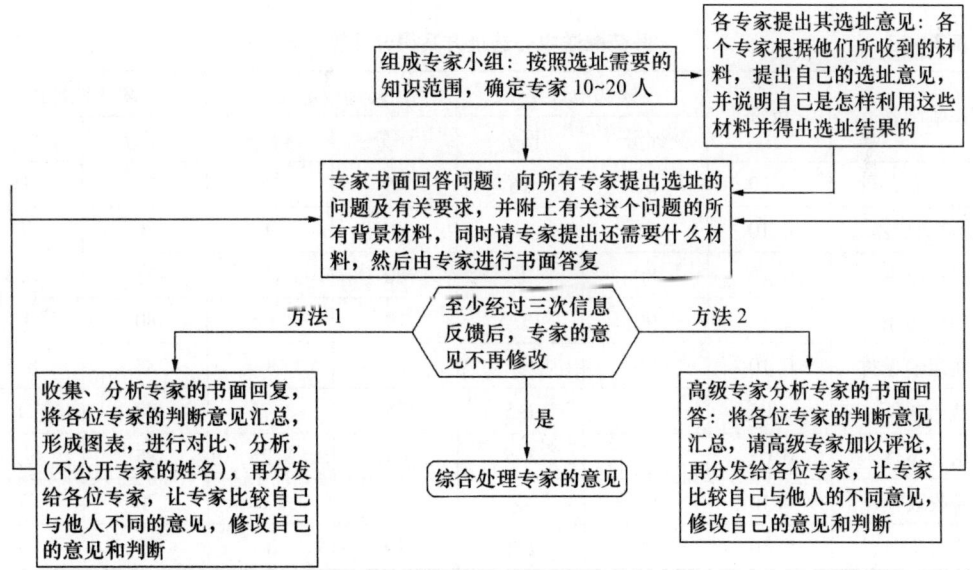

图 3-2　德尔菲法的实施步骤

德尔菲法能发挥专家会议法的优点，即能充分发挥各位专家的作用，集思广益。但德尔菲法的主要缺点是过程比较复杂，花费时间较长。

2. 权重因素分析法

医药配送中心的选址涉及多方面的因素，很多因素难以量化，且各因素的影响程度不同。为了综合考虑各影响因素及其重要程度，可对各因素及重要度赋值，计算各方案总分,选址分值最高者为最优方案。具体步骤如下。

(1) 列举影响医药配送中心选址的因素,即列出比较的项目。

(2) 赋予每个因素以权重,以反映它在医药配送中心选址中的相对重要程度。

(3) 确定每个因素记分的取值范围,如从 100 到 1 表示从很好到很差。

(4) 请有关专家对每个候选医药配送中心地址的各个影响因素进行评分。

(5) 计算每个候选医药配送中心地址的得分,总得分 = $\sum$(每个因素评分×权重)。

(6) 选址总得分最高者为最优方案。

【例 3 - 1】某医药企业要新建一个配送中心,有甲、乙、丙 3 个候选地址。汇总得出影响医药配送中心选址的因素主要有 10 个,相关信息见表 3 - 1,求医药配送中心的最优地址。

表 3 - 1　　　　　　　　医药配送中心选址方案得分计算

影响因素	权重	候选地址甲		候选地址乙		候选地址丙	
		评分	得分	评分	得分	评分	得分
客户分布条件	0.20	80	16	75	15	75	15
劳动力成本	0.10	70	7	90	9	80	8
科技条件	0.10	80	8	70	7	75	7.5
基础设施条件	0.15	90	13.5	70	10.5	80	12
交通运输条件	0.10	80	8	80	8	85	8.5
地形条件	0.05	70	3.5	75	3.75	80	4
水文条件	0.05	70	3.5	65	3.25	85	4.25
税收政策	0.10	60	6	75	7.5	70	7
竞争对手条件	0.10	75	7.5	80	8	90	9
其他条件	0.05	80	4	70	3.5	80	4
合计	1.00		77		75.5		79.25

注:①各项权重影响因素最好设定为 0~1,且各影响因素权重之和为 1。②影响医药配送中心选址结果的因素包括影响因素个数和内容的确定、权重的赋值。专家对每个候选地址的各个影响因素的打分,不同企业的差异很大,因此这 3 个方面的内容要慎重权衡。

解:根据权重和不同候选地址在各因素上的评分,计算各候选地址的总分,总得分最高的候选地址为医药配送中心的最优地址,即候选地址丙为最优地址。

3. 重心法

重心法是医药配送中心选址决策常用的方法之一，经常用于转运中心或分货中心的选择。当产品生产成本中运输费用所占比例很大，且由一个医药配送中心向多个销售点运货时，可以用重心法选择运输费用最小的地点作为最优的医药配送中心地址。

重心法的假设条件：一是决策各点的需求量不是地理位置上实际发生的需求量，而是一个汇总量，这个量聚集了分散在一定区域内众多的需求量。二是物品配送的物流成本以运输费用的形式表现，而且物品的运输费用仅仅和医药配送中心与需求点之间的距离成正比关系，而不考虑城市的交通状况；三是不考虑医药配送中心所处地理位置不同所引起的成本差异，如土地费用、建设费用、劳动力成本、库存成本等；四是不考虑企业经营可能造成的未来收益和成本的变化，保证决策环境的相对静止。

重心法模型：假设有 N 个客户（可以是零售店或二级中转站），它们各自的坐标是 R_I (x_i, y_i)，需新建的医药配送中心坐标为 $W (x_w, y_w)$，现在欲确定该新建医药配送中心的位置，使医药配送中心到各客户的总运输费用最小，如图 3-3 所示。

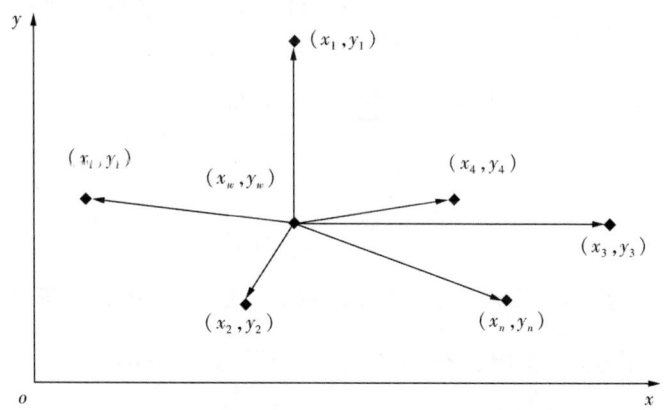

图 3-3 新建医药配送中心与各客户的坐标

已知条件下：f_i 为医药配送中心 W 到客户 i 的运输费率（单位产品运输单位距离的费用）；V_i 为新建医药配送中心向客户 i 的运输量；d_i 为新建医药配送中心到客户 i 的距离。

由此可得新建医药配送中心到各客户的总运输费用如下：

$$TC = \sum_{i=1}^{n} C_i \tag{3-1}$$

式中，C_i 可以表示成以下形式：

$$C_i = f_i \cdot V_i \cdot d_i \tag{3-2}$$

d_i 也可以写成以下形式：

$$d_i = [(x_w - x_i)^2 + (y_w - y_i)^2]^{\frac{1}{2}} \tag{3-3}$$

把式（3-2）代入（3-1）中，得：

$$TC = \sum_{i=1}^{n} f_i \cdot V_i \cdot d_i \tag{3-4}$$

现在，需要确定坐标（x_w, y_w）为何值时，可使 TC 最小。

根据函数求极值原理，式（3-4）分别对 x_w 和 y_w 求偏导，另偏导数为0，得：

$$\begin{cases} \dfrac{\partial TC}{\partial x_w} = \dfrac{\sum_{i=1}^{n} F_i \cdot V_i \cdot (x_w - x_i)}{d_i} = 0 \\ \dfrac{\partial TC}{\partial y_w} = \dfrac{\sum_{i=1}^{n} F_i \cdot V_i \cdot (y_w - y_i)}{d_i} = 0 \end{cases} \tag{3-5}$$

由式（3-5）可以求得函数 TC 的极值点（x_w^*, y_w^*），即：

$$\begin{cases} x_w^* = \dfrac{\sum_{i=1}^{n} f_i \cdot V_i \cdot x_i / d_i}{\sum_{i=1}^{n} f_i \cdot V_i / d_i} \\ y_w^* = \dfrac{\sum_{i=1}^{n} f_i \cdot V_i \cdot y_i / d_i}{\sum_{i=1}^{n} f_i \cdot V_i / d_i} \end{cases} \tag{3-6}$$

因式（3-6）中含有 d_i，而 d_i 又含有要求解的未知数 x_w 和 y_w，所以由式（3-6）难以求解得 x_w^* 和 y_w^*。因此采用迭代法来进行计算，其表达式为：

$$\begin{cases} x_w^{*(k)} = \dfrac{\sum_{i=1}^{n} f_i \cdot V_i \cdot x_i / d_{i(k-1)}}{\sum_{i=1}^{n} f_i \cdot V_i / d_{i(k-1)}} \\ y_w^{*(k)} = \dfrac{\sum_{i=1}^{n} f_i \cdot V_i \cdot y_i / d_{i(k-1)}}{\sum_{i=1}^{n} f_i \cdot V_i / d_{i(k-1)}} \end{cases} \tag{3-7}$$

其中：

$$d_{i(k-1)} = [(x_w^{*(k-1)} - x_i)^2 + (y_w^{*(k-1)} - y_i)^2]^{\frac{1}{2}} \tag{3-8}$$

迭代法的计算步骤：

1）给出新建的医药配送中心的初始位置 $(x_w^{*(0)}, y_w^{*(0)})$。给定初始位置是利用迭代法求解最佳医药配送中心位置的关键，一般做法是将客户坐标的重心点作为初始医药配送中心的位置，因此，这种方法称为重心法。假设客户坐标的重心点的坐标为 $(\bar{x}, \bar{y})$，则有：

$$\begin{cases} x_w^{*(0)} = \bar{x} = \dfrac{\sum_{i=1}^{n} f_i \cdot v_i \cdot x_i}{\sum_{i=1}^{n} f_i \cdot v_i} \\ y_w^{*(0)} = \bar{y} = \dfrac{\sum_{i=1}^{n} f_i \cdot v_i \cdot y_i}{\sum_{i=1}^{n} f_i \cdot v_i} \end{cases} \quad (3-9)$$

2）另 $k=0$。

3）利用式（3-8）求出 $d_{i(0)}$。

4）利用式（3-4）求出相应的总运输费用 $TC(0)$。

5）另 $k=k+1$。

6）利用式（3-7）求出第 k 次迭代结果 $(x_w^{*(k)}, y_w^{*(k)})$。

7）利用式（3-8）求出 $d_{i(k)}$，利用式（3-4）求出相应的总运输费用 $TC(k)$。

8）若 $TC(k) < TC(k-1)$，说明总运输费用仍有改善的空间，返回步骤5），继续迭代；否则，说明 $(x^{*(k-1)}{}_w, y^{*(k-1)}{}_w)$ 为最佳医药配送中心位置，则停止迭代。

对重心法的评价：求解医药配送中心最佳地址的模型有离散模型和连续模型两种。重心法模型是连续模型，相对于离散模型来说，在这种模型中，医药配送中心的选址是不加特定限制的，有自由选择的长处。可是重心法的自由度过大也是缺点。因为由迭代法计算求得的最佳地点实际上往往很难找到，有的地点很可能在河流湖泊中或街道中间等。此外，迭代计算比较复杂，这也是连续模型的缺点之一。

【例3-2】某制药企业两个药厂 P_1、P_2 分别生产 A、B 两种产品，供应三个市场 M_1、M_2、M_3，已知条件见表3-2。现需设置一个医药配送中心，A、B 两种产品通过医药配送中心间接向三个市场供货。请使用重心法求出医药配送中心的最优地址。

表 3-2　　　　　　　　　已知点坐标、年运输量及运输费率

结 点	坐标位置		运输量	运输费率
	x_i	y_i		
P_1	4	7	4500	0.6
P_2	3	8	3000	0.4
M_1	5	5	5000	0.7
M_2	8	3	2000	0.5
M_3	6	4	3000	0.6

解：根据式（3-9）计算初始坐标，结果如下：

$$X^{*(0)} = \frac{4 \times 4500 \times 0.6 + 3 \times 3000 \times 0.4 + 5 \times 5000 \times 0.7 + 8 \times 2000 \times 0.5 + 6 \times 3000 \times 0.6}{4500 \times 0.6 + 3000 \times 0.4 + 5000 \times 0.7 + 2000 \times 0.5 + 3000 \times 0.6}$$

$$= 4.79$$

$$y_w^{*(0)} = \frac{7 \times 4500 \times 0.6 + 8 \times 3000 \times 0.4 + 5 \times 5000 \times 0.7 + 3 \times 2000 \times 0.5 + 4 \times 3000 \times 0.6}{4500 \times 0.6 + 3000 \times 0.4 + 5000 \times 0.7 + 2000 \times 0.5 + 3000 \times 0.6}$$

$$= 5.51$$

利用重心法求得医药配送中心的最优地址坐标为（4.79，5.51）。

4. 交叉中值模型

交叉中值模型就是将城市内道路网作为选址范围的一种单设施选址方法。其应用条件是已知各服务对象在城市内的地理位置、需要的物流量、单位服务费用，依据是设施到各个服务对象的折现距离综合最小。交叉中值模型将加权的城市距离和最小作为目标函数，即总费用＝设施到需求点的折现距离×需求量。求解函数后得到的最好位置可能是一个点、一条线段或一个区域。

目标函数为：

$$L = \sum_{i=1}^{n} V_i (|x_0 - x_i| + |y_0 - y_i|) \qquad (3-10)$$

式中，v_i 为第 i 个需求点；(x_i, y_i) 为第 i 个需求点的坐标；(x_0, y_0) 为医药配送中心的坐标；n 为需求点的总数。

显然，目标函数可以分解为两个互不相干的部分之和：

$$L = \sum_{i=1}^{n} V_i |x_0 - x_i| + \sum_{i=1}^{n} V_i |y_0 - y_i| = L_x + L_y \qquad (3-11)$$

式中，

$$L_x = \sum_{i=1}^{n} V_i \mid x_0 - x_i \mid \quad (3-12)$$

$$L_y = \sum_{i=1}^{n} V_i \mid y_0 - y_i \mid \quad (3-13)$$

因此，求 min L 的最优解等价于求 L_x 和 L_y 最小值点。

对于 L_x，因为：

$$L_x = \sum_{i=1}^{n} V_i \mid x_0 - x_i \mid = \sum_{i \in \{i \mid x_i \leq x_0\}} V_i(x_0 - x_i) + \sum_{i \in \{i \mid x_i \leq x_0\}} V_i(x_i - x_0) \quad (3-14)$$

由于 x_0 在区域内可连续取值，求式（3-17）的极小值点。可对 L_x 求微积分并令其为零，得：

$$\frac{dL_x}{dx_0} = \sum_{i \in \{i \mid x_i \leq x_0\}} V_i - \sum_{i \in \{i \mid x_i > x_0\}} V_i = 0 \quad (3-15)$$

即：

$$\sum_{i \in \{i \mid x_i \leq x_0\}} V_i = \sum_{i \in \{i \mid x_i > x_0\}} V_i \quad (3-16)$$

式（3-16）证明了当 x_0 是最优解时，其两方的权重都为50%，即 L_x 的最优值点 x_0 是在 x 方向对所有的权重 V_i 的中值点。同样，可得 L_y 的最优值点 y_0 是在 y 方向对所有的权重 V_i 的中值点，即 y_0 需满足：

$$\sum_{i \in \{i \mid y_i \leq y_0\}} V_i = \sum_{i \in \{i \mid y_i > y_0\}} V_i \quad (3-17)$$

5. 盈亏平衡分析法

盈亏平衡分析法又称量本利法或生产成本比较法，是医药配送中心选址决策的常用方法。这种方法假设可供选择的方案均能满足医药配送中心选址的基本要求，但投资额及投产后原材料、燃料、动力等变动成本不同。通过绘制各个方案的总成本曲线，找出每个备选地址产出的最优区间及盈利区间，确定在满足需求量的条件下总成本最小的方案为最佳选址方案。

生产经营总成本（TC）分为固定成本（FC）和变动成本（VC）。固定成本不随产量的变化而变化，如企业固定资产（机器和厂房）；变动成本随产量的变化而变化，如原材料成本、劳动力成本等。固定成本、变动成本、总成本和总收入（TR）与产量的关系可用图3-4表示。

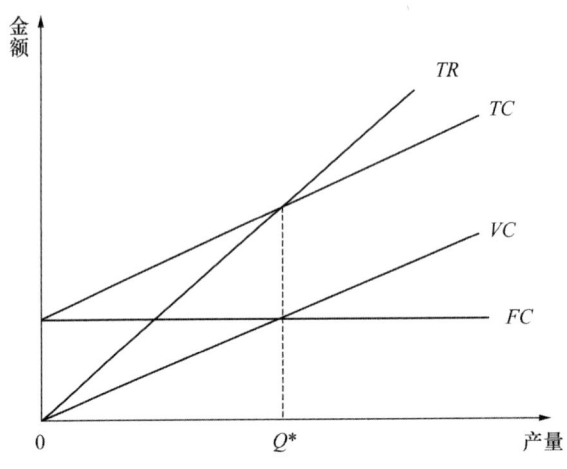

图 3-4 成本、收益与产量的关系

在一定范围内产量增加时,由于单位产品分摊的固定成本减少,所以总成本将等于或小于总收入。当总收入等于总成本时,成本曲线与收入曲线的交点即为盈亏平衡点。当企业生产产量低于盈亏平衡点时,将亏损;当企业生产产量高于盈亏平衡点时,则会盈利。据此分析,盈亏平衡点的产量(Q^*)应满足:

$$总收入 - 总成本 = 利润 = 0 \tag{3-18}$$

将式(3-18)所示的关系用字母表示为:

$$pQ^* - FC - vQ^* = 0 \tag{3-19}$$

式中,FC 为固定成本;v 为单位变动成本;p 为单位产品售价。

通过对式(3-19)变换,可以推导出盈亏平衡点的产量为:

$$Q^* = \frac{FC}{p-v} \tag{3-20}$$

【例 3-3】某医药企业拟建一条生产线,初步确定甲、乙两个方案,成本资料见表 3-3。试求(1)各备选方案产出的较优区间;(2)预期生产规模为 4500 件,确定较优的方案。

表 3-3 生产成本数据

方案	年固定成本总额(万元)	年生产能力(件)	单位产品变动成本(元/件)	产品单价(元/件)
甲方案	16	5000	100	140
乙方案	18	5000	80	140

解：
（1）计算甲、乙两方案的总成本，并绘制成总成本曲线。总成本的计算公式为：

$$TC = FC + VC = FC + Vq \qquad (3-21)$$

则：

$$甲方案的总成本 = 160000 + 100Q$$

$$乙方案的总成本 = 180000 + 80Q$$

计算甲、乙方案交点产量，即：

$$160000 + 100Q = 180000 + 80Q$$

解出：

$$Q = 1000（件）$$

可令 $Q=0$ 和 $Q=1000$，绘制两方案的总成本曲线，如图 3-5 所示。

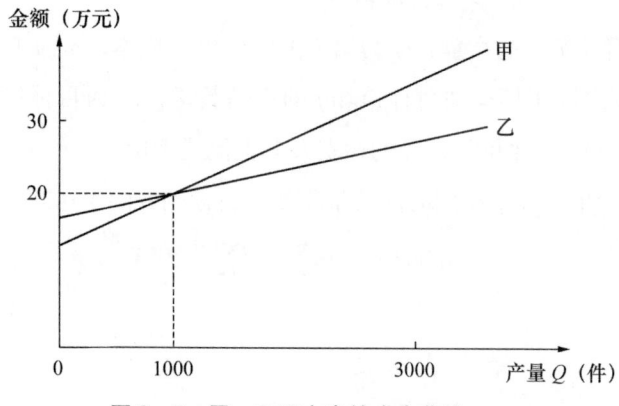

图 3-5　甲、乙两方案的成本曲线

由图 3-5 可以看出，当产量在（0，1000）件时，甲方案优于乙方案，在（1000，5000）件时，乙方案优于甲方案。

（2）利用式（3-20）计算甲、乙两方案的盈亏平衡产量，其结果如下：

$$Q_甲^* = \frac{FC_甲}{p_甲 - v_甲} = \frac{160000}{140 - 100} = 4000（件）$$

$$Q_乙^* = \frac{FC_乙}{p_乙 - v_乙} = \frac{180000}{140 - 80} = 3000（件）$$

由上述计算结果可知，当产量低于 3000 件时，甲、乙方案都亏损，不可行；产量大于 3000 件时，乙方案较优。因此，当产量为 4500 件时，乙方案为最佳方案。

6. 线性规划法

线性规划法也是医药配送中心选址的常用方法之一。这种方法的核心思想是追求总生产成本和运输成本最低。

（1）一般的线性规划数学模型。目标函数的表达式为：

$$\min f(x) = \sum_{i=1}^{n} c_i X_i + \sum_{i=1}^{n}\sum_{j=1}^{m} D_{ij} X_{ij} \quad (3-22)$$

约束条件的表达式为：

$$\begin{cases} \sum_{i=1}^{n} X_{ij} = R_j \\ \sum_{j=1}^{m} X_{ij} = X_j \\ \sum_{j=1}^{m} R_j = \sum_{i=1}^{n} X_i \\ X_{ij} \geqslant 0, 且取整数 \end{cases} \quad \begin{pmatrix} i = 1,2,\cdots,n \\ j = 1,2,\cdots,m \end{pmatrix} \quad (3-23)$$

式中，X_i 为第 i 工厂的产量；c_i 为第 i 工厂的单位成本；n 为工厂总数量；m 为目标市场总数量；X_{ij} 为第 i 工厂运往目标市场 j 的产品数量；R_j 为目标市场 j 的需求量；D_{ij} 为第 i 工厂向目标市场 j 运输单位产品的运费及其他流通费用。

（2）候选方案生产成本相同时的数学模型。目标函数的表达式为：

$$\min f(x) = \sum_{i=1}^{m}\sum_{j=1}^{m} D_{ij} X_{ij} \quad (3-24)$$

约束条件的表达式为：

$$\begin{cases} \sum_{i=1}^{n} X_{ij} = R_j \\ \sum_{j=1}^{m} X_{ij} = X_i \\ X_{ij} \geqslant 0, 且取整数 \end{cases} \quad \begin{pmatrix} i = 1,2,\cdots,n \\ j = 1,2,\cdots,m \end{pmatrix} \quad (3-25)$$

【例 3-4】 已知某企业的两个医药配送中心 W_1 和 W_2 供应 4 个销售地 S_1、S_2、S_3 和 S_4，由于需求量不断增加，需再增设一个医药配送中心，且该医药配送中心需要供应的量为 12000 台。可供选择的地点是 W_3 和 W_4，试在其中选择一个作为最佳地址。根据已有资料，分析得出各医药配送中心到各销售点的单位商品运输费用、供应点供应量和需求点的需求量等数据，见表 3-4。

解：若新建的医药配送中心在 W_3，则根据一致条件，假设运输量为 x_{ij}，其代表从第 i 供应商向第 j 需求点运输的商品台数，则变量数据见表 3-5。

表 3-4　　　　　　　　　供给、需求量级单位商品运输费用

供应地＼需求点	S_1	S_2	S_3	S_4	供应量/件
W_1	7.50	7.90	7.40	8.10	6000
W_2	7.40	7.80	7.25	7.65	4000
W_3	8.20	7.20	7.55	8.20	
W_4	7.80	7.35	7.48	8.20	
需求量/件	4000	3000	7000	8000	22000

表 3-5　　　　　　　　　变量数据

供应地＼需求点	S_1	S_2	S_3	S_4
W_1	x_{11}	x_{12}	x_{13}	x_{14}
W_2	x_{21}	x_{22}	x_{23}	x_{24}
W_3	x_{31}	x_{32}	x_{33}	x_{34}

由式（3-24）和式（3-25）可分别建立目标函数和约束条件。

目标函数为：

$$\min f(x)_{w_s} = 7.50x_{11} + 7.90x_{12} + 7.40x_{13} + 8.10x_{14} + 7.40x_{21} + 7.80x_{22} + 7.25x_{23} + 7.65x_{24} + 8.20x_{31} + 7.20x_{32} + 7.55x_{33} + 8.20x_{34}$$

约束条件为：

$$\begin{cases} x_{11} + x_{12} + x_{13} + x_{14} = 6400 \\ x_{21} + x_{22} + x_{23} + x_{24} = 4000 \\ x_{31} + x_{32} + x_{33} + x_{34} = 12000 \\ x_{11} + x_{21} + x_{31} = 4000 \\ x_{12} + x_{22} + x_{32} = 3000 \\ x_{13} + x_{23} + x_{33} = 7000 \\ x_{14} + x_{24} + x_{34} = 8000 \\ x_{ij} \geq 0, 且为整数, i = 1,2,3; j = 1,2,3,4 \end{cases}$$

利用 Excel 软件中的"规划求解"工具进行求解，可以得出各供应地向需求点运输的

产品数量，见表 3-6。

表 3-6　　　　　　　　　变量求解结果

供应地＼需求点	S_1	S_2	S_3	S_4	供应量（件）
W_1	4000	0	2000	0	6000
W_2	0	0	0	4000	4000
W_3	0	3000	5000	4000	12000
需求量（件）	4000	3000	7000	8000	22000

将表 3-6 的结果代入所建立的目标函数中，可求出最小运输成本：

$\min f(x)_{w_3} = 7.50 \times 4000 + 7.90 \times 0 + 7.40 \times 2000 + 8.10 \times 0 + 7.40 \times 0 + 7.80 \times 0 + 7.25 \times 0 + 7.65 \times 4000 + 8.20 \times 0 + 7.20 \times 3000 + 7.55 \times 7000 + 8.20 \times 4000 = 167550$

同理，可建立新的配送中心在 W_4 时的问题模型，并利用 Excel"规划求解"工具进行求解。其求解结果代入式（3-23），结果为 167610。两方案相比较，W_3 的费用小于 W_4 的费用，故选择在 W_3 设置医药配送中心。

课后思考

1. 医药配送中心选址规划的含义是什么？
2. 医药配送中心选址规划的程序是什么？
3. 医药配送中心选址的模型有哪些？
4. 简述重心法求解医药配送中心最佳选址地点的步骤。

案例分析

湖北同济堂有限公司配送中心选址

一、提出问题

湖北同济堂有限公司（简称"同济堂"）于 2000 年在武汉成立，是一家引进国外药品零售连锁模式，结合国内实际建立的具有现代化管理体系的大型医药连锁、物流配送企业，是国家药品监督管理局批准的全国四十一家连锁试点的首批企业之一，是国家发展改革委重点支持的企业，是湖北省政府"十一五"规划重点发展企业。2005年，同济堂是湖北省最大的医药连锁企业，它在沿京广线、沿长江线和沿海的城市建立连锁药房近3000家，全国连锁规模初具雏形。同济堂实行"六统一"，即统一管理，统一核算，统一标志，统一采购、配送，统一品种目录和价格，统一服务规范。公司秉承"国际管理、全国连锁"的经营理念，确立"小规模、高密度、社区化、乡镇化"的连锁理念，迅速发展壮大，是全国第一批获GSP认证的企业。

目前面临的问题是，同济堂在武汉古田二路的经营场所租期快到了，考虑到同济堂的发展，经过测算和分析，同济堂管理层认为在武汉选择一块地方，修建自己的配送中心有利于成本的节约和同济堂的运营。但是，配送中心的选址具体选在哪里，到底是选择武昌、汉口还是汉阳，以及在选址中应考虑哪些因素，而这些选址因素的权重如何分配，在选址决策中又可以采用哪些方法等，同济堂管理层准备讨论这些问题，也请你为同济堂配送中心的选址决策提出一些建议。

二、同济堂简介

同济堂经过五年的发展运营，取得了一些成绩，2004年全公司实现销售额11.5亿元，现已进入高速发展阶段。同济堂有效整合社会资源，一方面兴建连锁药店和开发医院网络，另一方面在各地建立配送中心。2011年底在全国开发连锁药店5000家，进入全国医药连锁企业前三名。在湖北、湖南、江苏、山东等地建有12个省级医药物流配送中心、80多个县（市）级配送站和600多个乡镇配送点，与800多家医院、16000家社区诊所及乡镇卫生院形成直接供货关系。连锁药店均按照国际管理和GSP标准规范操作，同济堂同几百家知名厂家和医药商业单位建立了战略伙伴关系。功能齐全的大型现代医药配送中心，实现药品验收、存储、分拣、配送等环节的自动化、信息化和实时化，构建了高效低成本的物流配送网络，具有全国连锁网络及先进的配送模式。

国家政策的支持是同济堂发展的关键，拥有政府的大力支持，国债资金的到位，为同济堂的发展提供了新的血液。作为华中五省唯一获得国债专项资金扶持的医药连锁企业，同济堂充分利用政府关系资源，同省、市政府建立了良好的工作协调、沟通、交流机制，疏通了政府渠道，同政府职能部门建立了良好的工作协调关系，为同济堂在全国发展，允许准入、征用土地、立项报批和优惠政策等方面，创造了无比优越的发展环境。湖北省和武汉市政府大力扶持和重视医药流通，为同济堂营造了一个良好的环境。此外，同济堂已有多家药店获得医保定点资格。

同济堂战略定位是成为中国最佳医药连锁网络整合商，家庭健康与用药的守护神，"服务社会，关爱全民健康"是同济堂宗旨。同济堂拥有品牌、网络和国际化发展战略，同时在物流管理与配送、网络资源、客户管理和品牌价值方面也具有强劲的核心竞争力。

此外，同济堂拟在武汉总部建 3 万平方米的培训中心，集培训、疗养、健身及休闲等多功能于一体，培训全国各加盟药店的管理人员和医药连锁企业的各类人才，以满足同济堂在各个发展时期对人才的需要。

为尽快实现同济堂做强、做大的发展目标，实现经营专业化、体制股份化和管理现代化，制定对社会创造有魅力的品牌、对员工创造有魅力的管理和对客户创造有魅力的服务的总体目标，并在这一总体目标下实现以下六大目标：

（1）在国外的知名连锁药店设立中国药材专柜，将传统中药材带出国门；

（2）同世界成功的连锁企业合作，共同开发中国市场；

（3）成立一家合资公司，建立一家国内上市公司和一家海外上市公司；

（4）在五年内，力争实现有 10000 家连锁药店、16 个省级配送中心、1000 家直销医院、1500 家供应商、100 个代理品种、260 万个同济堂健康保健会员和 100 个同济堂自有品牌的药品；

（5）实现配送中心、连锁药店、采购中心和结算中心完全信息化管理；

（6）年销售额达到 100 亿元。

三、生产情况

同济堂的运营主要集中在配送中心。配送中心的业务有：订货、收货、入库、摆货、配货、补货等。新的配送中心投入使用后，采用国内一流的物流设施和美国曼哈顿公司先进的物流软件，物流作业自动化提高了劳动生产率和劳动质量，可确保公司在高服务水平下的低成本运作。其业务流程如下。

（1）订货。同济堂向供应商订货的方式是根据订货簿或货架牌进行订货。用条码扫描设备将订货簿或货架上的条码输入,然后利用网络通知供货商订哪种货、订多少。

(2) 收货。当配送中心收到从供应商处发来的药品时,接货员就会在药品包装箱上贴上一个条码,作为该种药品对应仓库内相应货架的记录。同时,对药品外包装上的条码进行扫描,将信息传到后台管理系统中,并使包装箱条码与药品条码一一对应。

(3) 入库。药品到货后,通过条码输入设备将药品基本信息输入计算机,系统根据预先确定的入库原则、药品库存数量,确定该种药品的存放位置。

(4) 摆货。首先扫描包装箱上的条码,计算机就会提示库房工作人员将药品放到事先分配的货位,库房工作人员将药品运到指定的货位后,再扫描货位条码,以确认所找到的货位是否正确。

(5) 配货。配送中心在接受客户订单后,将该订货单汇总,并分批发出印有条码的拣货标签。分拣人员根据计算机打印出的拣货单,在仓库中拣货,并在药品上贴上拣货标签(在药品上已有包含药品基本信息的条码标签)。将拣出的药品运到自动分类机,放置于感应输送机上。再将货箱送至自动分类机,在自动分类机上,激光扫描器对货箱上贴有的条码进行扫描,然后将货箱送到不同的发货区。

(6) 补货。查找药品的库存,确定是否需要进货或者货品是否占用太多库存,这类工作需要利用条码来实现管理。

四、选址辅助条件

拟建的武汉市医药配送中心负责湖北省的医药配送,配送中心将药品配送到配送站,再由配送站配送到配送点。湖北省现有配送站8个,坐标(单位:km)和年运输量如下:

配送站1的坐标为(0,600),运输量为6000t;

配送站2的坐标为(50,300),运输量为12000t;

配送站3的坐标为(600,500),运输量为10000t;

配送站4的坐标为(400,500),运输量为9000t;

配送站5的坐标为(800,0),运输量为15000t;

配送站6的坐标为(1000,200),运输量为25000t;

配送站7的坐标为(400,200),运输量为18000t;

配送站8的坐标为(700,700),运输量为21000t。

? 思考题

1. 试分析合理的选址对该公司实现六大目标的影响。

2. 结合本案例谈谈医药配送中心的选址应考虑哪些选址因素？这些选址因素的权重如何分配？在选址决策中又可以采用哪些方法？

3. 结合案例中给出的数据，用重心法确定配送中心的地址。

第 4 章　医药配送中心系统规划

本章导读

由于医药配送中心是集约化、多功能的物流枢纽，系统复杂，投资巨大，而且一旦建成，就难以改变。因此，单凭少数几个人进行规划与设计是非常困难的，必须与建设主体（政府或企业）将物流、信息技术、仓储搬运设备、建筑和城市基础设施等多方面的专家召集起来，形成一个强有力的调研和决策班子，进行项目的可行性研究论证和规划设计。本章首先介绍了医药配送中心总体规模规划；然后系统介绍了医药配送中心作业流程规划，分析其指导思想，对流程进行梳理规划；最后，对医药配送中心作业区域能力进行规划。

知识结构图

```
                                    ┌─ 一定区域内总规模的确定
              ┌─ 医药配送中心总体规模规划 ─┤
              │                     └─ 由功能区面积确定总规模
              │
              │                     ┌─ 医药配送中心作业流程规划的指导思想
医药配送中心   │                     │
系统规划 ─────┼─ 医药配送中心作业流程规划 ─┼─ 医药配送中心作业流程分析
              │                     │
              │                     └─ 仓储区的储运量规划
              │
              │                       ┌─ 拣货区运转能力规划
              └─ 医药配送中心作业区域能力规划 ─┤
                                      └─ 物流量平衡分析
```

> **案例导读**

某医药公司物流配送中心系统规划

某医药有限公司（下称"该医药公司"）是某市最大的医药流通企业，注册资金为 1.4 亿元。该医药公司目前的物流中心自用，负责两家分公司的配送业务。该医药公司 2009 年销售额为 22 亿元（包含调拨部分）。目前的常规库存量大约为 2.8 万件药品。年销售增长率约为 20%。

该医药公司拟在某市医药医疗器械工业园建立新的医药物流中心，实现符合新的 GSP 标准相关要求的药品存储、配送等物流业务。该医药公司物流中心将依托优越的地理位置、运输条件和自身的管理优势，实现对药品的收发、仓储、配送等综合性的物流服务。

医药配送中心总体建设 3000 平方米立体库，拟建 3000 平方米托盘平置区、托盘货架存储区，约有 3600 平方米拣选区、复核包装区、自动分拣区等。另外，还将建设物流中心的办公区域，主要有会议室、信息中心、办公室、值班休息室、食堂等。配送中心总体长 132 米左右，宽 96 米左右，建筑面积大约 1.3 万平方米。非功能区面积规划为 1000 平方米。配送中心功能区布局方案如下。

1. 功能区划分

配送中心内的功能区主要分为进货区、仓储区、分拣区、理货区、出货区等。其中，仓储区包括立体库区（主储区）、托盘平置区（大输液储区）、托盘货架存储区（整箱储存分拣区）；拣选区包括整箱快速分拣区、快速拆零分拣区（电子标签拣选区）、一般拆零分拣区；理货区包括复核包装区、自动分拣区。

2. 功能区流量流向分析

根据该医药公司提供的销售数据（药品物流箱数），对功能区物流流量流向进行分析。根据存储区和分拣区的分配，计算出药品在功能区之间的物流量。

3. 功能区布局方案

根据新的医药物流中心的总体面积、地块特点和地理位置，按照 SLP（Systematic Layout Planning，系统设施布置方法）布局方法，设计功能区布局方案。

4. 设备选型

以装卸搬运机械为例，阐述运用层次分析法对其设备的型号与规格进行选型决策。为实现配送中心装卸搬运机械的优化配置，需对备选方案进行优化选型决策。配送中心装卸搬运机械的选型决策需考虑下列情况。

（1）尽管同类货物的装卸作业可由不同类型的装卸机械完成，但由于使用特点不同，其装卸效率、使用成本和方便性等各不相同。

（2）同类型装卸机械有许多规格、型号，其基本参数和由此所决定的适用性有很大差异。

（3）不同生产厂家的产品售价、订货服务、售后服务等亦不相同。

（4）不同配送中心由于规模、经营货物品种的差异而对装卸作业有许多特殊要求。

首先对装卸机械的选型决策问题进行层次分析，将其分为"最佳选型"总目标和经济性、适用性、可靠性、易维修性、安全性和环保性6个分目标；同时在分析选型决策层次结构及影响因素的基础上，根据评价指标体系的要求考虑指标的独立性和通用性，从实践中归纳出20个分属于各分目标的评价指标，构成配送中心装卸搬运机械选型决策依据的多目标综合决策评价指标体系。

决策评价指标体系建立完成后，再具体地量化各个评价指标，选用专家法确定评价指标的权重并对不同设备进行评价指标的打分，最终根据评价结果确定最后的配送中心设备选型方案。

总之，在医药配送中心系统规划中，作业区域是医药配送中心规划和布局的重点对象。医药配送中心除了要满足普通物流中心运营的基本功能之外，还必须考虑到GSP的要求：药品需按类存放、严格按批号管理，区域内的湿温度系统要考虑到存放的药品的湿温度需求。

资料来源：王朝："医药物流配送中心系统规划研究"，北京邮电大学硕士学位论文，2011年。

4.1 医药配送中心总体规模规划

医药配送中心规模的确定是一个复杂的过程，要以医药物流现状和未来发展趋势为依据，与城市和区域经济增长相适应，与市场需求相协调，内部功能与外部系统相衔接。为了提高医药配送中心规模设计的准确性和科学性，规模规划设计过程中要采用定量和定性相结合的方法，应用多种方法计算，相互印证，并进行深层次的细化，尽量提高规模设计中的量化水平。

目前国际上还没有一套较为成熟的确定医药配送中心规模的方法，一般是通过横向对比国内外已有的医药配送中心的规模来确定新建医药配送中心的规模。

4.1.1　一定区域内总规模的确定

在区域物流规划中，若每年的作业天数以365天计，则建设总规模为：

$$S = Li_1 i_2 \alpha / 365 \tag{4-1}$$

式（4-1）中，S 为物流园区建设总面积；L 为预测规划目标年份的全社会物流总量；i_1 为规划目标年份第三方物流市场占全社会物流市场的比例；i_2 为规划目标年份第三方物流通过物流园区发生的作业量占第三方全部物流作业量的比例；α 为单位生产能力用地参数（t/m²）。

具体参数的取值为：L 的预测可采取定量和定性相结合的方法，通过调查统计全社会货运量，来反映整个物流业的发展规模。i_1 可通过规划区域典型工商业问卷和走访调查，得出当前的第三方物流市场占全社会物流市场的比例 i_1'，同时考虑未来经济发展水平，经过10年发展，i_1'' 应该达到20%左右。综合考虑两个参考值 i_1' 和 i_1''，决定 i_1 的取值。基于经验分析，给出规划目标年份第三方物流通过规划目标发生的作业量占第三方全部物流作业量的比例估算值，即 i_2 的取值为60%~80%。单位生产能力用地参数 α 可取值30~50 t/m²。当地经济总量大，对周边地区的辐射力强，则 α 取较大值；反之，取小值。

上述方法虽然合理，计算也简单，但准确度不高，使用者的主观意愿很明显。而且，该方法是针对物流园区提出的，若用于医药配送中心，则各参数取值还需根据实际情况进行修改。

4.1.2　由功能区面积确定总规模

医药配送中心的规模设计，可根据四个区域进行细化，即物流生产区的规模、辅助生产区的规模、办公生活区的规模与发展预留地的规模。

物流生产区一般包括储存保管区、进货验收区、分拣区、流通加工区与激活配送区。

确定物流生产区规模的方法很多，这里介绍两种较为简单、易于计算的方法。

1. 按照单位作业量定额计算

运用这一方法，首先要确定物流生产区内各功能区的业务性质、作业内容及作业要求，然后根据经营数据分析企业发展的规划目标，预测其业务量。比如，储存保管区要根据货品数量的 ABC 分析法，做到 A 类货品备齐率为 100%，B 类货品为 95%，C 类货品为 90%，由此来研究、确定医药配送中心平均储存量和最大储存量。

然后根据规范和经验，确定单位面积的作业量定额。物流生产区各作业区单位面积的作业量定额参考值如下。

储存保管作业区单位面积作业量：$0.7 \sim 0.9\ t/m^2$。

进货验收作业区单位面积作业量：$0.2 \sim 0.3\ t/m^2$。

分拣作业区单位面积作业量：$0.2 \sim 0.3\ t/m^2$。

流通加工作业区单位面积作业量：$0.2 \sim 0.3\ t/m^2$。

集货配送作业区单位面积作业量：$0.2 \sim 0.3\ t/m^2$。

2. 按照时空消耗理论计算

根据时空消耗理论建立的数学模型如下：

$$A = \sum_{i=1}^{n} \frac{V_i T_i Q_i F_i}{T \alpha_i S_i} \qquad (4-2)$$

式（4-2）中，V_i 为作业区第 i 类货品的单位货品平均所占面积或体积；T_i 为第 i 类货品在作业区的平均停留时间；Q_i 为第 i 类货品作业时间内的平均作业数；F_i 为作业区内第 i 类货品的时间相关系数；T 为作业区所提供的时间资源；α_i 为第 i 类货品在作业区对时间资源的利用系数；S_i 为第 i 类货品在作业区内对空间资源的利用系数；A 为作业区所需面积或体积（与 V_i 单位保持一致）。

对于不同的作业区，式（4-2）中的变量有一定的差别。对于储存区来说，V_i 取第 i 类单位货品所占体积（m^3）；T_i 取该类货品在作业区内的平均停留天数；Q_i 应取一年中该货品的周转量（t）；T 应取一年为单位，为 365 天；α_i 一般取 1。对于其他作业区来说，Q_i 一般取各作业区在一天的工作时间内第 i 类货品的平均工作量；T 一般取各作业区每天的工作时间；α_i 应根据具体情况而定，一般取 70%~85%。

辅助生产区通常包括停车场、医药配送中心道路、绿化，以及车辆维修区、机械维修区等建筑设施，一般为医药配送中心规模的5%~8%。

办公生活区主要指非直接从事生产的部门区域，一般包括办公室、会议室、休息室、洗手间、餐厅等。办公生活区规模通常根据医药配送中心工作人员数量和设施配置要求等实际情况来决定，一般为医药配送中心规模的5%左右。

考虑到医药配送中心在今后发展中不可预见因素的影响，一般应预留3%~5%的空间，近期暂作为绿化或临时建筑用地。

最后，再参照城市规划部门对建筑覆盖率和建筑容积率的规定，医药配送中心总体规模便可大体确定。

4.2 医药配送中心作业流程规划

4.2.1 医药配送中心作业流程规划的指导思想

医药配送中心作业流程规划的指导思想：以客户服务为原则，做到"两好""四快""四统一"。

"两好"：客户服务好，在库货物保管好。

"四快"：入库验收快，出库发运快，财务结算快，解决问题快。

"四统一"：统一服务标准，统一流程，统一单证，统一岗位。

4.2.2 医药配送中心作业流程分析

作业流程规划是确定医药配送中心主要活动及其相关衔接关系。医药配送中心的作业流程要求合理化、简单化和机械化。合理化就是各项作业具有必要性和合理性。简单化就是整个系统的物流作业简单、明确和易操作，并努力做到标准化。机械化就是规划与设计的现代医药物流系统应力求减少人力作业，尽量采用机械或自动化设备来提高生产率，降低人为因素可能造成的失误。

医药配送中心的主要活动是订货、进货、发货、仓储、订单拣货和配送作业。有的医药配送中心要进行流通加工、贴标签和包装作业。当有退货时，还要进行退货品的分类、责任确认、保管和退回作业。图4-1为医药配送中心的作业流程示例。

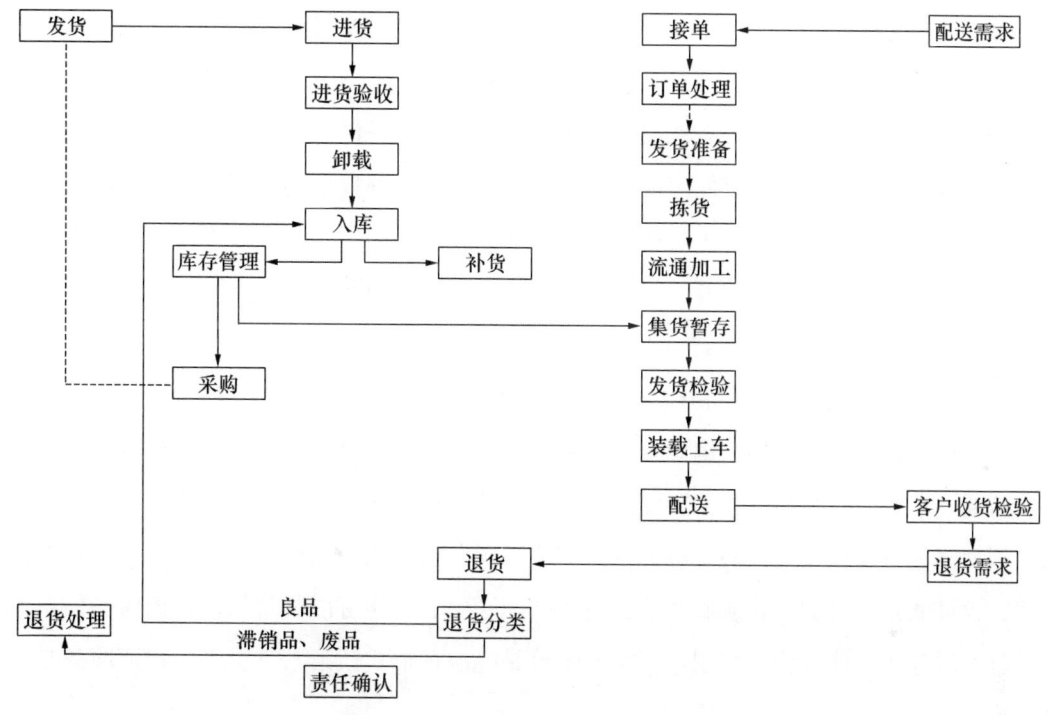

图 4-1 医药配送中心的作业流程示例

在图 4-1 中，作业流程可分为进货流程，包括库存管理、采购、发货、进货、进货验收、卸载和入库等；发货流程，包括配送需求、接单、订单处理、发货准备、拣货、流通加工、集货暂存、发货检验、装载上车、配送和客户收货检验等；退货流程，包括退货需求、退货、退货分类、责任确认和退货处理等。

通过对各种作业在流程中所处的地位特性和作用，以及作业流程的合理性进行分析，针对主要作业，找出不合理作业或不必要条件，力求简化可能出现的多余的计算和处理单位，是医药配送中心尽量减少重复堆放所引起的搬运、翻堆和暂存等工作，以提高整个医药配送中心的效率。

另外，如果储运单位过多时，应将各储运单位分类合并，避免过多单位转换。其做法是以标准托盘或储运箱为容器，把体积、外形差别大的物品归类成相同标准的储运单位。这样可以简化医药配送中心的物流作业。

处于供应链不同位置的医药配送中心，由于其特性和作用不同，其作业流程也不尽相同。

目前医药配送中心的类型主要分为制药企业拥有的制药原料及成品库和流通物流中的战略仓库及区域配送中心。

制药企业的医药配送中心有两类。一类是为生产活动提供支持的医药配送中心。其特点是，原材料与零部件之间有固定的比例关系，它们的品种数量随着生产产品的增加而快速增加。因而，这类医药配送中心的作业流程强调原材料的配套储存、拣选、预处理加工和及时配送。另一类是为制造商的产品分销提供支持的医药配送中心。这类医药配送中心的物流作业具有大进大出、快进快出的特点，它强调的是批量采购、大量储存和大量运输，作业流程的重点在于储存和运输。另外，这类医药配送中心需要与下游企业如医院、药店等进行频繁的信息交换，因此要具备与下游企业进行高效信息交换的良好网络接口。

流通过程中针对客户的仓储和配送服务（战略仓库和区域配送中心）主要由第三方提供。根据第三方所处供应链的位置而定位有所不同。它可能是侧重于某一作业的专业物流组织，也可能是具有综合物流服务能力的医药配送中心，还可能是集物流、商流、信息流以及延伸服务于一体的物流组织。但是，不管是哪一种形式，第三方提供的物流服务必须高度专业化。

4.3　医药配送中心作业区域能力规划

作业区域是医药配送中心规划和布局的重点对象。配送中心区域规划的重点是存储区及拣货区，然后根据存储区和拣货区规划的运转量对前后作业的设施进行规划（见表4-1）。

表4-1　医药配送中心的主要功能区域

功能区	主要功能
管理区	一般位于医药配送中心出口，负责内部行政事务处理、信息处理、业务洽谈、订单处理以及指令发布
进货区	负责货物的收、卸、检查、搬运和暂存
理货区	对货物进行简单处理，将货物区分为直接分拣配送、入库加工、待加工和不合格（需要清退）的货物，然后分别送往不同的功能区
存储区	对暂不配送而要作为安全储备的货物进行保管和保养的场所，通常配有多层货架和用于集装单元化的托盘

续表

功能区	主要功能
加工区	根据流通或销售的需要，进行必要的生产性和流通性加工（如裁剪、包装等）
分拣配货区	根据收到的订单进行货物的拣选、分类和配货
发货区	对所需要的货物进行逐一检查、待送前暂存和发货
退货处理区	存放进货残损或不合格或需要重新确认的等待处理的货物
废弃物处理区	对废弃物（废弃包装物、过期变质药品等）进行清理或者回收利用
设备存放维修处	存放堆垛机、托盘等设备及其维修工具（充电、充气、紧固等）

作业区域的能力规划主要是确定作业区域的面积需求，而要确定面积需求，就要确定物流单位及作业量。对存储区和拣选区而言，就是计算储存、拣选和出货等作业所需要的物流能力。

4.3.1 仓储区的储运量规划

医药配送中心仓储区运转能力的计算方法有两种。

1. 周转率计算法

利用周转率估计仓储运转能力的特点是简便、快捷、实用性强，但不够精确。其步骤如下。

(1) 年运转量计算。将医药配送中心的各项进出产品单元换算成相同单位的储存总量，如托盘或标准箱等。这种单位是仓储作业的基本单位。按基本单位求出全年各种物品的总量，就是医药配送中心的年运转量。

(2) 估计周转次数。估计周转次数即估计医药配送中心仓储存量周转率目标。在建立医药配送中心时，可针对经营品项的特性、物品价值、附加利润和缺货成本等因素，决定仓储区的周转次数。

(3) 计算仓容量。年运转量除以周转次数便是仓容量。

$$仓容量 = \frac{年运转量}{周转次数} \qquad (4-3)$$

(4) 估计放宽比。考虑到仓储运转的弹性变化，以适应高峰期的高运转量要求，用估计的仓容量乘以放宽比，便是仓容量。如果放宽比取过高，就相应增加了仓储空间过剩的投资费用；如果取过低，可能会出现存储空间不够的情况。按照以往的经验，一般取放宽比为 1.1~1.25。

（5）计算规划仓容量。在式（4-3）的基础上，考虑适当的放宽比，可计算出医药配送中心的规划仓容量。

$$规划仓容量 = \frac{年运转量 \times 放宽比}{周转次数} \tag{4-4}$$

2. 送货频率计算法

如果收集到各类物品的年运转量和发货天数，再分析厂商送货频率，则可计算出仓容量。其计算程序如下。

（1）估计年发货天数。根据有关分析资料和经验，列出各种仓储物品在一年内的发货天数。由于医药配送中心仓储物品品项太多，少则几千种，多则几万种，既不易分析，也无此必要。因此，将发货天数大致相近物品归为一类，得到按发货天数分类的物品统计表。

（2）计算年运转量。这与周转率计算法相同。

（3）平均日储运量。

$$平均日储运量 = \frac{年运转量}{发货天数} \tag{4-5}$$

（4）估计送货周期。根据厂家送货频率，估计送货周期。如某类物品一年厂家送货 24 次，则送货周期为 15 天。

（5）估算仓容量。

$$仓容量 = 平均日储运量 \times 送货周期 \tag{4-6}$$

（6）估计放宽比。估计仓储运转的弹性变化，与周转率计算法相同。

（7）计算规划仓容量。

$$规划仓容量 = 仓容量 \times 放宽比 \tag{4-7}$$

根据各类产品的实际发货天数，计算得出的平均储运量比较接近真实情况。但要特别注意，当部分商品发货天数很少且集中在少数天数时，就会造成仓储量计算偏高、闲置储运空间过多，浪费投资。

4.3.2 拣货区运转能力规划

拣货区运转能力计算主要考虑单日发货品所需的拣货作业空间。拣货设备所需空间是由设备特性所决定的刚性指标，购置设备时已有要求。因此，单日发货品拣货空间实际是指拣货区暂存空间。这里主要考虑的因素是品项数和作业面。一般拣货区的规划不包括当日所有发货量，当拣货区货品不足时可以由仓储区进行补货。拣货区运转能力规划计算方法如下。

1. 年拣货量计算

指将医药配送中心的各种进出物品换算成相同拣货单位，并估计各个物品的年拣货量。

2. 估计各类物品的发货天数

根据有关资料分析，估计各类物品的年发货天数。

3. 估计放宽比

4. 计算各类物品平均发货天数的拣货量

$$平均发货天数的拣货量 = \frac{各物品年拣货量}{年发货天数} \tag{4-8}$$

5. ABC 分析

根据 ABC 分析法，可确定拣货量高、中、低档的等级和范围。根据发货量高、中、低档的类别，可确定不同拣货区存量水平。将物品的品项数乘以拣货区存量水平，便是拣货区储存量的初估值。

【例 4-1】某医药配送中心年工作天数为 300 天，将发货天数分成三个等级：200 天以上、30～200 天和 30 天以下三组。将年发货量和平均每天的发货量也分为大、中、小三档，根据实际情况，该医药配送中心列出比较常见的 A、B、C、D、E 五种类别。表 4-2 为综合发货天数的物品发货量分类情况。

表 4-2　　　　　　　　综合发货天数的物品发货量分类

发货天数	高 200 天以上	中 30～200 天	低 30 天以下
A 年发货量和平均日发货量很大	1	1	5
B 年发货量大，但平均日发货量较小	2	8	—

续表

发货天数	高 200 天以上	中 30～200 天	低 30 天以下
C 年发货量小，但平均日发货量较大	—	—	6
D 年发货量小，平均日发货量小	3	8	6
E 年发货量中，平均日发货量小	4	8	7

此表中可分八类，具体说明如下。

分类 1：年发货量和平均日发货量均很大，发货天数很高。这是发货最多的主力物品群。要求拣货区储存量应有固定储位和大的存量水平。

分类 2：年发货量大，平均日发货量较小，但是发货天数很多。为此，仍以固定储位方式为主，但存量水平可低一些。

分类 3：年发货量和平均日发货量都很小。虽然发货量不高，但是发货天数超过 200 天，是最频繁的少量物品。处理方法是少量存货，单品发货。

分类 4：年发货量中等，平均日发货量小，但是发货天数很多，处理烦琐，以少量存货、单品发货为主。

分类 5：年发货量和平均日发货量均很大，但发货天数很少，可集中在几天内发货。这种情况可视为发货特例，应以临时储位方式处理为主，避免全年占用储位和浪费资金。

分类 6：发货量和发货天数都较少，但品项数多。为避免占用过多的储位，可按临时储位或弹性储位的方式来处理。

分类 7：年发货量中等，平均日发货量小，发货天数也少。对于这种情况，可视为特例，以临时储位方式处理，避免全年占用储位。

分类 8：发货天数在 30～200 天，发货量中等。对于这种情况，以固定储位方式为主，存量水平亦为中等。

上述八种分类是参考性的指标。在实际规划过程中仍要根据发货特性来调整分类范围和类型。

订单发货资料经过分类之后，可对各类产品存量定出基本水平。例如分类 1 的产品，存量水平高，估计需要较大的拣选空间。为此，应提高放宽比，从而减少多余的拣货空间。如果在实际拣货时因缺货影响发货，则以补货方式来补足拣货区的货存量。

对于年发货量较小的物品，在规划中可省略拣货区，可与仓储区一起规划，即仓储区兼拣货作业区。若采用批量拣货，应考虑批量处理的品项。上述分类 1 较适合批量拣货、分拣系统配合的方式进行。因为自动化分类输送设备能满足规模较大的发货要求。分类 3 和分类 4 较适合一边批量拣取一边分拣的方式。因为这种物品种类多、数量小，易于在拣货台车上一次完成拣货与分货处理。

拣货区发货类型规划见表 4 - 3。

表 4 - 3　　　　　　　　　　　拣货区发货类型规划

指标	暂存方式	存量水平	拣货方法	补货频率
分类 1	固定储位	高	批次	高
分类 2	固定储位	中	批次	高
分类 8	固定储位	低	批次	中
分类 3	弹性储位	低	批次	低
分类 4	弹性储位		批次	
分类 5	弹性储位	高	批次	高
分类 6	临时储位	中	单品	中
分类 7	临时储位	中	单品	低

4.3.3　物流量平衡分析

物流量平衡分析是在各项物流作业活动中对物料从一个区域到另一个区域的物流流量大小进行研究。物流量平衡分析是以每个独立的物流作业为单元，如一般物流作业、盘点移仓作业等。为了便于研究物流量，必须把不同搬运单位的货物转换成相同的搬运单位。

为了使物流作业有序流畅，医药配送中心的物品从采购进货到发货配送的每一项作业所表现的数目、重量和容量都要保持平衡。因此，必须根据作业流程的顺序整理各程序的物流量大小，把医药配送中心内由进货到发货各阶段的物品动态特性、数量和单位表示出来。由于作业时序安排、批次作业的处理周期等原因，可能在作业高峰期产生物流堵塞现象。为了避免这种情况发生，使前后作业平衡，通过物流量平衡分析，可调整各作业流程的物流量数值，达到物流畅通的目的。

对于批发型医药配送中心，其物流量平衡分析主要包括以下几个要素。

(1) 进货：包括采购地个数及进货件数和进货车台数。

(2) 保管：包括托盘数、箱数、件数和项目数。

(3) 出库：包括托盘数、箱数、件数和订货商数。

(4) 流通加工：包括标价数和箱数。

(5) 捆包装箱：包括捆包个数。

(6) 分拣暂存：包括按线路分个数、按线路分作业数和暂存数。

课后思考

1. 简述医药配送中心的规模计算方法有哪些？
2. 医药配送中心储运量规划的方法都有哪些？
3. 医药配送中心拣货区转运能力规划的步骤是什么？

案例分析

W 医药配送中心内部结构与规划[①]

W 公司拥有三个配送网点，A 仓库、B 仓库和 C 仓库。A 仓库是该公司储存药品的最大库，其全部业务都集中实行整件进货与发货，大批量地满足客户群的要求。现有的客户群多种多样，如医疗机构、大型诊所、医药公司、医药连锁店以及家庭成员等。A 仓库储存 4000 多种药品，有三座分仓库，每座由六层组成，具体有阴凉库、常温库、冷藏库、新药特药库和特殊药品库等。医药配送中心有别于其他行业的配送需求条件、物理管理所面临的最重要的问题是如何在降低成本的同时，提高物流活动效率。

A 仓库配送中心周边交通环境比较便利，仓库布局也较为合理。A 仓库配送中心三分库是仓库的主体结构，另有办公区。针对 A 仓库的物流现状，主要工作是物流配送中心内

---

① 徐贤浩："湖北同济堂有限公司配送中心选址"，华中科技大学管理学院案例库。

部结构的重新规划，根据实际需要，采取弹性的机械化作业，以提高物流作业的效率。原来的仓库空间布局有很多物流环节重复、作业重复，造成药品流通不顺畅；而且入库、出库形式比较单一，都是实行人工搬运，物流作业效率低，客户等待时间过长。

配送中心改建的定性分析认为，其重点着眼于物流作业如何更顺畅，达到效率化的目的。一层是验货区，所有的OTC、非OTC药品均在此验收，一到高峰期，就造成验货混乱的局面，药品堆放无序，质检员必须努力寻找所检验的药品，而且在打印验收单的时候，来回奔波于验收区和办公区之间，浪费的时间过多；另外，让送货上门的司机等待的时间过长，有的卸下货便匆匆离开，待验货出现问题时，又很难及时沟通解决。在发货区，发货有两个时间段，一般是早上8：00左右和下午3：00左右，发货时间比较集中，车辆在库区形成堵塞，而且易与进货车辆在进出口（由于进出口是同一条路线）形成拥挤，更加延迟了时间，影响了物流服务水平。

针对以上迫切需要解决的问题，配送中心准备采取一系列改造措施。一是将原来的办公区改建变小，而且远离进货路口；二是对药品实行分别入库，OTC入库、非OTC入库、新药特药入库各在一个分库；三是OTC与非OTC药品可以视业务规模调整进货的库区；四是暂存将要整件出库的药品，从分库直接出库，减少了搬运环节；五是利用分库之间的传送带将散件药品集中于一个分库进行散件发货，物流作业比较顺畅、高效；六是充分利用现有的场地，进货口和出货口分别在仓库的西、北侧，进货、出货环节比较简单，不易形成车辆堵塞现象。

该公司原有的配送中心是传统意义上的仓库，仓库各个区域的通道高度和车辆行驶的道路高度几乎相等，而且没有站台，均是人工搬运作业，机械化程度较低。对配送中心的重新规划，需要从站台的空间布局和站台的设计方式考虑。

首先，在站台空间布局上，整个平台一般包括三个主要区域。第一区域是站台内侧的接货区与发货区，在这一区域可以对药品进行拆封、分装、理货、检验或暂存，以待入库。必要时，还可进行出货前的包装、验查或暂存待运。第二个区域是装卸搬运设施所占的空间，这一空间的大小随设备类型和所占空间而定。第三个区域是为搬运车辆及人员能顺畅进出而规划的通道，通道的宽度也必须视搬运车辆及作业的需要而定，人力搬运时的通道宽度一般为2.5m~4m。

其次，在站台的设计上，库内进出货站台的相对位置直接影响进出货的效率及质量，为此采用进货及出货共用站台、进货及出货站台相邻、进货及出货站台完全独立等方式安排站台。进货及出货共用站台适用于进出货时间错开的仓库，最节省占地面积；进货及出货站台相邻适用于厂房空间较大、进出货容易相互影响但可以相互借用的情况；进货及出货站台完全独立适用于物流规模大、厂房空间也大的仓库。不论站台采用以上哪种方式，如果有足够的空间且货物进出比较繁忙，可规划设计多个站台。

思考题

1. 该医药配送中心目前存在的主要问题是什么？
2. 该医药配送中心从哪些方面进行了规划设计？还可以怎样进行规划？

第 5 章　医药配送中心区域设施与设备规划

本章导读

作业区域及其设施规划与设计是整个医药物流配送中心规划与设计的主体内容，其结果将对医药物流配送中心的日常运作起到关键的作用。它是提高医药物流配送中心内部作业效率和整体运营效果的基础。本章将从医药物流配送中心作业区域规划与设计、物流配送中心设施规划与设计两大方面来说明。

知识结构图

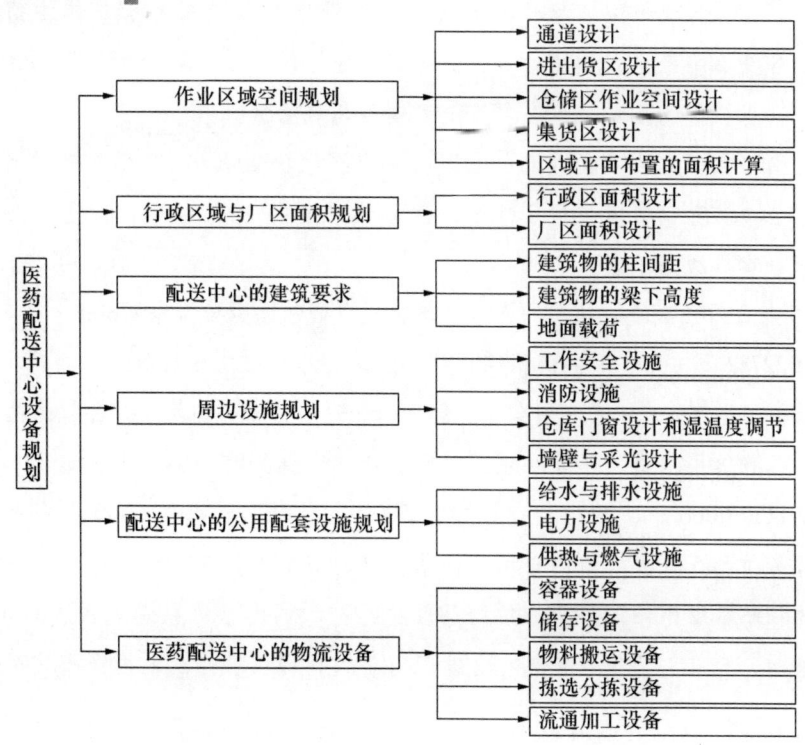

案例导读

嘉事京西物流中心采用自动化物流系统

随着新版《药品经营质量管理规范》的颁布与实施,医药流通行业得到有效促进并实现快速发展,医药企业纷纷加大力度建设现代化、自动化物流中心,引进先进的物流技术装备,提升物流水平与服务能力,从而在日趋激烈的市场竞争中占得优势。

为了填补北京西部地区现代医药物流服务的市场空白,北京嘉事京西医药科技有限公司(以下简称"嘉事京西")携手世界领先的物流系统集成商——大福(Daifuku)建成京西地区规模最大、最专业的现代医药物流中心,配送范围覆盖全国30个省、自治区、直辖市,为拓展第三方医药物流业务奠定了坚实基础。

嘉事京西于2014年8月由嘉事堂药业股份有限公司、北京宏润投资经营公司共同发起成立,注册资金5000万元。公司的药品经营范围包括中成药、中药材、中药饮片、化学药制剂、化学原料药、抗生素、生化药品、生物制品、体外诊断试剂、第二类精神药品、蛋白同化制剂及肽类激素药品。

嘉事京西定位为具有医药物流三方资质,集批发与物流服务于一体的药品经营企业,为国内外药品生产企业和北京市药品经营企业提供第三方物流配送服务,以及医院药库外置、药房托管、院内物流、供应链管理等药事增值服务。

目前,嘉事京西主要为嘉事堂药业股份有限公司的近2000家客户提供药品配送服务。此外,公司自营销售客户近200个,覆盖北京市内98%的三甲医院和99%的二甲医院以及北京市周边医疗客户。

于2015年2月正式投入使用的嘉事京西物流中心占地面积约为17800平方米,配送中心总面积为22782平方米,是一座围绕自动化立体仓库建成的三层群库。物流中心按照功能主要分为自动化立体库、重型货架区、待发待验区、集货合流区、药品拣选区等。

嘉事京西物流中心适用于多种第三方运营模式,共拥有10202个托盘货位,其中包括立体库储位近5000个,重型货架区储位5000余个,同时设有6000余个带电子标签系统的零拣货位和5条分拣口的自动分拣系统,配备全方位自动读码系统以满足药品电子监管码的扫码需求,并配备全方位的温湿度监控和调度系统以满足新版GSP的要求,实施药品采购、仓储、分拣、包装、运输配送全过程的质量控制,确保药品安全。

资料来源:http://success.rfidworld.com.cn/2016_01/02a0e443b2b07bcc.html。

5.1 作业区域空间规划

《药品生产质量管理规范》(Good Manufacture Practice of Medical Products,GMP)是国家对于制药、食品等行业的强制性标准,要求企业从原料、人员、设施设备、生产过程、包装运输、质量控制等方面按国家有关法规达到卫生质量要求,形成一套可操作的作业规范。其有助于企业改善卫生环境,及时发现生产过程中存在的问题。简要地说,GMP要求制药、食品等生产企业应具备良好的生产设备、合理的生产过程、完善的质量管理和严格的检测系统,确保最终产品质量符合法规要求。

根据GMP的要求,在规划医药配送中心的作业区时,应根据所生产药品的特性、工艺流程以及相应的洁净度级别要求,合理设计、布局和使用作业区域,并符合下列要求。

(1) 贮存区应当有足够的空间,确保有序地存放设备和药品,避免混淆、交叉污染及生产或质量控制操作发生遗漏或差错。

(2) 洁净区的内表面(墙壁、地面、天棚)应当平整光滑、无裂缝、接口严密、无颗粒物脱落,避免积尘,便于有效清洁,必要时应当进行消毒。

(3) 各种管道、照明设施、风口和其他公用设施的设计和安装应当避免出现不易清洁的部位,应当尽可能在生产区外部对其进行维护。

(4) 排水设施应当大小适宜,并安装防止倒灌的装置。应当尽可能避免明沟排水;不可避免时,明沟宜浅,以方便清洁和消毒。

(5) 用于药品包装的厂房或区域应当合理设计和布局,避免混淆或交叉污染。如同一区域内有数条包装线,应当有隔离措施。

(6) 处理生物样品或放射性样品等特殊物品的实验室应当符合国家的有关要求。

5.1.1 通道设计

通道的规划与设计在一定程度上决定医药物流配送中心内的区域分割、空间利用、运作流程及物流作业效率。通道设计应提供正确的物品存取、装卸货设备进出路径及必要的服务空间。通道设计主要是通道设置和宽度设计。

1. 通道设计原则

通道设计应该遵循以下原则。

（1）流向原则。在物流配送中心通道内，人员与物品的移动方向要形成固定的流通线。

（2）空间经济原则。以功能和流量为设计依据，提高空间利用率，使通道的效益最大化。

（3）安全原则。通道必须随时保持通畅，遇到紧急情况时，便于作业人员撤离和逃生。

（4）交通互利原则。各类通道不能相互干扰，次级通道不能影响主要通道的作业。

2. 通道设计的影响因素

（1）搬运设备，如形式、尺寸、产能、回转半径等。

（2）储存物品的批量和尺寸。

（3）与进出口及装卸区的距离。

（4）防火墙的位置。

（5）建筑物的柱网结构和行列空间。

（6）服务区及设备的位置。

（7）地面载荷能力。

（8）电梯及坡道位置。

3. 通道的类型

医药物流配送中心的通道分为厂区通道和厂内通道两种。厂区通道一般称为道路，主要功能是通行车辆和人员；而厂内通道一般称为通道，包括以下类型。

（1）工作通道，即物流作业及出入物流配送中心作业的通道，又包括主通道和辅助通道。主通道通常连接物流配送中心的进出口至各作业区域，道路最宽，允许双向通行；辅助通道为连接主通道至各作业区域内的通道，通常垂直于主通道。

（2）人行通道，即员工进出特殊区域的通道，应维持最小数目。

（3）电梯通道，即提供出入电梯的通道，不应受任何阻碍。通常此通道宽度至少与电梯相同，距离主要工作通道 3m~4.5m。

(4) 服务通道，即为存货和检验提供大量物品进出的通道，应尽量限制。

(5) 其他性质的通道，即为公告设施、防火设备或紧急逃生所提供的进出通道。

4. 通道的布置

通道布置指通道位置设计，就一般物流配送中心的作业性质而言，采用中枢通道式，即主要通道穿过物流配送中心的中央，这样可以有效地利用空间；同时，要考虑使搬运距离最短、防火墙位置、行列空间和柱子间隔、服务区与设备的位置、地面承载能力、电梯的斜道位置及出入的方便性等。

进行通道设计的顺序为：首先设计配合出入物流配送中心门口位置的主要通道；其次设计出入部门及作业区域间的辅助通道；最后设计服务设施、参观走廊等其他通道。

5. 通道宽度的计算

通道宽度的设计，需视不同作业区域、人员或车辆行走速度，以及单位时间内通行人员、搬运物品体积等因素而定。

(1) 叉车通道。影响叉车通道宽度的因素有叉车型号、规格尺寸及托盘规格尺寸等。不同的叉车生产厂家所生产的叉车规格、尺寸、型号也略有差别。在设计时，要根据所选厂家具体叉车产品的实际情况计算。

这里以载荷为 500kg~3000kg 的叉车为研究对象来设计叉车通道宽度。设计时，余量尺寸以下数据为参考。

叉车侧面余量尺寸 C_0：150mm~300mm。

对面来车时叉车侧面余量尺寸 C_m：300mm~500mm。

保管货物之间距离余量尺寸 C_P：100mm。

① 直线叉车通道宽度。直线通道宽度取决于叉车宽度、托盘宽度和侧面余量尺寸，分为单行道和双行道两种。单行道设计如图 5-1 所示。

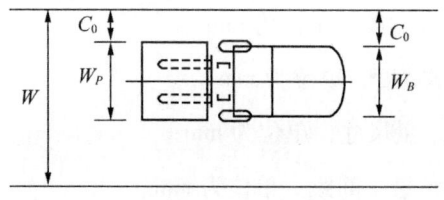

图 5-1 叉车直线单行通道宽度设计

叉车直线通道宽度 W 的计算公式为：

$$W = W_P + 2C_0 \qquad (5-1)$$

或

$$W = W_B + 2C_0 \qquad (5-2)$$

式中，W 是直线叉车通道宽度，单位为 mm；

W_P 是托盘宽度，单位为 mm；

W_B 是叉车宽度；

C_0 是叉车侧面余量尺寸，单位为 mm。

当托盘宽度 W_P 大于叉车宽度 W_B 时，宽度用式（5-1）进行计算；反之，用式（5-2）进行计算。

双行道设计如图 5-2 所示。

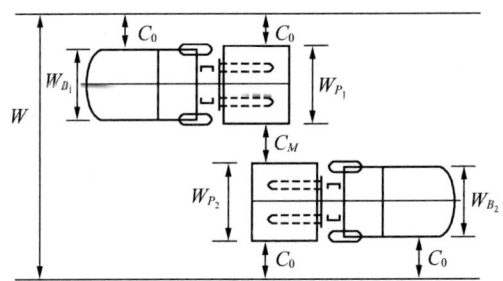

图 5-2 叉车直线双行通道宽度设计

叉车直线双行通道宽度 W 的计算公式为：

$$W = W_{p_1} + W_{p_2} + 2C_0 + C_m \qquad (5-3)$$

或

$$W = W_{B_1} + W_{B_2} + 2C_0 + C_m \qquad (5-4)$$

式中，W 是直线叉车通道宽度，单位为 mm；

W_{p_1}、W_{p_2} 是托盘宽度，单位为 mm；

W_{B_1}、W_{B_2} 是叉车宽度，单位为 mm；

C_0 是叉车侧面余量尺寸，单位为 mm；

C_m 是会车时两车最小间距，单位为 mm。

当托盘宽度 W_P 大于叉车宽度 W_B 时，宽度用式（5-3）进行计算；反之，用式（5-4）

进行计算。

②丁字形通道宽度。丁字形通道宽度设计如图5-3所示。通道宽度取决于叉车宽度，但由于物流配送中心所选叉车可能有多种规格，在设计通道宽度时，首先应确定在设计通道行驶的最大叉车型号，即规格尺寸。

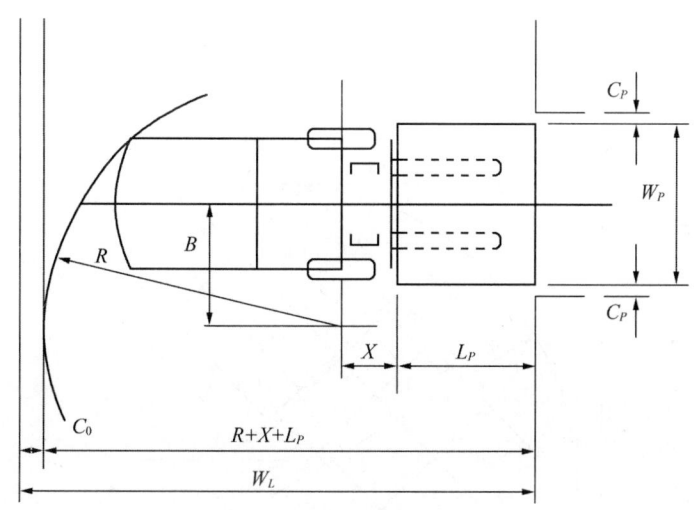

图5-3 丁字形通道宽度设计

丁字形通道宽度 W_L 的计算公式为：

$$W_L = R + X + Lp + C_0 \tag{5-5}$$

式中，W_L 是丁字形叉车通道宽度，单位为 mm；

R 是叉车最小转弯半径，单位为 mm；

X 是旋转中心到托盘的距离，单位为 mm；

Lp 是托盘长度，单位为 mm；

C_0 是叉车侧面余量尺寸，单位为 mm。

图5-3中，Wp 为托盘宽度，Cp 为托盘宽度方向与通道宽度的余量尺寸。

③最小直角通道宽度。最小直角通道宽度设计如图5-4所示。当叉车直角转弯时，必须保证最小直角叉车通道宽度 W_d。其计算公式为：

$$W_d = R_f - (B - \frac{W_p}{2})/\sqrt{2} + C_0 \tag{5-6}$$

式中，R_f 是叉车最小转弯半径，单位为 mm；

B 是旋转中心到车体中心的距离,单位为 mm;

W_p 是托盘宽度,单位为 mm;

C_0 是叉车侧面余量尺寸,单位是 mm。

图 5-4 中,R_p 为托盘外侧最小转弯半径;L_p 为托盘长度;X 为旋转中心到托盘内侧距离。

当叉车型号确定后,可按式(5-6)计算最小直角通道宽度。

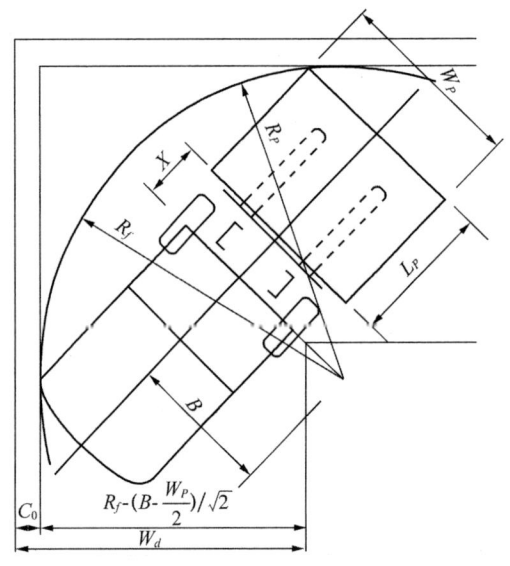

图 5-4 最小直角通道宽度设计

(2)人行通道。除了正常情况下员工通行外,人行通道还用于人工作业、维修和紧急逃生等,其宽度主要由人流量来决定。

设人员行走速度为 v(m/min),每分钟通过人数为 n,两人前后最短距离为 d(m),平均每人身宽为 w(m),则行走时每人在通道上所占空间为 $d \times w$(m²)。因此,通道宽度 W 的计算公式为:

$$W = dw \frac{n}{v} \tag{5-7}$$

设两人行走时需要的前后最短距离 $d=1$m,平均人身宽度 $w=0.76$m,一般人行走速度 $v=50$m/min,则每分钟通过 80 人,把这些数据代入式(5-7)有:

$$W = dw \frac{n}{v} = 1 \times 0.76 \times \frac{80}{50} m = 1.216 m$$

一般情况下,人行通道宽度 $W = 0.8\text{m} \sim 0.9\text{m}$。

多人通行时,人行通道宽度 $W = 1.2\text{m}$。

(3) 手推车通道。手推车通道宽度为车体宽加上两倍的侧面余量尺寸,即:单行道时,$W = 0.9\text{m} \sim 1.0\text{m}$;双行道时,$W = 1.8\text{m} \sim 2.0\text{m}$。这种通道宽度足够满足在货架之间用手推车作业的要求。

表 5-1 为厂房通道宽度参考值。

表 5-1　　　　　　　　　厂房通道宽度参考值

通道种类或用途	宽度（m）	通道种类或用途	宽度（m）
中枢主通道	3.5~6	侧面货叉型叉车	1.7~2
辅助通道	3	堆垛机（直线单行）	1.5~2
人行通道	0.75~1.2	堆垛机（直角转弯）	2~2.5
小型台车	车宽加 0.5~0.7	堆垛机（直角堆叠）	3.5~4
手动叉车	1.5~2.5	堆垛机（伸臂、跨立、转柱）	2~3
重型平衡叉车	3.5~4	堆垛机（转叉窄道）	1.6~2
伸长货叉叉车	2.5~3		

5.1.2　进出货区设计

进出货区设计主要是进发货平台设计。进发货平台也称为月台,有时又称为码头。

1. 进货与出货平台的位置关系

（1）进发货共同平台。

（2）进发货平台不共用,但两者相邻。

（3）进发货平台相互独立,两者不相邻。

（4）多个进发货平台。

两者位置关系图有如下几种,如表 5-2 所示。

2. 进发货平台车位形式

进发货平台车位形式有锯齿形和直线形两种,如图 5-5 所示。

（1）锯齿形。其优点在于车辆旋转纵深较小;缺点是没有装卸货作业的自由度,占用仓库内部空间较大,装卸货布置不太容易。在相同的平台长度情况下,锯齿形车位布置较少。

表 5-2　　　　　　　　　进货与出货平台配置与动线形式

项次	装卸载平台的位置	出入口位置配合联外道路的物流动线形式
1	装卸载作业共用同一平台	
2	装卸载作业区域相邻于厂房的同侧但是不共用	
3	装卸载作业区域位于厂房两相邻边	
4	装卸载作业区域位于厂房的两侧	

R 表示厂房卸货平台位置　　S 表示厂房装货平台位置　　→ 表示厂房内物流动线方向

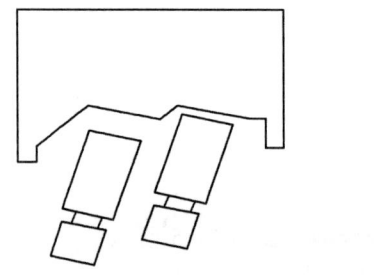 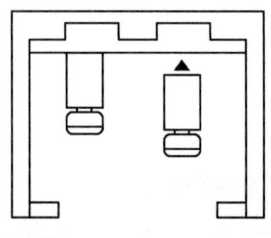

图 5-5　进发货平台车位形式

(2) 直线形。其优点在于占用仓库内部空间小，装卸货作业自由度较大，布置简单；在相同的平台长度情况下，直线形车位布置较多。

3. 停车遮挡形式

在设计进发货停车位置时，除考虑效率和空间之外，还应该考虑遮阳（雨）问题，因为许多物品对湿度或阳光直射特别敏感。尤其是设计车辆和平台之间的连接部分时，必须考虑到如何防止大风吹入和雨水飘入。此外，还应该避免库内空调的冷暖气外溢和能源损失。为此，停车遮挡有内围式、齐平式和开放式三种形式（如图 5-6 所示）。

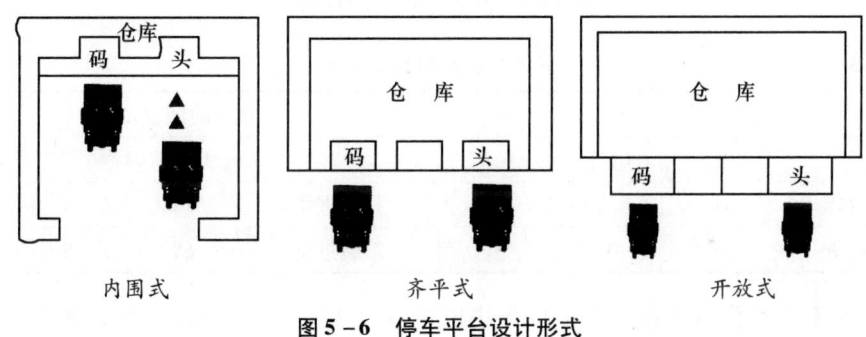

图 5-6　停车平台设计形式

4. 进发货平台的宽度

进货时的物品一般要经过拆装、理货、检查与暂存等工序，才能进入后续作业。为此，在进发货平台上应留有一定的空间作为缓冲区。为了保证装卸货的顺利进行，进发货平台需要有如油压升降平台的连接设备相配合。而连接设备分为两种：一种是活动连接设备，宽度 $s = 1m \sim 2.5m$；另一种是固定连接设备，宽度 $s = 1.5m \sim 3.5m$。

为使车辆及人员进出畅通，在暂存区与连接设备之间应有出入通道。图 5-7 所示为暂存区、连接设备和出入通道的布置形式及宽度设计图。

若使用人力搬运，通道宽度 $r = 2.5m \sim 4m$。由此可见，进发货平台宽度 w 应为：

$$w = s + r \quad (5-8)$$

5. 进发货车位数和平台长度

这里以进货为例。进货时间每天按 2 小时计算（设定值是根据调查分析得到的）。根据物流配送中心的规模，设进货车台数 N 和卸货时间如表 5-3 所示。

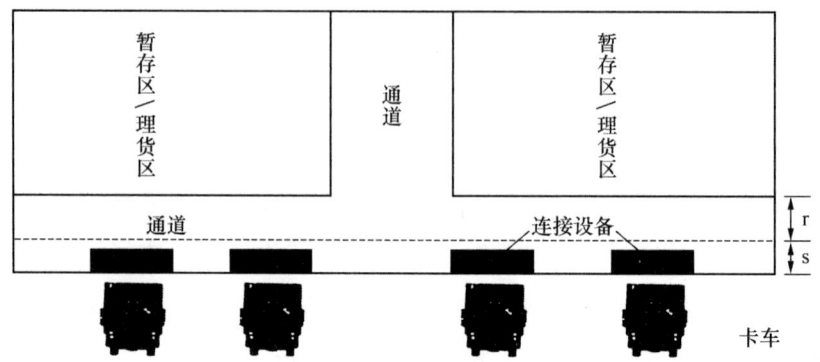

图 5-7 进发货平台宽度设计

表 5-3　　　　　　　　　　进货车台数和卸货时间

	进货车台数（台）				卸货时间（min）		
	12t 车	6t 车	3t 车		12t 车	6t 车	3t 车
托盘进货	N_1	N_2	—	托盘进货	18	10	—
散装进货	N_3	N_4	N_5	散装进货	68	35	20

设进货峰值系数为 1.6，要求在 2 小时内必须将进货车卸货完毕，所需车位数为 n，则：

$$n = \frac{(18 \times N_1 + 10 \times N_2 + 68 \times N_3 + 35 \times N_4 + 20 \times N_5) \times 1.6}{60 \times 2} \quad (5-9)$$

若每个车位宽度为 4m，进货大厅共有 n 个车位，如图 5-8 所示，则进货大厅长度 $L = n \times 4$m。若进货大厅宽度为 3.5m，则进货大厅总面积为：

$$A = L \times 3.5 \text{ m}$$

进货大厅长度 L 即为进货平台长度。

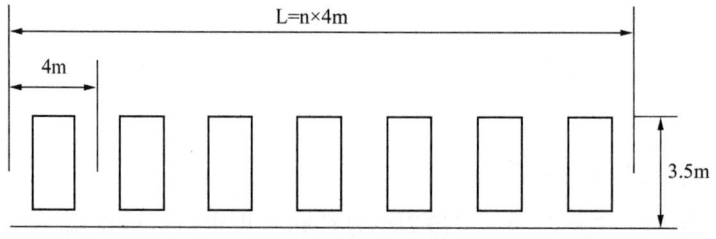

图 5-8 进货厅长度设计

6. 进发货平台高度

进发货平台按高度可分为高月台和低月台两种。

选择高月台还是低月台，主要取决于物流配送中心的环境、进发货的空间、运输车辆的种类和装卸作业的方法。一般建议选择高月台。

高月台高度主要取决于运输车辆的车厢高度。

对于不同的车型，车厢高度是不一样的；即使是同种车型，因其生产厂家不同，车厢高度也有所差别。

（1）车型基本不变的情况。根据实际需要，物流配送中心如果只选定使用频率较高的几个厂家的几种车型来决定月台高度时，可由主车型车辆基本参数中查出其车厢高度，但其高度为空载时的高度，因为承载时大型车辆车厢高度将下降100mm～200mm。

例如，某物流配送中心进货主要用某汽车制造公司生产的11t运输车，其车厢高度为1380mm，满载时车厢下降100mm～200mm，为安全起见，取下降值为100mm，则月台高度为：

$$H = (1380 - 100) = 1280 mm$$

取 $H = 1300mm$。

（2）车型变化较大的情况。由于车型变化较大，其车厢高度变化范围也相应较大。为适应各种车厢高度车辆装卸货的需要，消除车厢与月台间的高度差和空隙给装卸工作带来的不便，就必须通过液压升降平台进行调整。

按照实际经验，月台高度 H 值为最大车厢高度与最小车厢高度的平均值。液压升降平台踏板的倾斜角根据叉车的性能略有差异。通常按倾斜角不超过15°来设计液压升降平台长度。

月台高度：

$$H = \frac{H_1 + H_2}{2}$$

液压升降平台踏板长度：

$$A = \frac{\frac{H_2 - H_1}{2}}{\sin\theta} \tag{5-10}$$

式中，H_1 是满载时车厢最低高度，单位为 mm；

H_2 是空载时车厢最高高度，单位 mm；

θ 是液压升降平台倾斜角。

5.1.3 仓储区作业空间设计

仓储区作业空间设计的原则如下。

（1）适应储存的作业流程，使物流方向合理，运输距离最短，作业次数最少，仓库利用率高，运输通畅，便于保管。

（2）合理利用空间，平面布置与竖向布置相适应，发挥设备效能，以利于提高仓库经济效益。

（3）符合安全、卫生要求，有固定的防火通道，设有防火与防盗设施，考虑通风、采光、照明和绿化因素。

在设计仓储区空间时，应考虑的因素有：货品尺寸、数量，托盘尺寸和货架空间，设备型号、尺寸、能力和旋转半径，走廊宽度和位置，柱间距离、建筑尺寸与形式，进发货及搬运位置，补货或服务设施的位置（防火墙、灭火器、排水口等）。

5.1.4 集货区设计

物品经过拣选分拣作业，就被搬运到发货区。由于拣货方式和装载容器不同，发货区要有待发物品的暂存和发货准备空间，以便进行货物的清点、检查和准备装车等作业，这一区域称为集货区。

集货区设计主要考虑发货物品的订单数、时序安排、车次、区域、路线等因素。其发货单元可能有托盘、储运箱、笼车等。拣货方式不同，集货作业也有所不同。拣货发货方式如下。

（1）订单拣取，订单发货。

（2）订单拣取，区域发货。

（3）批次拣取，区域发货。

（4）批次拣取，车次发货。

5.1.5 区域平面布置的面积计算

1. 自动化立体仓库

如图 5-9 所示,设托盘使用标准托盘的一种,尺寸为 1100mm×1100mm,货架有 M 排、N 列、H 层,则总货位为:

$$Q = M \times N \times H \tag{5-11}$$

如果货架两侧预留货物交换站台等设施各 5m,巷道宽度 1.4m,单个货位宽度 1.35m,则立体仓库的面积可由下式计算:

$$A = (10 + 1.35N) \times 3.6M/2 \tag{5-12}$$

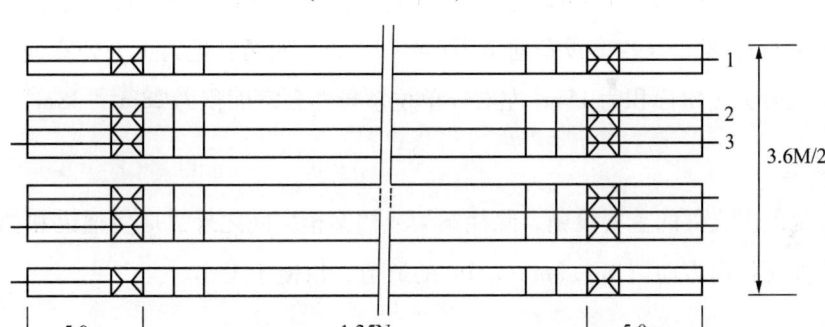

图 5-9 自动化立体仓库面积设计

2. 分拣区

分拣输送机长度为 L,如果每日分拣箱数为 n 个,分拣方面数为 N(每方面 2m 宽),分拣时间为 6h,单位时间分拣数量为 n/6,分拣机与分拣面的宽度可根据实际情况取 5m~8m,则分拣必要面积 A 为:

$$A = (L + 2N) \times (5 \sim 8) \tag{5-13}$$

5.2 行政区域与厂区面积规划

按照 GMP 对辅助区区域规划的要求,在设计行政区域与厂区面积规划时应注意以下两点。

(1) 休息室的设置不应当对作业区、仓储区和质量控制区造成不良影响。

（2）更衣室和盥洗室应当方便人员进出，并与使用人数相适应。盥洗室不得与生产区和仓储区直接相通。

5.2.1 行政区面积设计

行政区的面积设计主要是指非直接从事物流、仓储或流通加工部门的面积计算，如办公室、会议室、休闲设施等。下面分别加以说明。

1. 办公室

办公室分为一般办公室和现场办公室。其面积大小取决于人数和内部设备。设计的原则是：办公室通道宽度约为 0.9m，每人办公面积为 $4m^2 \sim 7m^2$，可用隔断进行隔离，两桌间距离约为 0.8m，桌子与档案设备通道为 $1m \sim 1.5m$。现场管理人员办公室面积为 $6m^2 \sim 18m^2$，主管领导办公室面积为 $15m^2$ 左右，单位领导办公室面积为 $28m^2 \sim 38m^2$。

2. 档案室

档案室是保管文件的重要设施，除档案架或档案柜空间之外，应留通道和档案存取空间。还应为抽屉拉出方向留出 $1.2m \sim 1.5m$ 的通道，以便于工作。

3. 网络控制与服务器室

中等规模的网络控制与服务器室为 $50m^2 \sim 80m^2$。

4. 接待室

接待室面积以 $28m^2 \sim 38m^2$ 为宜。

5. 会议室

会议室可采用长方形、U 形、H 形或环形排列。有办公桌的会议室可按 15~20 人设计，面积为 $80m^2 \sim 90m^2$；无办公桌的会议室按 50 人设计，面积为 $90m^2 \sim 100m^2$。以上面积可以酌情缩小。

6. 休息室

休息室的面积根据员工人数和作息时间而定。

7. 司机休息室

在出入库作业区附近可设司机休息室，以方便司机装卸或等待表单。

8. 洗手间

一般情况下，对于男洗手间，大便器的设置条件为：10人以下1个，10~24人2个，25~49人3个，50~74人4个，75~100人5个，超过100人时每30人增加1个；小便器的设置条件为：每30人设置1个。对于女洗手间，大便器可每10人1个。

对于洗面盆、整装镜，一般男洗手间每30人1个，女洗手间每15人1个。

9. 衣帽间

为了能使员工更换衣服和保管个人物品，一般在库存区外设衣帽间，每人1个格位，并配有格锁。

10. 餐厅

餐厅按高峰期人数考虑，每人$0.8m^2$~$1.5m^2$。厨房面积为餐厅面积的22%~35%。除了餐厅外，还应另设小卖部等，为员工生活提供便利。

5.2.2 厂区面积设计

除了作业区域和行政区域之外，物流配送中心的其他区域包括停车场、警卫室、环境美化区等，也要进行设计。

1. 大门与警卫室

厂区大门要结合外连道路形式进行设计。如果出入共用一个大门，警卫室设置在大门一侧，进行出入车辆管理。如果出入口相邻并位于厂区同侧，出入道路较宽，可把出入动线分开，警卫室设于出入口中间，分别进行出入车辆管理。若出入口位于厂区同侧而不相邻，可分别设立警卫室，严格执行"一边进厂，一边出厂"的出入管理制度，这种设计适合进发货时段重合、进出车辆频繁的情况。

2. 厂区道路

厂区道路尺寸取决于主要运输车辆的规格尺寸。物流配送中心的运输车辆包括普通载货汽车、双轮拖车和重型拖车。一般的物流运输工具为12t普通拖车。随着物流业的迅速发展，运输业货物趋向大型化，双轮拖车的数量日益增多。根据发展需要，通常按照双轮拖车的规格尺寸设计相应的厂区道路。

决定双轮拖车尺寸的前提是车辆能否在高速公路上行驶。按照我国相关公路安全法律法规,高速公路允许拖车规格为宽度 2.5m、高度 4.2m,每轴承载不得超过 10t。如果超过此限制,则要在有关部门办理特殊车辆通行证方可通行。

(1) 道路宽度。设道路宽度为 W,W 是在行车宽度 2.5m 的基础上增加一定的余量。

一般道路宽度的经验参考值:单行道时,$W=3.5m\sim4m$;双行道时,$W=6.5m\sim7m$。

小型载货汽车的道路宽度参考值:单行道时,$W=3.7m$;双行道时,$W=5.9m$。

大型载货汽车的道路宽度参考值:单行道时,$W=4.0m$;双行道时,$W=6.5m$。

(2) 转弯尺寸。为了减少道路用地和投资,在转弯处,道路宽度应与直行时相同。为使对面来车容易通行,必须通过切角或弧线来增加转弯道路宽度,保证对面来车的行车宽度在 2.5m 以上。

3. 停车场

停车场对于一个现代化的物流配送中心是十分重要的。停车种类主要是进货车辆、来宾车辆和职员用车。要根据物流配送中心的现实和发展情况估计车辆类型和停车台数,并留有余地。

物流配送中心内的停车场应以占地面积小、疏散方便、保证安全为原则。具体的停车方式有三种,即平行式、斜列式和垂直式。

物流配送中心场地及道路的情况是车辆停泊方式设计的根本依据之一。具体的停泊方式有三种:前进停车,后退发车;后退停车,前进发车;前进停车,前进发车。

停车位应和车辆行走车道相关。不同角度下的车辆进出所需车道宽度是不一样的。

设停车位宽度为 W,车辆宽度为 W_t,停车间距为 C_t,则:

$$W = W_t + C_t \tag{5-14}$$

停车间距 C_t 的尺寸因车辆的种类和规格不同而不同,一般根据车门的开启范围取值。大型车辆:$C_t=1.5m$;中型车辆:$C_t=1.3m\sim1.5m$;小型轿车:$C_t=0.7m\sim1.3m$。

5.3　配送中心的建筑要求

物流配送中心除对厂房的消防、照明、通风及采暖、动力、供电等系统有要求外,还对柱间距、梁下高度、地面承载能力有着特殊的要求。因为柱间距直接影响货物的摆放、搬运车辆的移动和输送分拣设备的安装,梁下高度限制货架的高度和货物的堆放高度,地面承载能力决定设备布置和货物堆放数量。

5.3.1 建筑物的柱间距

柱间距的选择是否合理,对物流配送中心的成本、效益和运转费用都有重要影响。对一般建筑物而言,柱间距主要是根据建筑物层数、层高、地面承载能力和其他条件来计算。在最经济的条件下,合理确定最佳柱间距,可以显著地提高物流配送中心的保管效率和作业效率。

影响建筑物柱间距的因素有:搬运车辆种类、规格型号和入库台数;托盘尺寸和通道宽度;货架与柱之间的关系等。

1. 按搬运车辆规格决定柱间距

一般要求运输车辆停靠在出入口,以便装卸货;特殊情况下,还要求车辆驶入建筑物内。此时,就要根据车辆的规格尺寸来计算柱间距。图 5-10 即为运输车辆驶入或停靠建筑物的柱间距设计图。

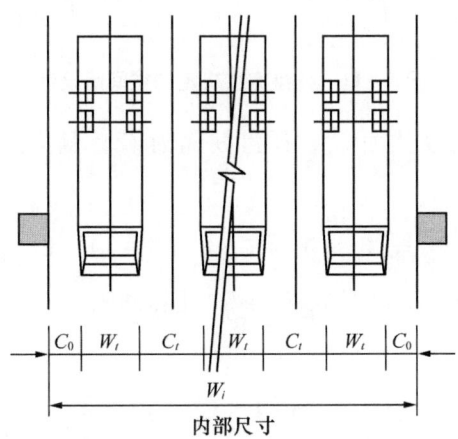

图 5-10 运输车辆驶入或停靠建筑物的柱间距设计

如图 5-10 所示,设车辆宽度为 W_t,车辆间距离为 C_t,侧面余量为 C_0,车辆台数为 N_t,则柱间距为:

$$W_i = W_t \times N_t + C_t \times (N_t - 1) + 2C_0 \tag{5-15}$$

若车辆宽度 $W_t = 2450\text{mm}$,车辆台数 $N_t = 2$,车辆间距离 $C_t = 1000\text{mm}$,车辆与柱间的余量 $C_0 = 750\text{mm}$,则柱间距为:

$$W_i = [2450 \times 2 + 1000 \times (2-1) + 2 \times 750]\text{mm} = 7400\text{mm}$$

取柱间距 $W_i = 7400\text{mm}$。

2. 按托盘宽度决定柱间距

在以托盘为存储单元的保管区,为提高货物的保管利用率,通常按照托盘尺寸来决定柱间距。图 5-11 为按照托盘宽度决定柱间距的设计图。

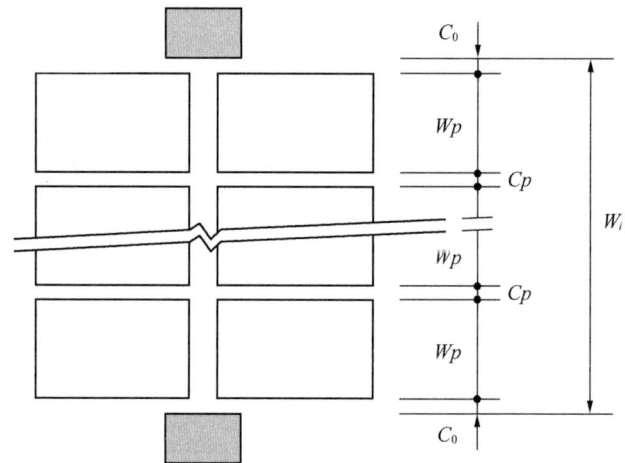

图 5-11 托盘宽度决定的柱间距设计

设托盘宽度为 W_p,托盘数为 N_p,托盘间隔为 C_p,侧面余量为 C_0,则柱间内侧尺寸为:

$$W_i = W_p \times N_p + C_p \times (N_p - 1) + 2C_0 \quad (5-16)$$

若托盘宽度 $W_p = 1000\text{mm}$,托盘数 $N_p = 7$,托盘间隔为 $C_p = 50\text{mm}$,侧面余量为 $C_0 = 50\text{mm}$,则柱间距:

$$W_i = [1000 \times 7 + 50 \times (7-1) + 2 \times 50]\text{mm}$$
$$= 7400\text{mm}$$

3. 按托盘长度决定柱间距

图 5-12 为按照托盘长度决定柱间距的设计图。

设托盘长度为 L_p,托盘货架列数为 N,两列背靠背托盘货架间隙为 C_r,通道宽度为

W_L,则柱间距为:

$$W_C = (W_L + 2L_p + C_r) \times N \qquad (5-17)$$

若托盘长度 $L_p = 1200$ mm,通道宽度 $W_L = 2500$ mm,托盘货架间隙 $C_r = 60$ mm,托盘货位列数 $N = 2$,则柱间距为:

$$W_C = [(2500 + 2 \times 1200 + 60) \times 2] \text{mm}$$

$$= 9920 \text{mm}$$

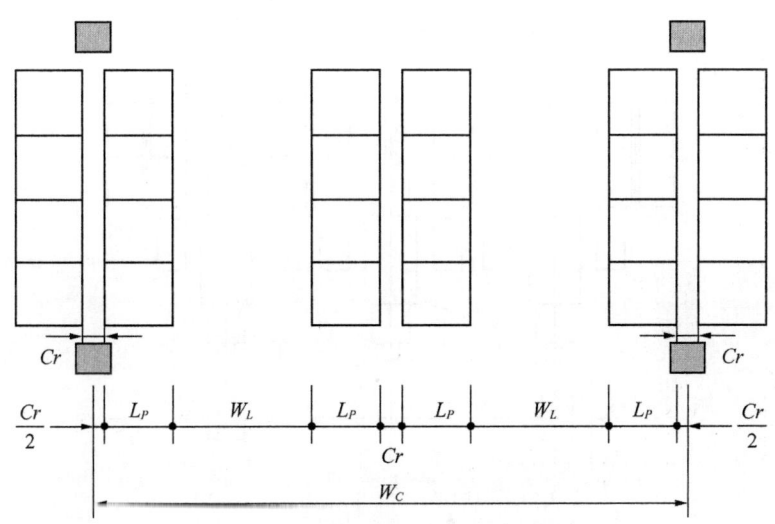

图 5 - 12 托盘长度决定柱间距的设计

4. 按柱与货架仓库关系决定柱间距

图 5 - 13 为根据货架仓库与立柱间的关系来决定柱间距设计图。

根据实际需要,当立柱位置在正对立体仓库的出入库工作台的正面方向时,为了使出入库的电动台车和输送带正常工作,立柱必须设计在堆垛机运动方向的延长线上。在这种情况下,柱间距就要根据货架深度尺寸和堆垛机通道宽度进行计算。

设托盘长度为 L_p,托盘货架列数为 N,两列背靠背托盘货架间隙为 C_r,通道宽度为 W_L,则柱间距为:

$$W_i = (W_L + 2L_p + C_r) \times N \qquad (5-18)$$

若托盘长度 $L_p = 1200\text{mm}$，堆垛机通道宽度 $W_L = 1300\text{mm}$，托盘货架间隙 $C_r = 100\text{mm}$，托盘货位列数 $N = 2$，则柱间距为：

$$W_i = [(1300 + 2 \times 1200 + 100) \times 2]\text{mm}$$

$$= 7600\text{mm}$$

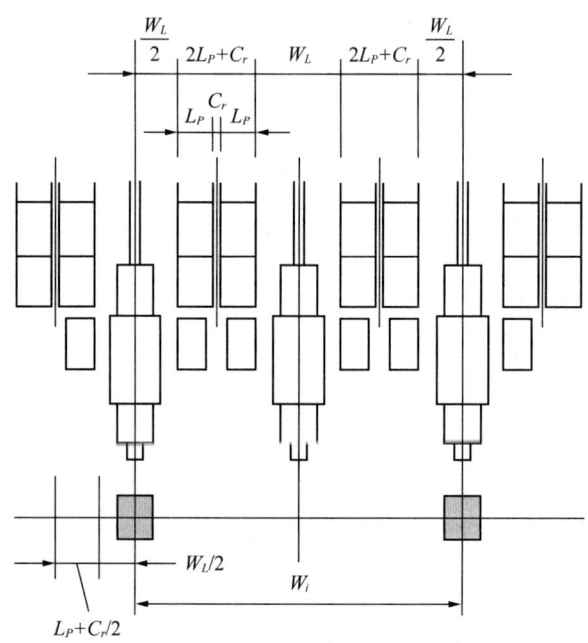

图 5-13 根据货架仓库与立柱间的关系来决定柱间距的设计

5.3.2 建筑物的梁下高度

建筑物的梁下高度也称为有效高度。在保管空间中，从理论上来说，梁下高度越高越好。但实际上，由于受货物所能堆积高度、叉车的提升高度和货架高度等制约，梁下高度太高，不但不会增加保管效率，而且使建设成本大大提高。

物流配送中心内影响建筑物梁下高度的因素主要有保管物品的形态、保管形式、堆积高度、所使用的堆高搬运设备种类、所使用的储存保管设备高度要求等。通常要综合考虑各种制约因素，才能决定货物最大堆积高度。

此外，为了满足在建筑物内的电气、消防、通风、空调和安全等要求，在梁下还必须安装桥架母线、监控线路、消防器材、通风和空调导管等设备。因此，在货物最大堆积高度和梁下边缘之间，还要有一定的间隙尺寸，用以布置此类设备。一般梁下间隙尺寸 a 取 500mm~600mm。

设物品最大堆积高度为 H_L，梁下间隙尺寸为 a，则梁下高度为：

$$H_e = H_L + a \tag{5-19}$$

1. 平托盘堆积

平托盘堆积时，一般选叉车作为作业设备，物品最大堆积高度 H_L 设计如图 5-14 所示。

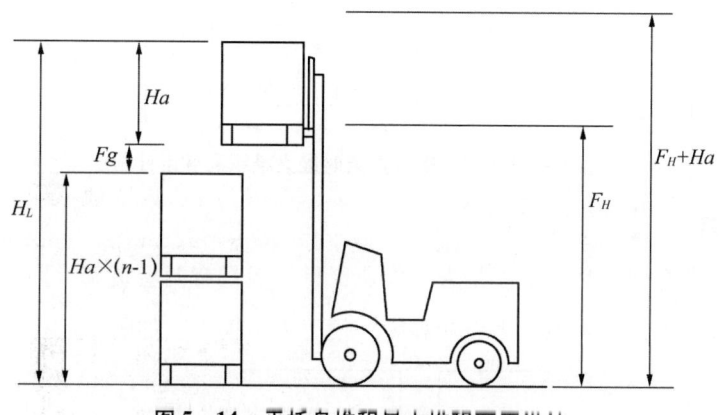

图 5-14　平托盘堆积最大堆积高度设计

（1）当叉车货叉最大升程 F_h 低于物品最大堆积高度 H_L 一个装载单元高度 Ha 时，即 $F_H < H_L - Ha$，梁下高度以物品最大堆积高度 H_L 为计算依据。此时，物品最大堆积高度为：

$$H_L = Ha \times n + Fg \tag{5-20}$$

式中，Ha 为装载单元高度，n 为堆积层数，Fg 为货叉提升高度。

（2）当叉车货叉最大升程 F_H 高于物品最大堆积高度 H_L 减去一个装载单元高度 Ha 时，即 $F_H > H_L - Ha$，梁下高度以物品货叉最大升程 F_H 为计算依据。在这种情况下，物品最大堆积高度为：

$$H_L = F_H + Ha \tag{5-21}$$

2. 叉车存取货架

利用叉车在货架上进行存取作业时，其物品最大堆积高度设计如图 5-15 所示。

由于将物品放置在货架上，因此物品最大堆积高度 H_L 取决于货架高度。设装载单元高度为 Ha，货叉提升高度为 Fg，货架高度为 Hr，则物品最大堆积高度为：

$$H_L = Hr + Ha + Fg \tag{5-22}$$

注意：在此种情况下，叉车货叉工作时的最大高度 $F_H + Ha$ 将高于物品最大堆积高度 H_L。这应该考虑在梁下间隙尺寸中。

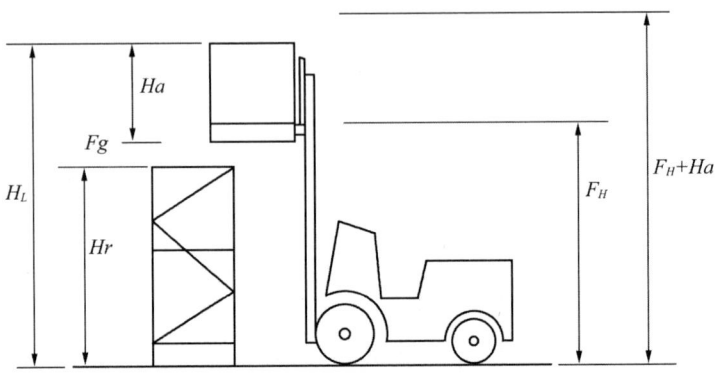

图 5-15 叉车存取货架时最大堆积高度设计

3. 普通货架

利用普通货架存取物品，主要是人工作业，且一般只有两层货架。因此，第二层高度要符合人机工程学原理，考虑人力作业高度，便于人员操作。如图 5-16 所示。

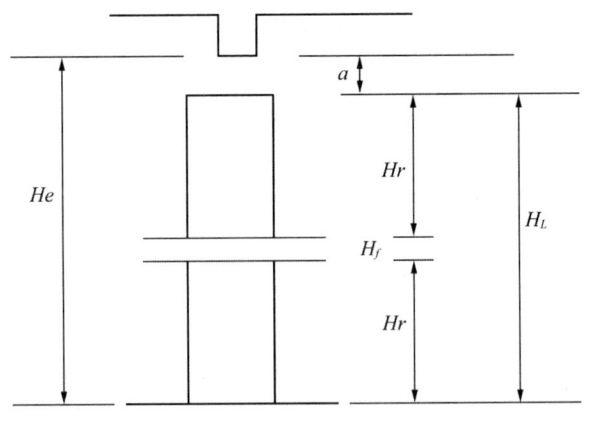

图 5-16 普通货架时梁下高度设计

设每层货架高度为 Hr，隔板或者横梁间隙尺寸为 H_f，则最上层货架高度为：

$$H_L = 2Hr + H_f \tag{5-23}$$

5.3.3 地面载荷

在物流配送中心建筑物内地面上的垂直载荷有固定载荷和装载载荷两种。固定载荷是指长期不变的载荷,如建筑物自身重力、已安装到位的设施设备的自重等。装载载荷是指随时间在空间上可以移动的载荷,如所有货物、搬运工具和各种车辆等。

载荷计算主要包括地面承载能力、结构(如梁、柱、承重墙等)基础与地震动载等方面的强度刚度计算。由于结构基础和地震动载的计算涉及固体力学、结构力学、建筑结构学和振动力学等学科的专业理论,此处不多作介绍。以下仅对与地面承载有关的问题进行介绍。

一般来说,地面载荷是指地面构造设计用的装载载荷,包括放置在地面上的货架、物品、各种搬运工具和车辆等的载荷。

建筑规范规定的建筑物所能承受的装载载荷为法定载荷。建筑物用途不同,其法定地面载荷也不同。一般而言,办公场所为 $300kg/m^2$,服饰物品仓库为 $300\sim500kg/m^2$,杂货物品仓库为 $500\sim1000kg/m^2$,饮料物品仓库为 $2000kg/m^2$。对于医药产品,根据经验要求地面能承受 $400kg/m^2$ 以上的载荷。

1. 托盘多层堆码

托盘堆积是指装载后的托盘直接放置在地面上,并多层堆积的储存方式。设托盘长度为 L_p,宽度为 W_p,托盘堆积层数为 N,每个托盘重量(包括托盘和物品)为 p,则托盘堆积的地面载荷为:

$$P_1 = \frac{p \times N}{W_P \times L_P} \tag{5-24}$$

2. 搬运设备

堆垛机、叉车和无人台车是物流配送中心内的重要运输工具,为使其顺利行车,要求地面精度在 2000mm 范围内误差不超过 20mm。此外,还要求地面有承受搬运设备的载荷能力,即承受车轮的压力。

设叉车自重 $P_w = 1.8 \sim 2.5t$,物品重量 $P_t = 1t$,安全系数 1.4,则叉车轮压 P_v 为:

$$P_v = \frac{P_w + P_t}{4} \times 安全系数 \tag{5-25}$$

若取 $P_w = 2t$,则:

$$P_v = \frac{(2+1) \times 1000}{4} \times 1.4 = 1050kg$$

一般取轮压为1000kg~1200kg。

设堆垛机自重为$P_w = 3000$kg，最大货物重为$P_t = 1000$kg，在存取货物时，极端情况下只有两个车轮受力，若安全系数取1.2，则每个车轮所受轮压为：

$$P_v = (3000 + 1000) \times 1.2/2 = 2400 \text{kg} \tag{5-26}$$

3. 运输车辆

地面装载载荷取决于车辆的总重量，设车辆自重为P_w，车辆最大载重量为P_t，安全系数取1.2。按四个轮胎承重计算，则运输车辆每个车轮所受压力为：

$$P_v = \frac{p_w + p_t}{4} \times 1.2$$

普通运输车辆总重量通常为12t。

4. 载荷不定的情况

在规划设计阶段，由于保管空间、作业空间和通道均不能明确分开，或者未来存放货物有不确定性，对此载荷暂时无法确定。在这种情况下，一般采用平均载荷来设计地面承载能力。根据经验，对于叉车通道，取$1000 \sim 1500 \text{kg/m}^2$；对于非叉车通道，取$500 \sim 1000 \text{kg/m}^2$。

5.4 周边设施规划

物流配送中心周边设施的设计与选择，首先要满足物流系统设备正常运转、管理有序进行和人员安全操作的需要；其次要体现企业文化、标志和形象设计；再次要满足员工必要的生活和休闲需要；最后要符合国家的相关规范和国际惯例。一个现代化的物流配送中心，不仅要保证物流流程、作业操作和机构运转的有序流畅，还要着力打造具有个性、简洁明快、整洁清爽、鲜亮柔和、环境友好的企业形象和文化。

5.4.1 工作安全设施

在物流作业中，不当操作或忽视安全规程造成人员受伤、货物损坏的情况时有发生。为确保人员安全和物流顺畅，企业不仅要经常性地对员工进行职业操作规范培训和安全教育，还应加强安全作业标识提醒、警示灯警示及设备防撞标志的规划设计和现场标记。

在物流作业区规划设计和设备设施选用中，凡是涉及安全的问题，一定要刚性控制，严格按照国家规范和操作要求设计布局和施工。

在工作场所的适当位置张贴安全操作规程、安全责任制度和突发事件处理方法等。在人员集中的地方，要布置一些体现企业文化的人性化安全提醒标志。在可能发生碰撞的地方，要张贴醒目的防撞标志。用不同颜色标示出不同性质的设施。例如，厂房内动态性的车辆、移动机具应采用黄色标志，以提醒人们注意安全；消防设施应采用红色标志，路线指示采用绿色标志。

5.4.2 消防设施

消防工作对任何一个企业都是非常重要的。医药物流配送中心的运营对象主要是药品和医疗器械，它的消防工作必须符合GSP、GMP认证标准的有关规定。消防设施一般分为防火和灭火两个方面，防火是以预防火灾为目的的设施，灭火则是以消灭或控制已发生的火灾为目的的设施。消防工作应以预防为主、灭火为辅为原则。对于物流配送中心来说，火灾隐患一般发生在货物储存、装卸搬运机械、火源管理和电气设备等方面。

5.4.3 仓库门窗设计和湿温度调节

物流配送中心的仓库门有电动卷门、气动卷门和手动卷门等。手动卷门价格低廉，但操作费力。设计仓库大门时应考虑进出物品货态和保管形式，可采用电动卷门或气动卷门。对于冷藏或冷冻物品，出入门应和外界隔绝并易于车辆装卸工作。设置窗户的目的是通风换气、采光和紧急情况下的逃生。窗户按材质分为铝合金窗、钢窗和塑钢窗等。

仓库内温湿度调节的目的是保持仓库内与室外空气的循环流通，以调节温度、湿度、氧气和二氧化碳含量，从而确保员工有良好的作业环境。在规划设计物流配送中心时，根据厂房高度、人员和车辆动线以及面积等因素来决定通风换气的方法。通常，对于物流配送中心的仓库储区，因空间和面积较大，采用天窗自然通风和门窗自然换气法较为经济。若厂房高度不高、面积不大或处于工业区空气不佳地段时，采用人工方法为宜。采用人工方法时，一般是用抽气装置进行强制通风，使管道内空气由下向上流动，确保室内空气流通。对于面积和高度更小的办公场所和有特殊温湿度要求的设备，如网络服务器，就要采用空调制冷或制热。

5.4.4 墙壁与采光设计

物流配送中心的墙壁种类很多，按材料的不同可分为彩钢板、临建墙、库体板和砖墙等。彩钢板和临建墙的价格便宜，但隔热防尘效果不好。库体板和砖墙的价格较高，但隔热防尘效果好。关于四周墙壁的色彩，一般采用比较明快的浅色，浅色对光的反射率较高，则所需光照强度可略低一些。

此外，现代化物流配送中心要特别关注采光与照明。科学设计采光，合理利用自然光源，既经济又有利于健康。仓库的自然采光方法有屋顶采光和门窗采光两种。利用屋顶采光时，要注意尽量把采光板设置在通道的上方，但应避免阳光直射厂房而使温度过高。

物流配送中心的光照强度，不同的区域有不同的要求。在工作场所，一般应光线充足，明快光亮。在休息与会客场所，光线宜柔和一些。物流配送中心各场所光照强度要求如表 5-4 所示。

表 5-4　　作业项目与光照强度对照

作业项目	光照度（lx）	作业项目	光照度（lx）
物流仓储作业		办公作业	
加工检验	200~300	资料管理（会计、打字）	300
一般进料检验	200~400	一般办公室	200~300
包装及装箱	300	档案及参考索引	200
保管区	100~200	会议室	300
进出货暂存区	100~200	休息室	300
分拣确认区	400~500	盥洗室	100
		走廊及楼梯	200

5.5　配送中心的公用配套设施规划

在对物流配送中心进行规划与设计时，还需要对其公用设施进行规划与设计。一般来讲，物流配送中心的公共设施包括给排水设施、电力设施、供热与燃气设施、照明、消防等。

5.5.1 给水与排水设施

1. 给水设施

给水设施负责对物流配送中心生活、生产、消防等用水进行供给，包括原水的收集、处理及成品水的输配等各项工程设施。给水设施的规划应根据物流配送中心的用水需求和给水工程设计规范，对给水水源的位置、水量、水质及给水工程设施建设的技术经济条件等进行综合评价，并对不同水源方案进行比较，作出方案选择。同时，给水设施规划要考虑所在区域给水系统整体规划，应尽量利用城市已建成的给水工程设施。给水设施不应设置在易发生滑坡、泥石流、塌陷等不良地质条件的地区及洪水淹没、内涝低洼地区。地表水取水构筑物应设置在河岸及河床稳定的地段，工程设施的防汛及排涝等级不应低于所在城市设防的相应等级。物流配送中心输配管线在道路中的埋设位置，应符合中华人民共和国国家标准《城市工程管线综合规划规范》（GB 50289—2016）的规定。

2. 排水设施

排水设施负责收集、输送、处理和排放物流配送中心的污水（生活污水、生产废水）和雨水。污水和雨水的收集、输送、处理和排放等工程设施以一定的方式组成，用不同管渠分别收集和输送污水、雨水，使污水排入某一水体或为达到再次使用的水质要求而对其进行净化。根据水资源的供需平衡分析，应提出保持平衡的对策，包括合理确定产业规模和结构，并提出水资源保护的措施。对于物流配送中心，更应考虑水污染的防治，避免它的建设对所在地的环境造成不必要的污染。

排水管道规划设计时，应严格遵循中华人民共和国国家标准《给水排水管道工程施工及验收规范》（GB 50268—2008）的规定，尤其对管道的位置及高程设计，需要经过水力计算，并考虑与其他专业管道平行或交叉要求等因素后确定。排水管道的管材、管道附件等材料，应符合国家现行的有关产品标准的规定，并应具有出厂合格证。具体施工应遵守国家和地方有关安全、劳动保护、防火、防爆、环境和文物保护等方面的规定。

5.5.2 电力设施

电力设施由供电电源、输配电网等组成。中华人民共和国国家标准《城市电力规划规范》(GB 50293—2014)规定,在物流配送中心规划过程中,电力设施应符合所在城市和地区的电力系统规划;应充分考虑电力设施运行噪声、电磁干扰及废水、废气、废渣排放对周围环境的干扰和影响,并按国家环境保护方面的法律、法规的有关规定,提出切实可行的防治措施;电力设施应切实贯彻"安全第一、预防为主、防消结合"的方针,满足防火、防洪、抗震等安全设防的要求;电力系统应与道路交通、绿化及供水、排水、供热、燃气、邮电通信等市政公用工程协调发展。

为实现物流配送中心的各项功能,保证物流作业(医药冷库储存、机电设备的运行等)正常,避免或减少不必要的损失,电力设施必须严格按照中华人民共和国国家标准《供配电系统设计规范》(GB 50052—2009)的规定设计和施工,应注意以下四点。

(1)电力负荷应根据对供电可靠性的要求、中断供电所造成损失或影响的程度进行综合确定。物流配送中心内的冷库、机电设备、通信设备等中断供电,将会造成很大的损失,属于一、二级负荷;其他设施设备属于三级负荷。

(2)应急电源与正常电源之间必须采用防止并列运行的措施。

(3)供配电系统的设计,除一级负荷中特别重要的负荷之外,不应按一个电源系统检修或发生故障的同时另一个电源又发生故障进行设计。

(4)供电电压应根据用电容量、用电设备特性、供电距离、供电线路的回路数、当地公共电网现状及其发展规划等因素,经技术经济比较后确定。

5.5.3 供热与燃气设施

1. 供热设施

集中供热设施利用集中热源,通过供热等设施,向热能用户供应生产或生活用热能,包括集中热源、供热管网等设施和热能用户使用设施。供热设施在规划时应符合中华人民共和国行业标准《城镇供热系统安全运行技术规程》(CCJ/T 88—2000)的规定,同时应符合国家强制标准的有关规定。

供热设施的热源应符合以下规定。

(1)新装或移装锅炉,必须向当地主管部门登记,经检查合格获得使用登记证后方可投入运行。

(2)重新启用的锅炉,必须按国家现行《热水锅炉安全技术监察规程》(劳锅字

〔1997〕74号）或《蒸汽锅炉安全技术监察规程》（劳部发〔1996〕276号）的要求进行定期检验，办理换证手续后方可投入运行。

（3）热源的操作人员必须具有主管部门颁发的操作证。

（4）热源使用的锅炉应采用低硫煤，排放指标应符合中华人民共和国国家标准《锅炉大气污染物排放标准》（GB 13271—2014）的规定。

供热设施的热力网运行管理部门应设热力网平面图、热力网运行水压图、供热调节曲线图表。热力网运行人员必须经过安全技术培训，经考核合格后方可独立上岗。他们应熟悉管辖范围内管道的分布情况、主要设备和附件的现场位置，掌握各种渠道、设备及附件的作业、性能、构造及操作方法。

供热设施的泵站与热力站也要具备设备平面图等图样，管理人员也要经过培训考核。此外，供热设施的泵站与热力站的管道应涂有符合规定的颜色和标志，并标明供热介质的流动方向，安全保护装置要求灵敏、可靠。

供热设施的用热单位向供热单位提供用热户、用热性质、用热方式及用热参数，提供热平面图、系统图、用热户供热平面图。供热单位应根据用热户的不同用热需要，适时进行调节，以满足用热户的不同需求；用热单位应按供热单位的运行方案、调节方案、事故处理方案、停运方案及管辖范围，进行管理和局部调节；未经供热单位同意，用热户不得私接供热管道和私自扩大供热负荷；热水取暖用户严禁从供热设施中取用热水，用热户不得擅自停热。

2. 燃气设施

燃气设施是公用事业中的一项重要设施。燃气系统向物流配送中心供应作为燃料使用的天然气、人工煤气或液化石油气等气体能源。其系统由燃气供应源、燃气输配设施和用户使用设施组成。

物流配送中心在选择燃气供应源时，应遵循以下原则。

（1）必须根据国家有关政策，结合本地区燃料资源使用情况，通过技术经济比较来确定气源选择方案。

（2）应充分利用外部气源，当选择自建气源时，必须落实原料供应商和产品销售价格等问题。

（3）根据气源规模、制气方式、负荷分布等情况，在可能的条件下，力争安排两个以上气源。

物流配送中心在设计燃气输配设施时，应遵循以下原则。

（1）燃气干线管道位置应尽量靠近大型用户。

（2）一般避开主要交通干道和繁华街道，以免给施工和运行管理带来困难。

（3）管线不准铺设在建筑物下面，不准与其他管线平行上下重叠。

（4）物流配送中心应向供气单位提供燃气负荷、用燃气性质、用燃气方式及必要的用燃气参数，提供供气平面图、系统图和用户供气平面图。供气单位应根据物流配送中心的用户需求，适时进行调节，以满足物流配送中心的需要；物流配送中心应按供气单位的运行方案、调节方案、事故处理方案、停运方案及管辖范围，进行管理和局部调节；未经燃气供应站及公安消防部门同意，未由这些相关部门进行施工监督和验收，物流配送中心不得私接供气管道，私自扩大供气负荷和擅自启用未经批准的燃气输配设施。

5.6　医药配送中心的物流设备

《药品经营质量管理规范》（2016版）规定，医药配送中心应有与经营规模相适应的营业场所和药品仓库，并且环境整洁、无污染物。其医药物流作业区域应与仓库、办公生活等区域有一定距离或者有隔离措施。药品仓库要配备以下设备。

（1）便于药品陈列展示的设备。

（2）特殊管理药品的保管设备。

（3）符合药品特性要求的常温、阴凉和冷藏保管的设备。

（4）必要的药品检验、验收、养护的设备。

（5）检验和调节温、湿度的设备。

（6）保持药品与地面之间有一定距离的设备。

（7）药品防尘、防潮、防污染和防虫、防鼠、防霉变等设备。

（8）经营中药饮片所需的调配处方和临方炮制的设备。

以上设备按照作业场所和作业内容的不同可分为五大类，具体如下。

5.6.1 容器设备

医药配送中心的设备，按功能可分为搬运、储存、拣选、配送等；按形态可分为平托盘、箱式托盘、网箱托盘、柱式托盘、物流台车、集装箱等。

1. 平托盘

平托盘通常称为托盘，是托盘的主要形式，也是物流作业必不可少的装载器具。平托盘由供放置一定数量组合物品的台面与台面下方供叉车叉入并托起的叉口组成。平托盘的台面为装载面，装载面与支撑面夹有纵梁，可配合叉车或搬运车进行作业。

平托盘没有上层结构，用途广，品种多，如按货叉插入口分为二口型、四口型；按使用面分为单面型和两面型；按材质又分为木材、金属、塑料、纸质、复合材料等，如图5-17至图5-21所示。

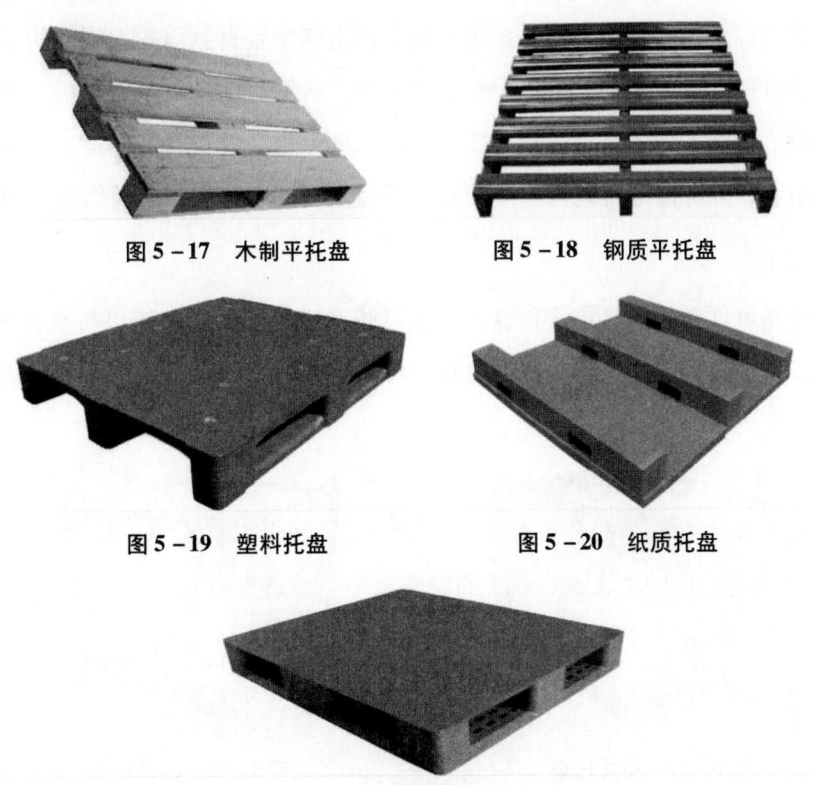

图 5-17 木制平托盘　　　图 5-18 钢质平托盘

图 5-19 塑料托盘　　　图 5-20 纸质托盘

图 5-21 平板双面四口型塑料托盘

为适应机械化作业,减少搬运程序,平托盘必须标准化。

平托盘宽度标准尺寸有 800mm、1000mm 和 1100mm 三种,也有一些其他宽度尺寸,如 900mm、1130mm、1200mm、1300mm、1400mm 等。长度尺寸有 800mm、900mm、1000mm、1130mm、1200mm、1300mm 等。托盘高度一般为 100mm~150mm。木托盘载重量有 50kg、100kg、500kg、1000kg、1500kg 5 个级别。金属托盘有 500kg、1000kg、1500kg、2000kg 4 种规格。

我国现行的托盘标准是 1200mm×1000mm 和 1100mm×1100mm,优先推荐使用 1200mm×1000mm 规格,以提高我国物流系统的整体运作效率。

塑料和复合材料托盘的优点是耐化学腐蚀、耐潮湿和耐虫蛀,而且质轻、美观、强度高、寿命长、可回收。

2. 箱式托盘

箱式托盘也称为储运箱,是在平托盘基础上加上四个垂直侧面的上层结构组成的。其四个侧面至少有三个侧面固定,另一个侧面可折叠。各侧面面板可以是平板,也可以是条状板和网状板,如图 5-22 所示。箱式托盘多用于散件与散件物料的储运,一般下部可叉装,上部可吊装,并可以进行码垛。金属箱式托盘主要用于热加工车间集装热物料。

3. 网箱托盘

网箱托盘是可堆叠的网状箱式托盘,一般可相互堆叠四层,空箱可折叠,如图 5-23 所示。网箱托盘一般存放形状不规则的物料,可配合叉车、托盘搬运车和起重机等进行机械作业。

图 5-22　箱式托盘

图 5-23　网箱托盘

4. 柱式托盘

柱式托盘的基本结构是在平托盘的四个角装有柱子，如图 5-24 所示。柱子用钢材制成，按柱子可卸与否分为固定式和可拆式两种。其特点是在不压物品的情况下进行码垛，多用于包装物料、棒料管材的集装。柱式托盘也可以作为可移动的货架或货位，不用时还可以叠套存放，以便节约空间。

5. 物流台车

在平托盘、箱式托盘或柱式托盘底部装上脚轮，既便于机械搬运，又适合短距离的人工移动，如图 5-25 所示。物流台车适用于企业工序间的物流搬运和物流配送中心的短距离零星搬运，也大量用于超市商场，作为顾客挑选商品时的暂存搬运工具。

图 5-24　柱式托盘

图 5-25　物流台车

6. 集装箱

集装箱是指具有一定强度、刚度和规格专供周转使用的大型装货容器。国际标准化组织根据集装箱在装卸、堆放和运输过程中的安全需要，规定了作为一种运输储存容器的货物集装箱的条件：能够长期反复使用，可以快速装卸和搬运，具有足够的强度，便于货物装满或卸空；使用集装箱转运货物，可直接在发货人的仓库装货，运到收货人的仓库卸货，中途更换车、船时，无须将货物从箱内取出换装；具有不得小于 $1m^3$ 的内容积。如图 5-26 所示。

目前，国际标准集装箱的宽度均为 8ft（1ft = 0.3048m）。

集装箱按制造材料分为钢制集装箱、铝合金集装箱、玻璃钢集装箱，此外还有木集装箱、不锈钢集装箱等；按结构可分为固定式集装箱、折叠式集装箱和薄壳式集装箱；按总重分为 30 吨集装箱、20 吨集装箱、10 吨集装箱、5 吨集装箱、2.5 吨集装箱等；按所装货物种类可分为以下六种。

图 5-26　集装箱

（1）干货集装箱。这是最普通的集装箱，主要用于运输一般杂货，适合各种不需要调节温度的货物，一般称通用集装箱。

（2）散货集装箱。这是用于装载粉末、颗粒状货物等散装货物的集装箱。

（3）冷藏集装箱。这是一种附有冷冻机设备，并在内壁敷设热传导率较低材料，用于装载冷冻、保温、保鲜货物的集装箱。

（4）液体货集装箱。这是用于装载液体货物的集装箱。

（5）开顶集装箱。适用于装载玻璃、金属制品、机械等重货物。

（6）框架集装箱。用于不适宜装在干货集装箱或开顶集装箱的长大件、超重件、轻泡货、重型机械、钢管、机床等设备。它一般没有箱顶和箱壁，可从上面或侧面用叉车进行装卸。

5.6.2　储存设备

物流配送中心的储存设备一般包括各种货架和自动化立体仓库。自动化立体仓库主要是托盘储存，而不同的货架可满足托盘、容器、箱装品和单品的储存需求。

储存设备按结构特点可分为以下几类。

1. 托盘货架

托盘货架是以托盘为储存单元的货架，又称为工业货架。托盘货架大多为装配式结构，具有刚性好、自重轻、层高可调节、运输安装便利、存取方便等优点，是目前各类货架的主流，如图 5-27 所示。

2. 轻型货架

轻型货架的结构与托盘货架相似，只是构件承载轻量化而已。该货架具有结构简单、自重轻、装配方便、可自由调整存放高度和间隔、式样变化多、价格便宜等特点，高度一般在4m以下，如图5-28所示。

图5-27 托盘货架

图5-28 轻型货架

3. 辊轮式（流利式）货架

按货物容器不同，可将辊轮式货架分为托盘用和容器用两类。这种货架的一侧通道作为存货口，另一侧通道为取货口，物品放在辊轮上。在重力作用下，辊轮可在具有一定坡度的料架导轨轨道上沿物品深度方向向出货口自动滑动，如图5-29所示。

辊轮式货架为"先进先出"存取模式，空间利用率高，运营成本低，不会发生漏拣现象。

4. 贯通式货架

贯通式货架是可供叉车驶入货道内存取单元货物的货架。由于叉车作业通道与物品储存场所为同一位置，因此，贯通式货架存储密度高、存储量大，仓库面积利用率大大提高，但其存取性较差，如图5-30所示。

图5-29 辊轮式货架

图5-30 贯通式货架

贯通式货架适合于大批量、少品种、流动量大的物料存放，储存单元为托盘。由于叉车在货架中行走，操作者必须小心作业。该货架以4层、3~5列为宜，最高可达10m。

5. 悬臂式货架

悬臂式货架是直接将物品储存在层板上的货架，具有结构简单、自重轻、造价低、装配简单等特点，如图5-31所示。

悬臂式货架的高度、深度受到其结构特点的限制，一般高度在6m以下。其空间利用率低，货架每层的承载能力也不强，适合于存放长条形、板形、圆形货物，如管材、线材、板材等。根据其承载能力分为：轻型，每层承载120kg；中型，每层承载200kg~500kg；重型，每层承载1000kg。

6. 阁楼式货架

阁楼式货架在仓库面积有限的情况下，利用钢梁和承重隔板将原有储区进行两层或多层的楼层分割，就是阁楼式货架。阁楼式货架也适用于对旧仓库进行技术改造，每个楼层可存放不同的物品。如图5-32所示。

图5-31　悬臂式货架

图5-32　阁楼式货架

7. 旋转式货架

旋转式货架由标准化的组件组成，可通过计算机进行控制，实现自动存取和自动管理，如图5-33所示。

这种货架由电动机驱动，操作简单，存取作业迅速，空间利用率高，适用于少批量、多品种的物品存取。由于存取口固定，高度适中，同时因货架转动速度可以很快，最高可达30m/min。因此，不易丢失物品，拣货效率高，工作人员不易疲劳；但工作需要电源，且维修费用高。

8. 移动式货架

移动式货架又称为密集货架,其底部安装有滚轮,可在地面或轨道上运行,如图5-34所示。这种货架适用于存放库存品种多、出入库频率较低的物品;也可存放出入库频率较高,但可按一定轨道顺序出入库的物品。由于货架可以移动,使用灵活方便,仓库面积的利用率高。

图5-33 旋转式货架

图5-34 移动式货架

9. 智能循环货柜

由威仁(西安)仓储设备有限公司开发的全自动数控智能立体循环货柜(如图5-35)、全自动数控智能联体立体循环货柜(如图5-36)是替代传统仓储货架的一种现代机械存储设备,货柜以料斗为存储单元、认址单元和运动单元,智能控制存取,无须人力搬运。

图5-35 智能立体循环货柜

图5-36 智能联体立体循环货柜

10. 自动化立体仓库

自动化立体仓库作为现代物流系统的主要组成部分，是一种采用几层、十几层乃至几十层高的货架作为储存单元，用来存放物品的高架仓库系统。自动化立体仓库由高层货架、堆垛机、自动控制系统、出入库输送机、计算机管理系统和周边设施组成，能按指令自动存取物品，并对库存物品进行管理，如图 5-37 所示。

图 5-37　自动化立体仓库

5.6.3　物料搬运设备

常用的搬运设备以搬运车辆和设施为主，为了运用和管理方便，可以分为连续式和间歇式两大类。连续式为输送机，而间歇式按其设备特点又可细分为堆垛机、叉车、手推车和自动导引车等。

1. 输送设备

（1）带式输送机。它以胶带为牵引构件，靠主动轮带动胶带和其上的物料，达到搬运物料的目的，如图 5-38 所示。

（2）辊子式输送机。它是利用一系列排列起来的辊子转动进行物料搬运的输送机，如图 5-39 所示，分为重力式辊子式输送机和动力式辊子式输送机两种。重力式辊子式输送机的特点是重量轻、易搬动，安装使用方便，对于表面较软的物料有很好的输送性，常用于塑料筐、桶形物和其他容器的输送。动力式滚筒输送机常用于箱装品或托盘品的输送，也用于油污、潮湿、高温和低温环境的输送。

第 5 章　医药配送中心区域设施与设备规划

图 5-38　带式输送机

图 5-39　辊子式输送机

（3）链式输送机。它将链条结成环形并作为牵引构件，在其上面安装平板或皿状器物对物料进行搬运。如图 5-40 所示，主要适用于输送单元装载，如托盘、料箱和台车等。它的结构简单、容易维护，但速度较慢。

（4）斗式提升机。它是连续垂直或大倾角提升物料的输送机械。它的主要优点是：结构比较简单，外形尺寸小，占地面积少，提升高度和输送能力大，有较好的封闭性能，耗用动力小，主要适用于垂直提升物料。如图 5-41 所示。

（5）螺旋输送机。它是利用带有螺旋叶片的螺旋轴旋转，使物料产生沿螺旋面的相对运动，从而实现物料输送的机械，如图 5-42 所示。它的结构简单，成本较低，尺寸紧凑，占地面积小，工作可靠，维护方便，能实现密封输送。

图 5-40　链式输送机

图 5-41　斗式提升机

图 5-42　螺旋输送机

2. 巷道式堆垛机

巷道式堆垛机如图 5-43 所示，是立体仓库中最重要的搬运设备。它的主要功能是在高层货架的巷道内来回穿梭运行，将位于巷道口准备储存的物料存入货格，或者将准备出库的物料从货格取出并运送到巷道口。

3. 叉车系列

叉车按动力方式可分为内燃动力叉车、电动叉车和手动液压堆高车；按操作者姿势可分为步行式叉车和坐立式叉车；按举高能力分为低提升叉车和高提升叉车；等等。

4. 手推车

手推车具体有六种。

平板形：有 600mm×450mm 和 750mm×500mm 两种。

单推把形：有 900mm×600mm 和 1100mm×1100mm 两种。

图 5-43 巷道式堆垛机

双推把形：有 1200mm×750mm 和 1500mm×750mm 两种。

箱形：有 750mm×480mm、900mm×600mm 和 1600mm×900mm 三种。

多层形：有 740mm×600mm、920mm×610mm 和 1240mm×790mm 三种。

两轮形：有 900mm×400mm、1100mm×450mm 和 1500mm×450mm 三种。

此外，物流笼车也是手推车之一。笼车主要用于配送发货之前的集货用。为此，在设计上要求空间大、存放货品多，一般高度为 1.7m 以上，并可折叠，便于空笼车回送。

5. 自动导引车（AGV）

AGV 是能够自动行驶到指定地点的无轨搬运车辆。根据美国物流协会定义，AGV 是指装备有电磁或光学自动导引装置，能够沿规定的导引路径行驶，具有小车编程与停车选择装置、安全保护以及各种移载功能的运输小车。AGV 是现代物流系统的关键装备，外形如图 5-44 所示。

图 5-44 自动导引车（AGV）

6. 牵引车

牵引车是牵引一组无动力台车的搬运车辆。牵引车作业时，台车的物料装卸与牵引车的运行可交叉进行，且可牵引一组台车，从而提高物流效率。按作业场所的不同，牵引车可分为室内牵引车和室外牵引车两种。室内牵引车为实心车轮，直径较小，适用于室内平坦路面。室外牵引车为充气轮胎，直径较大，适用于室外不平道路。

综上，物品为短距离高密度流量时，采用叉车或抓举机等复杂的搬运设备；物品为短距离低密度流量时，采用手推车之类的简单搬运设备；物品为长距离高密度流量时，采用AGV和自动输送机等复杂设备；物品为长距离低密度流量时，采用如动力托板车之类的简单运输设备。

5.6.4　拣选分拣设备

拣选分拣作业是物流配送中心业务量最大、劳动强度最大、出错率最高的作业。近年来，出现了许多不同类型、不同层次的拣选系统，以适应各种情况的拣选分拣要求。其分类具体如下。

1. 一般拣货设备

一般拣货设备分为两种情况，一种是人至物的拣货设备，即物品固定，拣选人员到物品所在位置进行拣选作业；另一种是物至人的拣货设备，即拣选人员拣选位置固定，等待拣货设备将物品搬运到拣货位置。

2. 计算机辅助拣货系统

在进行人工、机械或自动拣货作业时，大多要借助计算机辅助拣货系统（CAPS）。此系统包括数据采集装置、有线数据传输装置、无线发射器、转接器、无线接收器、存取数据显示器、计算机等设备。

电子标签拣货系统为有线数字传输显示拣货系统，是计算机辅助拣货系统最常用的方式之一。

射频拣货系统是无线数字传输显示拣货系统，与电子标签拣货系统的功能相同，当输入、输出端（操作者或作业设备）没有固定的位置，在一定的局域内（如仓库、车间）随机性变动时，为传递拣货数据信息，可采用无线网实时进行信息传递和管理。

3. 自动分拣系统

自动分拣系统是将随机的、不同类别的、不同去向的物品，按其要求自动进行分类

（如按物品类别或按配送目的地）的一种物品分类和搬运系统。

按照分拣装置的不同，自动分拣系统可分为以下几种形式。

（1）滑块型分拣机。它通过条板输送机和装在条板上的滑块在条板上左右滑动进行分拣商品。滑块下部用销子与条板下的导向杆连接，通过计算机控制。如图5-45所示。

图5-45　滑块式分拣系统

（2）浮出型分拣机。这是将物品从输送机上托起，并引导出主输送机的分拣设备。按分离方向可分为直角式和斜角式（一般是30°~45°）；按分拣装置可分为胶带式和辊筒式。

（3）推出型分拣机。它由主输送机和附在主输送机上的侧推装置组成。当物品到达分拣位置时，汽缸侧推机直接推挡物品，强制物品离开主输送机进入分流输送线。推出型分拣机装置简单，价格不高，分拣精确可靠，但物品包装必须结实，底面要平，速度不高，一般为1000~1200件/小时。

（4）倾翻型分拣机。倾翻型分拣机分为倾斜式和翻盘式两种。倾斜式将被分拣的物品放置在沿特殊条板输送机运行的条板上，到达分拣口时，条板一端升起，使条板倾斜将物品移离输送机。翻盘式分拣机由一系列盘子或台车组成，盘子为铰接结构，到达分拣口时，盘子倾斜，将物品翻倒在旁边的道口中。倾翻型分拣机可立体布局，适用于大批量产品的分拣，并具有可靠耐用和易维修保养等特点。

（5）挡板型分拣机。被分拣的物品放置在沿轨道运行的钢带式或链板式输送机上，转动挡板使物品沿挡板杆斜面滑到指定位置，以达到分拣物品的目的。挡板一般安装在输送机两侧，只接触物品，不接触输送机平面。挡板型分拣系统具有结构简单、价格较低等特点。

5.6.5 流通加工设备

流通加工设备根据其实现的功能不同可分为包装设备、计量设备、分割设备、组装设备、冷冻设备、精加工设备等。包装设备有填充机、装箱机、液体灌装机、裹包机、拆箱机、封口机、装盒机、捆扎机、标签机、码垛机等；外包装配合设备如订箱机和打带机等设备；印贴标签条码设备如钢印设备；喷印设备和条码列印机等；计量设备如称重机和地磅等设备；等等。图 5-46 至图 5-51 为常用的流通加工设备。

图 5-46　码垛设备

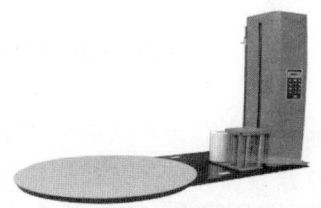

图 5-47　裹包机

图 5-48　拆箱机

图 5-49　称重设备

图 5-50　升降机

图 5-51　油压升降平台

课后思考

1. 仓储系统由哪些要素构成?
2. 拣选作业的大体流程是什么?
3. 自动化立体仓库中的货架选择的依据是什么?
4. 医药配送中心的设施设备规划与一般的物流配送中心有何区别?
5. 针对本章所学到的知识点,分析身边的某一小型或大型的配送中心的优点及不足。

案例分析

A 医药企业物流配送中心的功能区布局规划[①]

A 药业责任有限公司以成为"浙江领先、华东一流、中国知名、管理先进、回报良好、文化卓越"的专业医药分销物流企业为公司的中长期愿景目标。其企业总资产超过 10 亿元,净资产近 4 亿元,注册资本 12600 万元,经营中药、西药、中成药、生化、麻精药品、生物制品、化学原料药、医药中间体、疫苗、医疗器械、日化试剂、玻璃仪器、保健食品等多达 2 万个品规,拥有自主品牌系列产品,经营进出口业务和第三方药品现代物流业务并提供会务、信息咨询服务。为了满足业务量快速发展的需求,该医药企业拟建一个医药物流配送中心。项目用地的东西两侧为其他工业用地,北侧为高速公路,南侧为规划绿地和大道。项目地块的形状近似矩形,其中用于建造该医药物流配送中心的地块总面积约为 18000 平方米,东西方向上长度约为 88.5 米,南北方向上长度约为 203.4 米。在设计拟建医药物流配送中心的布局规划方案过程中,A 药业也提出了以下几点要求。

(1) 合理化。检讨各项作业流程的必要性、合理性,消除不必要的作业步骤,减少系统可能产生的不确定性因素,提高作业效率,降低差错率。

(2) 简单化。使系统明确、简单、易操作、规划合理、实用。

(3) 机械化。提高机械化程度,降低人为错误发生的概率,减少对人工作业的依赖。

(4) 医药配送中心内功能分区明确,作业流程顺畅、运输短捷、交通组织清晰,注重

---

① 王德宝:"医药物流配送中心的布局优化研究——以 A 医药企业为例",大连海事大学硕士学位论文,2015年。

厂区美观、厂区与城市景观的协调统一。

（5）设计功能区布局规划方案时力求紧凑、合理，节约用地，有利于物流运输，并满足消防、安全、环保、卫生、绿化等规范要求。

考虑到医药区里配送中心独有的特点，将拟建医药物流配送中心主要划分为以下几个功能区域。

（1）入库验收区。当药品货物到达仓库时，首先要进到入库区中进行验收，检查货物数量、包装等是否符合要求。若符合要求，则进入下一个环节；否则，进入退货区中。

（2）退货区。在整个配送中心的各个操作环节中，如果产生不符合要求的货物，都将运到退货区中进行暂存，以便下一步的操作。

（3）货架存储区。货架区包括自动化立体库区和整件高位货架区。其中，自动化立体库区主要存储周转速度较快的、存储单元较小的医药货物；整件高位货架区主要存放周转速度较慢的、存储单元较大的医药货物。

（4）地堆区。该区域中只有托盘作为存放工具，存储的货物主要是麻袋货、大宗散货等。

（5）冷藏区。在医药物流配送中心，一些药品是需要低温冷藏存储的。

（6）流通加工。在配送中心的运营过程中，流通加工区是关键的一环，药品等货物根据客户订单的要求需要在此区域进行进一步的操作。

（7）出库集货区。将订单要求的货物集合到出库区进行暂存，等待发货运送到客户手中。

（8）办公服务区。工作人员办公休息的地方。

医药物流配送中心内的通道布置方式，采用的是中枢通道式，即主通道贯穿整个医药物流配送中心的内部，各功能区之间设有副通道便于进行各种物流作业，这种方法可使存储空间得到高效利用。

?思考题

1. 如何进行该配送中心的功能区相关性分析？说明方法及步骤。
2. 功能区的面积大小对其区域设施规划有何影响？

第 6 章　医药配送中心基本作业管理

本章导读

随着人们生活水平的提高以及医药事业的发展,人们对健康问题越来越重视,对医药产品的需求也与日俱增。这种与人们切身利益紧密相关的刚性需求,对医药物流配送体系提出了更高的要求。本章首先介绍医药配送中心的基本作业流程,然后从进货作业、搬运作业、储存保管作业、盘点作业、订单处理作业、分拣作业、补货作业、出货作业等方面详细介绍医药配备中心基本的作业管理,帮助读者对医药物流配送中心的作业管理和相关策略有更多的了解。

知识结构图

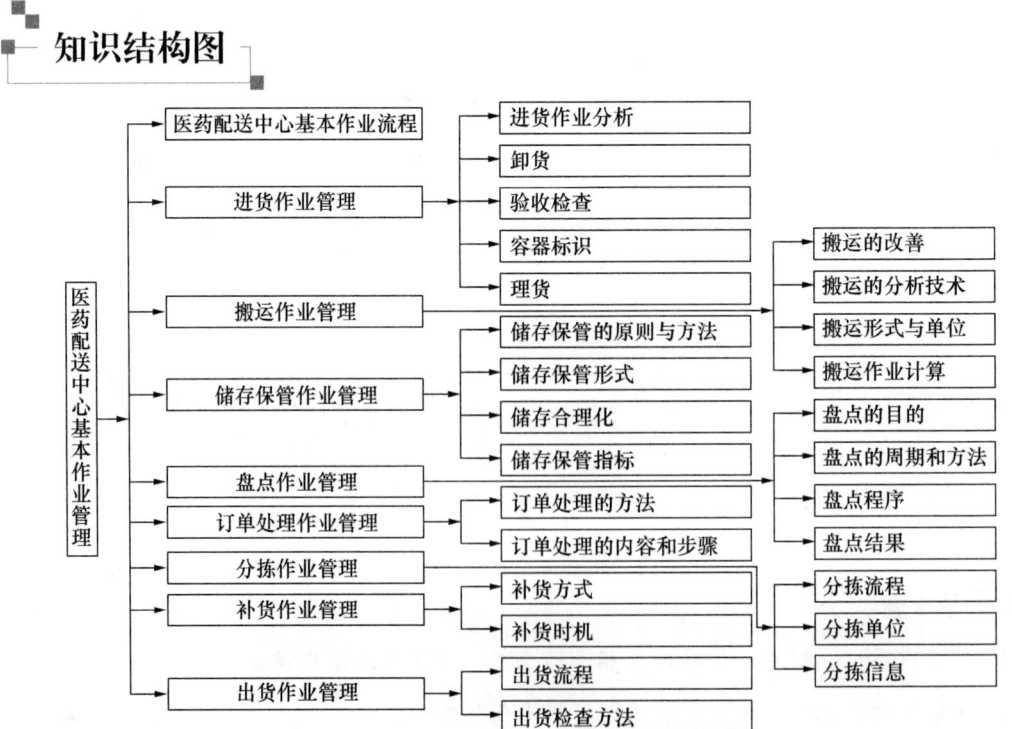

案例导读

S 公司医药物流配送中心作业管理与策略优化

S 公司医药物流配送中心目前具备了一定规模的存储仓库、运输交通工具以及信息化系统，从本质上来讲具备现代医药物流的基本条件。但对它的财务报表的分析结果显示，该公司医药转运和配送环节效率比较低下，分拣和配送环节成本过高，用户的满意度也存在一定的问题。S 公司医药物流配送中心经过自查发现存在的问题主要有：配送时效性不高且错送、漏送的比例过高，拣货信息化和自动化程度有待提高，货物存储方式及数量设置不合理，仓库布局不太合理等。对此，公司从智能硬件系统、智能软件系统以及立体化存储系统方面对医药物流配送中心的作业流程和相关策略进行了改进优化。

具体措施包括以下几点。

（1）升级智能化硬件设备。智能化硬件设备可以有效减轻人员的工作强度，提高操作效率，并能与信息管理系统进行无缝对接，是未来物流系统中必不可少的工具。优化方案中建议增加的智能终端设备包括手持式终端条码识别器、触摸平板式信息显示器、RFID 元件、GPS 定位设备等。

（2）升级用于智能化分拣及库存布局的软件系统。这主要包括两点。

一是智能化分拣系统。该系统主要用于建立智能分拣信息库，将订单信息转化为最合理的分拣信息。

二是智能化库存布局系统。该系统主要用于仓库中各种药品货物存放位置的智能确定。它能根据历史库存和历史拣货数据，利用大数据技术作出最优存储位置的计算。

（3）升级仓库立体化存储体系。仓库的布局需要满足库房面积的有效利用和拣货方便的需求，并且能充分利用立体存储的优势。为了满足立体化存储的需要，补充的具体硬件设施有立体化升降机、桥式堆垛起重机和部分叉车。

立体化升降机主要用于对大宗货物进行立体化存储，将其搬运到较高的存储单元中。桥式堆垛起重机是针对高层货架上存储货物的专用起重机，具有占用场地小、设备轻便的优点，可以实现高层货架物品的高效率搬运。

> 另外，立体化系统中还采用了阁楼式搁板货架，用于存储以周转箱以及原包装箱为包装形式的药品存货，高度也通常与人体功能学比较符合，便于相关人员进行存取工作。

资料来源：徐静："医药物流配送中心作业管理与策略优化研究——以 S 公司为例"，《物流技术》2014 年第 24 期。

6.1 医药配送中心基本作业流程

在了解医药配送中心的基本作业流程之前，先要了解国家关于医药品的一些管理规范。《药品经营质量管理规范》（GSP）作为国家对药品质量控制的管理制度，对药品流通过程中的计划采购、购进验收、储存、销售及售后服务等环节作了详细规定。其核心是通过严格的管理制度来约束企业的行为，对药品经营全过程进行质量控制，保证向用户提供优质的药品。

在现代医药物流配送中心的运转中，不论是机械化的物流作业模式，还是自动化或智能化系统，企业都需要严格遵循国家规范，以此来维护药品市场的正常秩序，保障人民用药安全。当然，除了执行 GSP，企业还要有正确有效的作业方法，这样才能取得最佳的经济效益。

尽管各物流配送中心的业务性质、规模和在供应链所处的地位不同，但其基本作业流程是一致的，如图 6-1 所示。

从图 6-1 所示的基本作业流程来看，医药配送中心的基本作业可归纳为八项，即进货作业、储存保管作业、盘点作业、订单处理作业、拣货作业、发货作业和搬运作业。下面对进货、储存保管、库存管理、拣选分拣、发货等作业进行阐述。

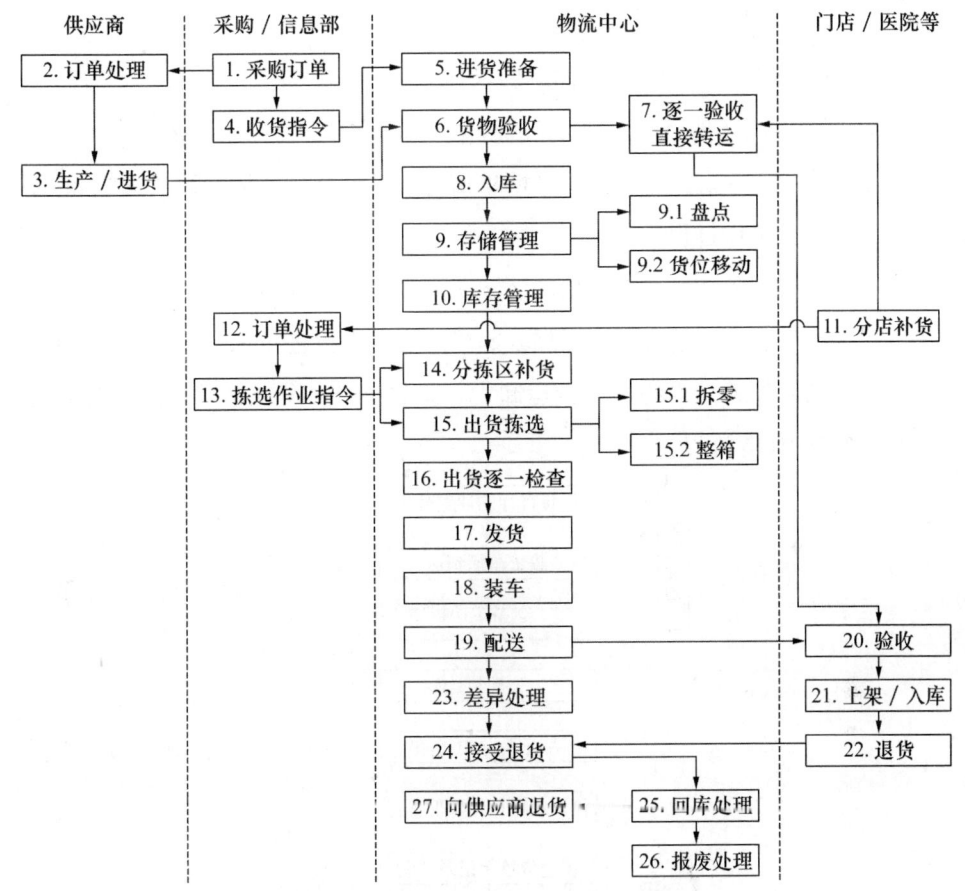

图 6-1 医药配送中心的基本作业流程

6.2 进货作业管理

依据 GSP 第二章第四节的内容，企业在进货时应把质量放在选择药品和供货单位条件的首位，制定能够确保购进的药品符合质量要求的进货程序，且购进的药品应符合以下基本条件。

（1）合法企业所生产或经营的药品。

（2）具有法定的质量标准。

（3）除国家未规定的以外，应有法定的批准文号和生产批号。进口药品应有符合规定的、加盖了供货单位质量检验机构原印章的"进口药品注册证"和"进口药品检验报告书"复印件。

（4）包装和标识符合有关规定和储运要求。

（5）中药材应标明产地。

本小节中的进货作业是指根据药品采购单信息，进行药品接运、卸货验收和办理入库手续等一系列作业的工作过程。

药品接运的主要任务是及时准确地从运输车辆卸载入库药品。当医药配送中心采购部门开出采购单后，进货入库管理员可根据采购单的信息进行进货计划分析。到货后，进货入库管理员要做的工作就是组织药品接运卸货、验收核查、分区编码、理货与登记入库。图6-2所示为进货作业流程。

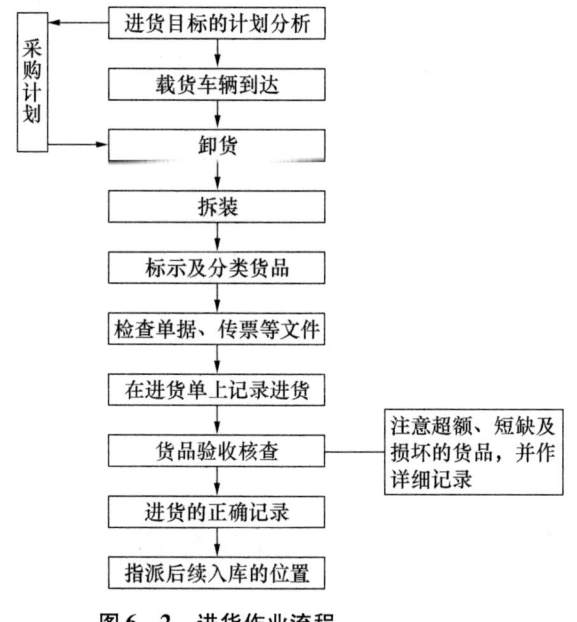

图6-2 进货作业流程

6.2.1 进货作业分析

1. 进货时考虑的因素

进货是医药产品进入物流配送中心的第一阶段，为了使后续作业顺利进行，必须考虑进货相关因素，掌握医药产品资料。

由于医药产品的特殊性，为了确保产品质量，更快更好地服务于销售，在进行医药产品采购之前，必须对供货方（生产企业或经营企业）和首营品种的品质进行审核，签订质量保证协议（直配货品按直配流程）。

物流配送中心进货作业计划制订的依据是采购单。进货计划必须根据采购单所反映的信息，掌握货品到达的时间、品类、数量及到货方式，尽可能准确地预测出到货时间，以便尽早作出卸货、储位、人力、物力等方面的计划和安排。进货作业计划的制订有利于保证整个进货流程的顺利进行，同时有利于提高作业效率，降低作业成本。采购计划应包括药品名称、规格、生产企业、单位和拟购数量等内容。

营销部或采购部在选定供应商、审核其资质时应注意，在与供货方建立关系前必须索要对方的所有资质，同时把公司的资质给对方；然后把供货商资质交给采购部，采购部填写首营企业或首营品种的表格并交给质量管理部审核，审核合格后录入电脑。质量管理部需审核采购部提交的计划是否在公司的经营范围内，电脑信息中没有的品种，要根据计划中的线索（药品名称、生产企业、剂型、规格、单位）到国家市场监督管理总局网站查询并核实，做好新品初步录入工作。

2. 进货准备

在掌握进货货品的品种、数量和到货日期等具体情况的基础上，做好进货准备。这是保证货品平稳有序入库的重要条件。准备工作主要包括储位准备、人员准备、搬运工具准备与相关文件准备。

3. 储存方式

在物流配送中心，储存方式一般有栈板、箱子、小包三种。同样地，卡车进货也有此三种形式。在此，需要考虑如何将进货与储存两种作业的货品货态进行转换的问题。具体分为以下三种状况。

表 6 – 1　　　　配送中心储存方式与卡车进货形式的衔接转换

分　类	包装方式		采取措施
	进货	储存	
进货与储货都以同样形式为单位	栈板 – 栈板 箱子 – 箱子 小包 – 小包		进货输送机直接将货品运至储存区

续表

分类	包装方式		采取措施
储存以小包为单位，进货是以栈板、箱子为单位；或储存以箱子为单位，但进货是以栈板为单位	进货 栈板-小包 箱子-小包 栈板-箱子	储存	在进货点做卸栈或拆装的动作，再拆箱将小包放于输送机上
储存以栈板为单位，但进货是以小包或箱子为单位；或储存以箱子为单位，但进货以小包为单位	进货 小包-箱子 箱子-栈板 小包-栈板	储存	小包或箱子必先堆叠于栈板上或小包必先装入箱子后再储存

此外，要做好进货管理，应先制定可遵循的进货管理标准。主要的进货管理标准包含：订购量计算标准书，有关订购手续的标准，进货日期管理—进货日期跟催，进货日期变更的手续，有关订购取消及补偿手续，对进货源的支付款标准、手续，以及购入合同书等。

6.2.2 卸货

卸货的前提条件是，供货厂家将送货车辆停靠在医药配送中心指定位置，并交验送货凭证、发票和抽样商品。对直接送达医药配送中心的货品，供货厂家在卸货前交验送货凭证、发票和抽样商品，经对方审核后组织卸货。卸货方式有人工卸货、输送机卸货和叉车卸货。

需注意，冷藏处理的药品要搬至冷库待验区并告知采购部，采购部通知验收组优先验收。

6.2.3 验收检查

医药配送中心应当按照规定的程序和要求对到货药品逐批进行收货、验收，防止不合格药品入库。验收检查包括核对单据和入库验收两项工作。

1. 核对单据

进货药品一般具有送货单、采购单、采购进货通知、供货方开具的出仓单、发票、磅码单与发货明细表等单据或相关信息；随货同行单（票）应当包括供货单位，生产厂商，药品的通用名称、剂型、规格、批号、数量、收货单位、收货地址、发货日期等内容，并加盖供货单位药品出库专用章原印章。此外，有些药品可能还有随货同行的质保说明书、检疫合格证与装箱单等。对由承运商转运的药品，接运时还需审核运单，核对药品与单据反映的信息是否相符。

2. 入库验收

入库验收是对即将入库的货品，按规定的程序和手续进行数量和质量的检验，这是保证库存质量的第一个环节，是做好货品保管的基础，也是避免受损货品入库、减少经济损失的重要手段；必要时，更是提出退货、换货和索赔的依据。

货品验收有全检和抽检两种方式，一般在由供货方和接货方所签订的合同中有明确规定。抽检时，应对每次到货药品进行逐批抽样验收，抽取的样品应当具有代表性。且同一批号的药品应当至少检查一个最小包装，但生产企业有特殊质量控制要求或者打开最小包装可能影响药品质量的，可不打开最小包装；破损、污染、渗液、封条损坏等包装异常以及零货、拼箱的，应当开箱检查至最小包装；外包装及封签完整的原料药、实施批签发管理的生物制品，可不开箱检查。验收药品应当按照药品批号查验同批号的检验报告书。供货单位为批发企业的，检验报告书应当加盖其质量管理专用章原印章。检验报告书的传递和保存可以采用电子数据形式，但应当保证其合法性和有效性。

货品验收的内容包括以下几个方面。

（1）品质检验。品质检验也叫质量检查。医药配送中心对入库医药产品进行质量检验的目的是查明其质量情况，以便发现问题、分清责任，确保入库医药产品符合订货要求。检验包括物理实验、化学分析及外形检查等。如冷藏、冷冻药品到货时，应当对其运输方式及运输过程的温度记录、运输时间等质量控制状况进行重点检查并记录。对不符合温度要求的，应当拒收。

（2）包装检验。包装检验是根据购销合同、标准和其他有关规定，对进出口医药产品的外包装和内包装以及包装标志进行检验。包装检验的目的是保证医药产品正常的储运条件。检验依据是国家颁布的包装标准、购销合同和订单对包装规格的要求。

包装检验的作业内容主要有以下几点。

①药品外观的性状检查是在不损坏包装的情况下检查是否正常。

②药品内外包装：主要查看内外包装是否完好，是否出现破损、封口不牢、衬垫不实、封条损坏、标识模糊不清、脱落或污染，包装内是否有异常响动或液体渗透。

③标识主要检查的内容有：查看整件包装是否有产品合格证。

④数量点收，除核对进货单所列项目是否与货品相符外，还可依据采购合同规定的单位，用度量衡工具，逐一衡量其长短、大小和轻重。

⑤对于特殊管理的药品、外用药品，应查看包装的标签或说明书上是否有规定标识和警示说明；处方药与非处方药的标签、说明书应该有相应的警示语或忠告词，非处方药印有专有标识。

⑥对中药材和中药饮片，应检查包装是否完整并附有质量合格的标志；查看中药饮片包装上是否标明品名、产地、规格、发货日期、供货单位；查看中药饮片包装是否标明品名、生产企业、生产日期等。其标签必须注明品名、规格、产地、生产企业、产品批号、生产日期。实施批准文号管理的中药材和中药饮片，在包装上应标明批准文号。

除了以上的一些验收的注意事项，对于进口、生物、血液药等特殊药品的验收我们还需注意如下几点。

①验收进口药品应有《进口药品注册证》或《医药产品注册证》及《进口药品检验报告书》复印件。进口预防性生物制品、血液制品应有《生物制品进口批件》复印件，进口药材应有《进口药材批件》复印件。以上文件应加盖供货单位质量管理机构原印章或企业原印章。

②特殊管理药品应实行双人验收、双人签字，并要求备有检验报告单和所售药品的批准证明文件。

③对验收抽样的整件药品，应加贴明显的验收抽样标记，进行复原封箱。

④首营品种验收时，应有首批到货药品同批号的药品出厂质量检验报告书；对于一些质量可疑的本公司无检验能力的品种，则送至相应的法定检验机构。

在正常情况下，单批来货接到验收通知4小时内验收完，大批量到货在8个小时内验收完，急用品种随到随验，冷藏商品优先验收，1小时内验收完毕。特殊情况与各部门协商延长验收期限。

6.2.4 容器标识

按储存要求将入库的药品放于相应的库（区），并做好分类存放工作。药品注明在阴凉处、凉暗处或20摄氏度以下贮存的,应放在阴凉库,并在存放处做好警示标志;药品注明要冷藏或在2~10摄氏度贮存的,应放在冷库;怕压药品应控制堆放高度,且在醒目处放置警示标志。注意:品名、批号、零货、整货等要分类摆放。

6.2.5 理货

进货与储存的货品装载形式转换,称为理货。即对进货货品进行拆箱、拆柜或堆垛作业,以便于入库。

当进货和储存货物形式相同时,可原封不动地转入储存区;当进货装载形式大,而储存装载形式小时,需要在理货区进行拆装作业;当进货装载形式小,而储存装载形式大时,需要把小包或箱子放在托盘上,即进行码垛再储存。其码垛要求如下:

（1）规范化操作,保证货品安全,便于检查。
（2）码托盘时标志面应向外面。
（3）货品摆放与托盘宽度平齐。
（4）每盘高度不得超过规定高度。
（5）重量不得超过托盘规定承载量。
（6）每盘货品件数、箱数必须标明。
（7）上端用"行李松紧带"捆扎牢固。

6.3 搬运作业管理

搬运就是将不同形态的散装、包装或整体的原料、半成品或成品,在平面或垂直方向进行提起、放下或移动,或是运送、重新摆置,使货品能适时、适量移至适当的位置或场地存放。搬运作业如图6-3所示。

6.3.1 搬运的改善

考虑货品搬运成本时,有两个很重要的原则:一是距离的原则,即距离越短,移动越经济;二是数量的原则,即移动的数量越多,每单位移动成本越低。因此,搬运工作的改善可以从以下五个方面来考虑,如表6-2所示。

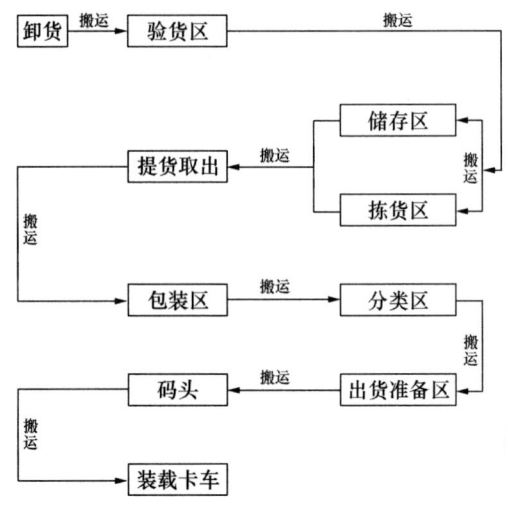

图 6-3 搬运作业

表 6-2　　　　　　　　　　改善搬运的原则与方法

因素	目标	想法	改善原则	改善方法
搬运对象	减少总重量、总体积	减少重量体积	尽量消除搬运 减少搬运量	调整厂房布置
				合并相关作业
搬运距离	减少搬运总距离	减少回程	尽量消除搬运	调整厂房布置
			顺道行走	
		回程顺载	掌握各点相关	调整单位相关性布置
		缩短距离	直线化、平面化	调整厂房布置
		减少搬运次数	单元化	栈板、货柜化
			大量化	利用大型搬运设备
				利用中间转运站
搬运空间	降低搬运使用空间	减少搬运	充分利用三维空间	调整厂房布置
		缩减移动空间	降低设备回转空间	选用合适、不占太多空间、不需要太多辅助设施的设备
			协调错开搬运时机	时程规划安排
搬运时间	缩短搬运时间	缩短搬运时间	高速化	利用高速设备
			争取时效	搬运均匀化
		减少搬运次数	增加搬运量	利用大型搬运设备
	掌握搬运时间	估计预期时间	时程化	时程规划控制

续表

因素	目标	想法	改善原则	改善方法
搬运	搬运手段	利用经济效率的手段	增加搬运量	机械化	利用大型搬运设备
				利用机器设备
			高速化	利用高速设备
			连续化	利用输送带等连续设备
		采用有效管理方式	争取时效	搬运均匀化
				循环、往复搬运
		减少劳力	利用重力	使用斜槽、滚轮输送带等设备

1. 搬运对象

搬运对象是指搬运物的数量、重量、型态，就是要保证在整个作业过程中各节点都能收到正确且适量、完好的货品，同时使搬运设备能对应搬运的货品量，以免徒增设备产能耗费。

2. 搬运距离

搬运距离是指搬运的位移及长度。位移包括水平、垂直、倾斜方向的移动，长度则指位移的大小。良好的搬运即运用最低成本、最有效方法来克服搬运位移、长度，以较快的速度将所需物件送到指定的位置。

3. 搬运空间

物料、搬运设备皆占空间，所以在规划时必须预留足够的搬运空间。

4. 搬运时间

时间的意义包括两种：搬运过程中实际耗费的总时间和完成任务的预期时间。要使这两个时程控制在规划之内，就必须配以适当的机具及运作方式，以避免过快或不及时的情况出现。

5. 搬运手段

要使搬运实现有效的移动，利用有效的空间，掌握有效的时间，就必须采用适当的搬运手段。对于手段的运用，应遵循经济、效率两大原则，并在其中谋求平衡点，才能满足对内、对外高度的需求。

6.3.2 搬运的分析技术

货品搬运可从四个方面来分析:过程、起讫点、货品流量、搬运高度。

1. 过程分析

过程分析的主要目的是观察收集货品由进货到出货的整个过程中的资料,以及在作业过程中的相关信息和相配合的设备情况。过程分析要考虑整个过程,一次只能分析一种产品,或一类材料,或一项作业。过程分析主要通过过程图的运用将作业情况表示出来,而后对现况进行改善。

下面以电磁波治疗仪的进货入库过程为例说明过程分析的方法(见表6-3)。

表6-3　　　　　　　　　电磁波治疗仪进货入库过程

货品名称及单位	活动符号	描述	每载重量(磅)	每次运送次数	距离(米)
1. 电磁波治疗仪(整栈)		进货存放于码头月台			
2. 电磁波治疗仪(整栈)		以堆高机搬运至暂存区	360	3	5
3. 电磁波治疗仪	○	卸栈、拆箱			
4. 电磁波治疗仪(每盒)	□	数量、品质加工			
5. 电磁波治疗仪(每盒)		有输送机运送至加工区	2	540	20
6. 电磁波治疗仪(每盒)	○	流通加工			
7. 电磁波治疗仪	○	重包装			
8. 电磁波治疗仪(箱)		由输送机运至储存区	12	90	30
9. 电磁波治疗仪(整箱)		入库储存			

注:○表示作业,□表示检验。

2. 起讫点分析

与过程分析不同的是,起讫点分析不需要观察过程中的每一状况,而是从每一次搬运之起点及终点，或是以各站固定点为记录目标，来对搬运状况作分析。因而此项分析有以下两种不同的方法。

（1）路线图表示法：每次分析一条流通路线，观察并收集每一移动的起讫点资料，以及在这路线上各种不同货品流通的状况。

（2）流入流出图表示法：观察并记录流入或流出某一地区的各种移动状况。

起讫点分析中的路线图是探讨每一路线中货品移动的状况，其一般格式如表6-4所示。

表6-4　　　　　　　　　　路线图

从_____　　制图员_____　　编　号_____
到_____　　日　期_____　　页　数_____

货品类别		路线情况　距离_____		流　量			
序号	类别代码	起点时间	经过路线	终点时间	数量	过程时间	流量强度

注：流量强度指单位时间内的流量。

路线图适用于路线不多的场合。若路线很多时，最好使用流入流出图来描绘不同货品在某一区域的流入流出情形，其格式如表6-5所示。

表6-5　　　　　　　　　　流入流出图

制图员_____　　编　号_____
区　域_____　　日　期_____　　页　数_____

货品代码	流　入			流　出			货品代码
	每天数量		到作业区域	从作业区域	每天数量		
	单　位	数量			单　位	数量单位	

3. 货品流量分析

货品的移转往往呈现不规则的方向，为追求时效，规划管理者必须尽量使所有移转工作都能以最简捷方法在最短距离内完成。货品流量分析就是将整个移转路径概略绘出，来观察货品移动的流通形态。其使用的方法可分两类。一类是部门间直线搬运法。它是假设各部门间的直线流通并无障碍，以直线距离来作流量分析。此法与实际状况会有一些差距。另一类是最短路径搬运法。这是模拟实际搬运作业的方法，通常借电脑来协助处理。运用这一方法可得出各单位间的最短搬运路径、各路径的货品流通量以及在各配送计划下的总搬运量。管理者可参考这三项结果达到改善搬运的目的。如图6-4所示。

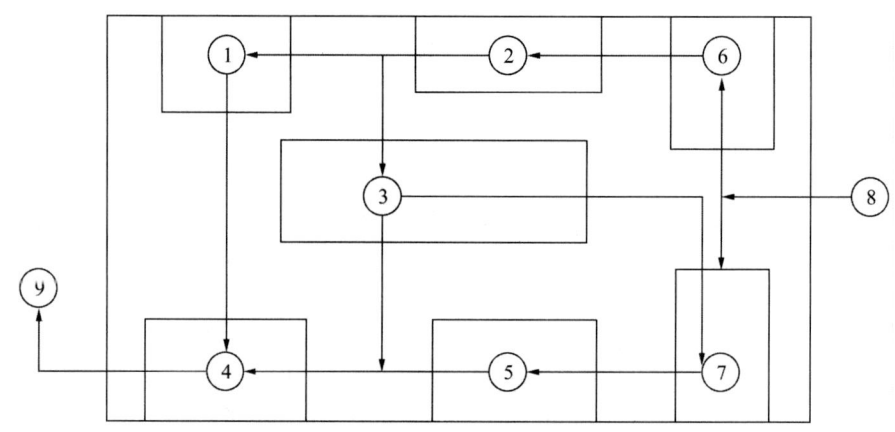

图 6-4　最短路径搬运法模拟的货品流量

此外为求得更精确的结果，在进行货品流量分析时也可以货品流量分析表的形式来协助计算（见表6-6）。

表 6-6　　　　　　　　　　货品流量分析

起讫（群分）	货品流量	搬运路径	各条路径代号	总流量计算
＿＿＿至＿＿＿				
＿＿＿至＿＿＿				
＿＿＿至＿＿＿				
＿＿＿至＿＿＿				
＿＿＿至＿＿＿				
＿＿＿至＿＿＿				
＿＿＿至＿＿＿				

4. 搬运高度分析——现状展开图分析法

搬运高度上下变动,如将物品抬高、倾斜、拉下等,很容易消耗时间与人员体力,因而厂房、设备等的配置尽可能水平规划。在搬运高度分析上,我们可先依目前设备、设施、搬运用具等的配置画出现状的展开图,如图6-5所示。在这张展开图里,最好能将各有关事项逐一记载,如搬运手法、人员、场所的情形、设备名称等。再对此图进行调整,制订水平配置计划,图6-6便是改良后的高度展开图。最简单的水平调整方式是使用台子的设计将机械设备垫高,让货品能依大体上一致的高度移动,使上下坡的搬运情形减少。

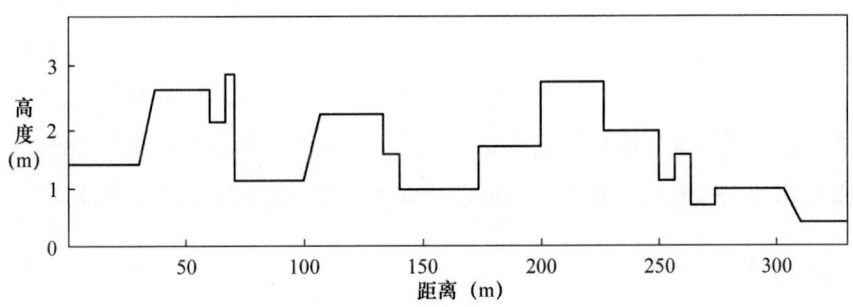

图6-5 搬运现状高度展开图示

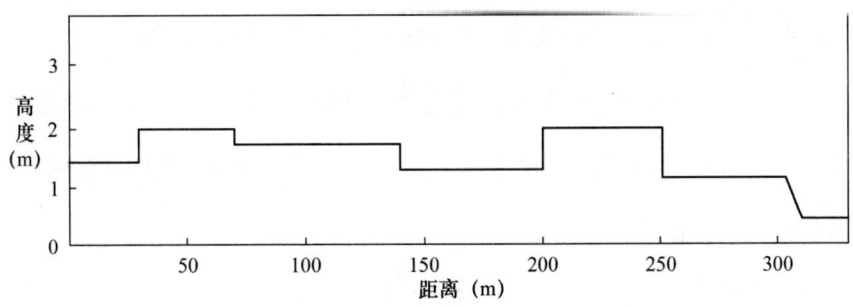

图6-6 调整后的搬运高度展开图示

6.3.3 搬运形式与单位

1. 搬运形式

搬运形式直接影响医药配送中心的作业效率。是否重复行走、是否货品合并运送,都是管理者作决策时必须考量的因素。因而要配合设备的使用及线路的规划,决定货品究竟要采用何种形式的搬运。此外,若配合距离、流量考量成本来选择搬运设备,其选择依据如表 6-7 所示。

表 6-7　　　　　　　　　　选择搬运设备的依据

	高密度流量	低密度流量
短距离	复杂搬运设备，如叉车、抓举设备	简便搬运设备，如手推车
长距离	复杂运输设备，如无人搬运车、输送机等无须人工操控的设备	简便运输设备，如动力托板车

2. 搬运单位

货品移动的基本单位有三种：散装、个装和单元包装。散装是最简单的货品搬运方法，每次的运送量较大，但散装搬运较容易破坏货品或造成边缘的损坏，应特别注意。

个装往往是体积很大的物品的移动，往往需要大型搬运机或辅助设施。个装也可累积到某些单元数量后再运，如栈板、笼车、盒子与篮子等都是单元载重。单元载重的好处在于可以保护货品并降低每单位的移动成本及装卸成本，让搬运作业运行更加经济。

单元包装是标准化的形式，其大小、形态与设计都要一致，才能节省成本。

6.3.4　搬运作业计算

1. 货品搬运设备数量的决定

搬运作业过程中所需搬运设备的数量，要事先计算，最简单的公式是：

$$机器数 = \frac{每天总承载时间}{工作小时} \times 使用系数 \qquad (6-1)$$

使用系数指一部机器每天使用时间的百分比。这必须考虑机器可能的停顿时间。

2. 搬运系统能力的计算

（1）总运送能力计算。

$$运送能力 = 物流速率 \times 运送长度$$

$$总运送能力 = \sum 运送能力$$

其中，物流速率为每单位时间搬运的货品量；运送长度为搬运的距离。

（2）搬运效率的计算。

$$EH = \frac{\frac{LD}{VC}}{\frac{LD}{VC} + TH + \frac{LE}{VC}} \times FT \qquad (6-2)$$

式（6-2）中，LD/VC 表示负载时间，LE/VC 表示空载时间。

其中，LD 为运送长度；VC 为搬运设备之速度；LE 为空运长度——搬运设备空转的长度；TH 为装卸时间；FT 为交通因素——搬运流通或阻碍的因素；EH 为搬运效率。

（3）搬运系统能力计算。

$$货品搬运系统能力 = \frac{总运送能力}{搬运效率} \quad (6-3)$$

3. 购置搬运设备的成本效益考虑

在购置搬运设备时，还要考虑设备的购置成本、每年折旧额、维护修理费用、利息、税捐、操作员薪资及设备残值等。若有关的成本因素可预先估计，则对于不同类型的设备，可以利用下面计算投资现值的模式，选择最佳的设备。公式如下：

$$PW = I + C(PWF) - S(PWF')$$
$$= I + C\left[\frac{(1+r)^{n-1}}{r+(1+r)^n}\right] - s\left[\frac{1}{(1+r)^n}\right] \quad (6-4)$$

式中：PW 为在使用年限 n 年中的现值；I 为最初投资额；C 为每年运营成本；PWF 为按期定额支付的现值因素；PWF' 为一次支付的现值因素；S 为在 n 年时设备的残值；r 为投资报酬率；n 为设备使用年限。

6.4 储存保管作业管理

储存保管作业的主要任务在于保护、储藏和对所存货物进行控制管理。与运输相对应，储存保管是以改变"物"的时间状态为目的的活动，从而消除产需之间的时间差异，获得更好的效用。在物流系统中，储存与运输是并列的两大功能，被称为物流的两个支柱。

6.4.1 储存保管的原则与方法

1. 储存原则

在储存医药产品时，应该遵循以下原则。

（1）靠进出口原则：即刚到的医药产品储存在同一储区距离出口最近的空储位上。

（2）先进先出原则：即在时间安排上，先入库的医药产品应优先出库。这是医药配送中心管理的基本原则。对于保质期短的药品更为重要。

（3）同一性原则：即把同一种的医药产品存放在同一保管储位。

（4）类似原则：即把类似的医药产品储存于相距较近的储位。

（5）相容性原则：即相容性低的医药产品不可以储存在一起，以免影响药品品质。

（6）相关性原则：即相关性大的医药产品储存于相邻储位。

（7）高周转优先原则：即按医药产品在仓库中的周转率来安排储位。周转率高的尽量储存在接近出货区或仓库储位较低的区域，周转率低的尽量远离进货区、发货区或储存在仓库储位较高的区域。

（8）堆高原则：即为了提高医药配送中心的空间利用率，能用托盘堆高的医药产品尽量用托盘储存。

（9）面对通道原则：即储存的医药产品应正面面对通道，便于识别条码、查看标记和名称。

（10）产品尺寸原则：为了有效地利用空间，在布置医药产品时必须知道其单位大小和相同产品的整批形状。

（11）重量特性原则：即按医药产品重量来安排储位高低。重者置于地面或货架下层，轻者置于货架上层。

（12）产品特性原则：即易燃易爆者储存于有防火设备的空间，易窃者储存于加锁之处，易腐者储于冷冻之处，易污者加套储存等。

除了以上原则，由于药品本身的特性，我们还需注意以下方面。

（1）药品按温度、湿度要求储存于相应的库中。

（2）在库药品均应实行色标管理。

（3）搬运和堆垛应严格遵守药品外包装图示标志的要求，规范操作。怕压药品应控制堆放高度，定期翻垛。

（4）药品与仓间地面、墙、顶、散热器之间应有相应的间距或隔离措施。

（5）药品应按批号集中堆放。有效期相近的药品应分类集中存放，按批号及有效期远近依次或分开堆码并有明显标志。

（6）药品与非药品、内用药与外用药、处方药与非处方药之间应分开存放；易串味的药品、中药材、中药饮片以及危险品等应与其他药品分开存放。

（7）麻醉药品、一类精神药品、医疗用毒性药品、放射性药品应当专库或专柜存放，双人双锁保管，专账记录。

2. 储存方法

合理的储存策略可以减少出入库移动的距离、缩短作业时间，甚至能够充分利用储存空间。储存有四种方法：定位储存、随机储存、分类储存和分类随机储存。这四种方法的比较如表6-8所示。

表6-8　　　　　　　　　　储存方法比较

分类	优点	缺点	使用范围
定位储存	①每项货品都有固定储放位置，拣货人员容易熟悉货品储位 ②货品的储位可按周转率大小（销售快慢程度）安排，以缩短出入库搬运距离 ③可针对各种货品的特性作储位的安排调整，将不同货品特性间的相互影响减至最小	储位必须按各项货品的最大在库量设计，因此储区空间平均的使用效率低	厂房空间大，多种少量商品
随机储存	由于储位可共用，因此只要按所有库存货品最大在库量设计即可，储区空间的使用效率较高	①货品的出入库管理及盘点工作困难度较高，周转率高的货品可能被储放在离出入口较远的位置，增加了出入库的搬运距离 ②具有相互影响特性的货品可能相邻储放，造成货品的伤害或发生危险	厂房空间有限、尽量利用储存空间，存放种类少或体积较大的货品
分类储存	①便于畅销品的存取，具有定位储放的各项优点 ②各分类的储存区域可根据货品特性再作设计，有助于货品的储存管理	储位必须按各项货品最大在库量设计，因此储区空间平均的使用效率低	产品相关性大者，经常被同时订购；周转率差别大者，产品尺寸相差大

续表

分　类	优　点	缺　点	使用范围
分类随机储存	可吸取分类储放的部分优点，又可节省储位数量、提高储区利用率	货品出入库管理及盘点工作困难度较高	兼具分类储放及随机储放的特色，需要的储存空间量介于两者之间

6.4.2　储存保管形式

1. 按货物量的大小分类储存

按照货物量的大小，储存形式有四类。

（1）大批储存：一般指 3 个栈板以上的存量。大批储存皆以栈板运作，多采用地板积存或自动仓库储存。

（2）小批储存：指小于 1 个栈板的储存，一般以箱为出货拣取单位。在储存区的小批量物品一般被存放于栈板料架、棚架、贮物柜等。

（3）中批储存：一般指 1-3 个栈板的量，可以栈板或箱为出货拣取单位。多采用栈板料架或地板堆积的方式储存。

（4）零星储存：指小于整包货物量的储存。在零星区或拣选区使用棚架储存。

2. 按储存设备分类储存

按储存设备，可将储存保管分为四种。

（1）地板堆积：即用地板直接支撑储存货物，把货物放在托盘上，托盘置于地板上。货物堆积排列有行列堆积和整区堆积两种。行列堆积就是在堆积的托盘之间留有一定的通道，以便搬运托盘时畅通无阻。整区堆积是指每一行每一列堆积的托盘之间不留通道，适合储存大量同类产品。

（2）货架堆积：即将货物置于货架上储存。货架储存的优点是存取比较方便。货架有两面开放式和单面开放式之分。两面开放式货架的前后两面均可用于储存和拣选作业，最适于先进先出的货物；单面开放式货架只有一面可供储存和拣选之用。

（3）储物柜储存：储物柜一般是背对背地安放或一排靠墙放置，一般用于储存形状不规则及长时间储存的物品。储物柜可拆装和搬运，便于调整储存空间。

（4）自动化立体仓库：自动化立体仓库集储存、拣选和在库管理于一体，效率高、出错率低、节约空间，是现代物流的标志之一。近年来，我国的自动化立体仓库的建设规模和需求数量都有了明显提高。

6.4.3 储存合理化

储存功能是对需求的满足，实现被储存物品的"时间价值"，这就必须有一定的储量。医药配送中心管理的核心在于怎样合理储存医药产品，即在保证配送的前提下用最经济的方法实现储存功能。

1. 储存量合理

这有两方面要求：一方面，在新的药品到货之前，要能够保证此期间药品正常配送供应的数量；另一方面，在保证功能实现的前提下，储存要有一个合理的数量范围，超出一定范围的储存数量是有害而无益的。

2. 储存结构合理

储存结构是指不同规格、不同种类药品储存量的比例关系。判断储存合理性时，相关性很强的各种药品的比例关系更能反映储存合理性。由于这些药品之间的相关性很强，一旦一种药品出现缺货，其他药品也可以替代。所以，如何适应市场变化的需要，适时调整药品的品种与规格，是医药配送中心经营者必须经常关注和研究的问题。

3. 储存时间合理

储存时间一方面受销售时间的影响，另一方面又受所储物品物理、化学、生物性能的影响。医药配送中心要在保证储存功能的前提下，寻求各种药品合理的储存时间。

4. 储存条件合理

储存条件一定要在恰当范围内，条件过剩或不足都会使储存效益下降。医药配送中心在储存医药产品时要注意这一点。

6.4.4 储存保管指标

医药配送中心要合理地设置设施空间（面积、容积）、库存效益等方面的指标。

1. 储区面积率

$$储区面积率 = \frac{储区面积}{物流配送中心建筑面积} \quad (6-5)$$

通过式（6-5）可以比较储存保管的空间利用率是否合理。一般情况下，除卸货平台外，仓储区和物流作业区是医药配送中心的主要功能区，医药产品的进货受理、入库储存、库存管理、出库拣选、流通加工、集货发货等作业均在这里进行。仓储区和物流作业区一般为占地面积的30%~40%。

2. 保管面积率

储位通道规划是否合理，一般采用保管面积率来评定，即：

$$保管面积率 = \frac{可保管面积}{储区面积} \quad (6-6)$$

3. 储位容积使用率和单位面积保管量

$$储位容积使用率 = \frac{存货总体积}{储区面积} \quad (6-7)$$

$$单位面积保管率 = \frac{平均库存量}{可保管面积} \quad (6-8)$$

利用式（6-7）和式（6-8）可判断货架储位指派是否合理，有效利用储位空间。

4. 平均每品种所占储位数

$$平均每品种所占储位数 = \frac{货架储位数}{总品种数} \quad (6-9)$$

利用式（6-9）可以计算每储位保管品种的多少，从而判断储位管理是否得当。平均每品种所占储位数若能为0.5~2个，即使无明确的储位编号，也可以较为迅速地存取货品，就不会造成储存、拣货人员找货的困难，也不会产生同一品种库存过多的问题。

5. 库存周转率

$$库存周转率 = \frac{发货量}{平均库存量} \quad (6-10)$$

利用式（6-10）可以评判公司的运营业绩，并可衡量现货存量是否得当。库存周转率越高，库存周转期越短，表示用较少的库存能够完成同样的工作，这样可使积压在存货上的资金减少。换句话说,资金的使用率高,利润也会因库存周转率提高而增加。

6. 库存掌握程度

$$库存掌握程度 = \frac{实际库存量}{标准库存量} \quad (6-11)$$

这是货品库存率,可供在库管理参考。若库存掌握程度远大于1,表示实际库存量超出原先预设的标准库存量。造成这种情况的原因有两点:一是标准库存量定得太低,未参照实际情况;二是实际库存量太高,存货未能进行有效的控制与管理。若库存掌握程度约等于1或小于1,表示库存控制在预期范围内。若此时库存周转率指标太小,则表示公司实际库存相对于发货量仍太高,因此,可判断现行标准库存量定得太高。

7. 呆废料率

$$呆废料率 = \frac{呆废料件数}{平均库存量} 或 \frac{呆废料金额}{平均库存金额} \quad (6-12)$$

式(6-12)用来判断物料或资金积压的情况。一般来说,若物料停滞仓库的时间超出了其周转期,就可视为呆废料。

6.5 盘点作业管理

在医药配送中心运行过程中,医药产品不断地进库和出库,账面库存数与实际库存数不一致的情况时有发生;另外,有时有些医药产品长期存放,导致品质下降,不能满足客户需要。为了有效地掌握医药产品的实际数量和质量,必须定期或不定期地对各储存场所进行清点核查作业,也就是盘点作业。

6.5.1 盘点的目的

1. 检查医药产品与账卡的一致性

多记、误记和漏记,或者医药产品损坏、丢失、验收与出货时清点有误,或者盘点方法不对,产生误盘、重盘和漏盘等,都会导致实际库存量与记录不符。盘点可以确定医药产品的实际库存数量,并通过盈亏调整使库存账面数量与实际库存数量一致。

2. 确认企业损益

众所周知,企业的损益与总库存金额有极为密切的关系,而库存金额与医药产品库存量及单价有关。为了准确地计算出企业实际损益，必须进行医药产品的盘点。

3. 核实管理成效

通过盘点可以发现作业与管理中存在的问题，并通过解决问题来改善作业流程和作业方式，提高人员素质和企业的管理水平。如通过盘点可发现呆品和废品的处理情况、库存周转率以及医药产品保养维护中存在的问题，以便采取相应的措施进行改善。

6.5.2 盘点的周期和方法

按照盘点时间频率的不同，可分为三种方法。

1. 定期盘点

定期盘点是指在会计核算期末，全面清点所有库存产品的方法。由于要将所有的库存产品依次点完，因此工作量大，要求也相应严格。为了明确责任，防止重盘和漏盘，通常采用分区、分组的方法进行。

2. 不定期盘点

不定期盘点是不确定盘点的日期，而在必要时随时全面清点库存产品。

3. 连续盘点

连续盘点也称为循环盘点或永续盘点，适用于对价值高或重要货品的盘点。这种方法检查次数多，监督更严格。一般在每天、每周期作少量货品的盘点，到了月末，则每项货品完成一次盘点。

6.5.3 盘点程序

盘点作业程序如图6-7所示。

1. 准备工作

准备工作内容为：明确盘点的程序和方法；配合会计决算进行盘点；培训盘点、复盘、监盘人员；让受训人员熟悉盘点用的表单；印制盘点用的表格；结清库存资料。

2. 确定盘点时间

确定盘点时间时，既要防止过久盘点对企业造成的损失，又要考虑医药配送中心资源有限的情况，最好能根据医药配送中心各医药产品的性质制定不同的盘点时间。如：A 类医药产品每天或每周盘点一次；B 类医药产品每两三周盘点一次；C 类医药产品每月盘点一次。盘点日期一般选择在财务决算前夕和营业淡季。

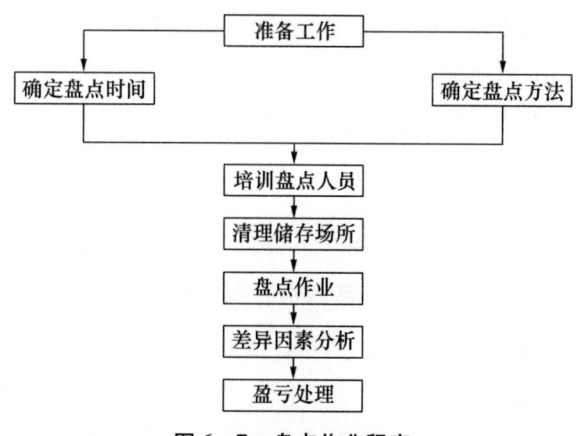

图 6-7 盘点作业程序

3. 确定盘点方法

因盘点场合、需求的不同，盘点的方法也有差异。根据不同的情况，所决定的盘点方法要对盘点有利。

4. 培训盘点人员

人员的培训分为两种。一种是针对所有人员进行盘点方法训练，让他们了解盘点目的、熟悉盘点表格；二是针对复盘与监盘人员进行认识货品的训练。

5. 清理储存场所

具体工作包括：对厂商在盘点前送来的医药产品，必须明确其数目；储存场所在关闭前应通知各部门预领货品；清理储存场地时，预先鉴定呆料、废品、不良品，整理并结清账卡、单据、资料，进行自行预盘，以便提早发现问题。

6. 盘点作业

盘点作业量大，属于重复劳动，容易疲劳。为保证盘点正确性，一方面要加强领导，另一方面要劳逸结合。

7. 差异因素分析

盘点结束后，发现所得数据与账簿资料不符时，应追查差异的主因。可能出现的原因如下。

(1) 记账员素质不高,使医药产品数目记录不准确。

(2) 料账处理制度有缺陷,导致医药产品数目不准确。

(3) 盘点制度的缺点导致货账不符。

(4) 盘点所得的数据与账簿的资料所产生的差异不在容许误差范围内。

(5) 盘点人员不尽责,产生漏盘、重盘、错盘等情况。

8. 盈亏处理

盘点出现差异,应查明原因,提出解决办法。盘点结果的处理方法如下。

(1) 盘盈或盘亏:审查确定后,即转入盘存账户抵销,并更正各有关材料账卡。

(2) 错误:凡发现错误,应当场予以纠正。

(3) 呆废品:一般视为盘亏。

(4) 价格变化:经主管部门批准后利用盘点盈亏和价目增减表格予以更正。

(5) 损耗:参考以往记录或经验,核定后予以调整出账。

6.5.4 盘点结果

可以通过以下六项指标来考察库存管理中存在的问题。

(1) 盘点数量误差 = 实际库存数 − 账面库存数

(2) 盘点数量误差率 = $\dfrac{盘点数量误差}{实际库存数}$

(3) 盘点品项误差率 = $\dfrac{盘点误差品项数}{盘点实施品项数}$

当盘点数量误差率高,但盘点品项误差率低时,表示虽发生误差的货品品项减少,但每一发生误差品项的数量有提高的趋势。此时应检查负责这些品项的人员是否尽责、货品的置放区域是否得当、是否有必要加强管理。相反,如果盘点数量误差率低,但盘点品项误差率高时,表示虽然整个盘点误差量有下降趋势,但发生误差的货品种类在增多。误差品项太多将使后续的更新修改工作更为麻烦,还可能影响出货速度,因此要对此现象加强管制。

(4) 平均每件盘差品金额 = $\dfrac{盘差误差金额}{盘差误差件数}$

如果该指标高,表示高价位产品的误差发生率较大,可能是企业未实施货品重点管理的结果,对企业运营造成不利影响。因此最好的改善方式是实施货品 ABC 分类管理。

(5) 盘差次数比率 = $\dfrac{盘点误差次数}{盘点执行次数}$

如果此项比率逐渐降低，表示不论是货品出入库的精确度或平时存货管理的方式，都有很大的进步。

(6) 平均每品项盘差次数率 = $\dfrac{盘差次数}{盘差品项数}$

若此项比率高，表示盘点发生误差的情况大多集中在相同的品项，此时对这些品项必须提高警觉，要深入寻找出现这些情况的原因。

6.6 订单处理作业管理

订单是医药配送中心发货的依据，订单处理指从接到客户订单到准备拣货为止的作业。订单处理作业是企业实现顾客服务目标最重要的环节之一，是配送服务质量得以保证的根本。

6.6.1 订单处理的方法

1. 人工处理

人工处理具有灵活性和应变性等优点，但只适合少量订单处理，而且速度缓慢，容易出错。

2. 计算机处理

对于要求处理速度快的大量订单，通常采用计算机处理方式。计算机处理不仅速度快、效率高，而且成本较低。

6.6.2 订单处理的内容和步骤

1. 订单内容

为了提高订单信息处理速度，订单内容的设计要实用、简洁。一般可把订单档分为订单表头档和订单明细档，图6-8记录订单整体性信息、订货品项的详细信息，当客户订单被分割或汇总处理时两者之间可借助关键信息来连接，如订单号。医药配送中心可根据订单处理系统的要求自行设计内容与格式，如图6-9所示。

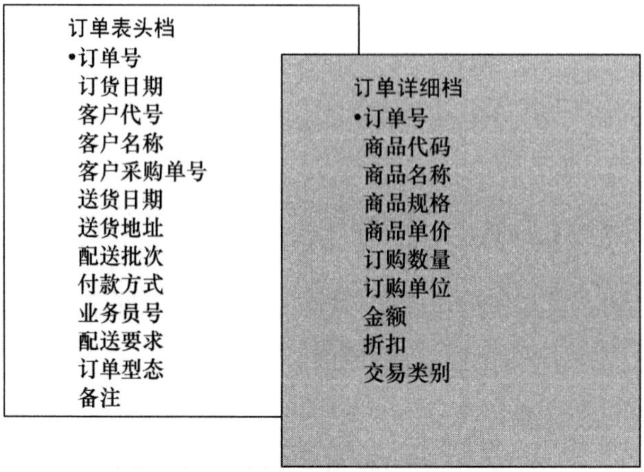

```
订单表头档
• 订单号
  订货日期
  客户代号
  客户名称
  客户采购单号
  送货日期
  送货地址
  配送批次
  付款方式
  业务员号
  配送要求
  订单型态
  备注

订单详细档
• 订单号
  商品代码
  商品名称
  商品规格
  商品单价
  订购数量
  订购单位
  金额
  折扣
  交易类别
```

图 6-8 订单内容

NO：×××018

订货单位：××连锁药店××店					电话：×××××××××			
地址：××市××区××街111号					订货日期：2015年6月18日			
序号	品名	规格	数量	重量	体积cm（长×宽×高）	单价（元）	总价（元）	备注
1	维C银翘片	18片装	20箱					
2	兴华速效	12粒	10箱					
3	感立克	12粒	25箱					
…	……							
				合 计				
交货日期：2015年6月19日下午4：30前								
交货地点：								
订单型态：□一般交易 □现销式交易 □间接交易 □合约交易 □寄库交易 □其他								
加工包装：								
配送方式：□送货 □自提 □其他								
用户信用：□一级 □二级 □三级 □四级 □五级								
付款方式：								
特殊要求：								

制单：　　　　　　　　　　　　　　　　　　　　　　　　　　审核：

图 6-9 某客户订单示例

2. 订单相关档案资料

在处理订单时，可能需要用到某些相关资料，才能使整个订单处理作业一体化，如表 6-9 所示。

表 6-9　　　　　　　　订单相关档案资料说明

序号	相关档案资料	说　明
1	客户资料	实用完整的客户资料，能为配送中心对市场预测作出正确分析，能对配送过程中出现的问题及时处理，提高工作效率与服务水平
2	物品资料	替代性物品、物品价格结构、最小订货单位、单位换算、物品单位体积及物流单位重量等资料
3	库存资料	已采购未入库资料、可分配量、已分配量等资料
4	客户寄存资料	客户因特殊时期大量订购但先寄放在出库中，还未出货的资料
5	流通加工资料	客户要求分装、重新包装等资料
6	客户应收账款资料	

订单处理作业流程如图 6-10 所示。

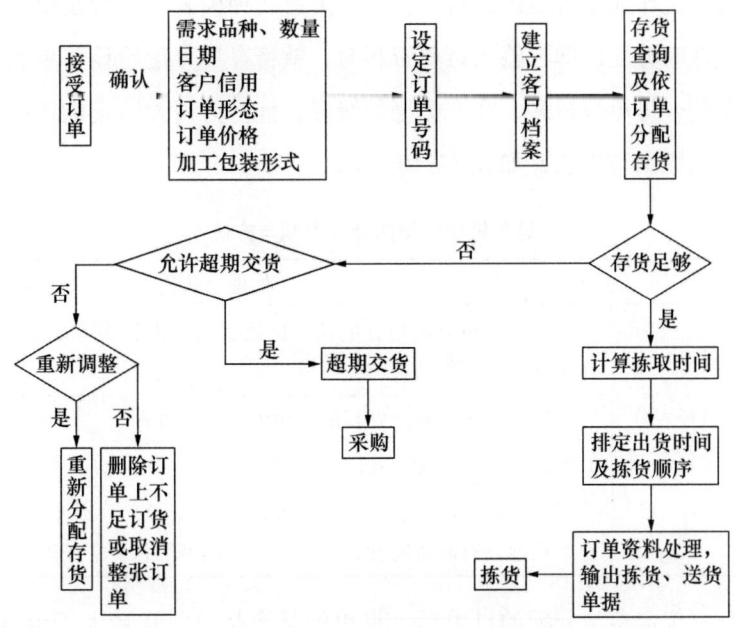

图 6-10　订单处理作业流程

（1）接受客户订单。接单为订单处理作业的第一步骤。配送中心接受客户订货的方式主要有传统订货方式和电子订货方式两种。随着流通环境及科技的发展，接受客户订货的方式也逐渐由传统的人工下单、接单，演变为计算机直接送收订货信息的电子订货方式。

(2) 客户订单确认。这包括：确认货物名称、数量及日期；确认客户信用；确认订单形态；确认订货价格；确认加工包装形式；设定订单号码；等等。

(3) 建立客户档案。将客户信息详细记录，不但能让此次交易更顺利，且有利于以后继续开展合作。客户档案应包含订单处理需要用到的与物流作业相关的资料，包括：客户姓名、代号、收账地址、医药等商品交易等级形态；客户信用额度；客户销售付款及折扣率的条件；开发或负责此客户的业务员；客户配送区域；客户点配送路径顺序；客户点适合的车辆形态；客户点卸货特性；客户配送要求；过期订单处理指示。

(4) 存货查询与分配。存货档案的资料一般包括货品名称、代码、产品描述、库存量、已分配存货、有效存货及期望进货时间等。查询存货档案资料，以提高接单率及接单处理效率。

订单资料输入系统，确认无误后，将大量的订货资料作最有效的汇总分类、调拨库存，以便后续的物流作业能有效地进行。存货分配有两种模式。一种是单一订单分配。这种情况多为线上即时分配，即在输入订单资料时，就将存货分配给该订单。另一种是批次分配。这种情况适合订单数量多、客户类型等级多，且多为每天固定配送次数的情况。订单分批灵活处理的原则与方法，如表 6-10 所示。

表 6-10　　　　　　　　　　订单批次分配的处理原则与方法

批次划分原则	处理方法
1. 按接单时序划分	将整个接单时段划分成几个区段，若一天有多个配送批次，可配合配送批次，将订单按接单先后分为几个批次处理
2. 按配送区域或路径划分	将同一配送区域或路径的订单汇总一起处理
3. 按流通加工需求划分	将需要加工处理或相同流通加工处理的订单汇总一起处理
4. 按车辆需求划分	若配送商品需要特殊的配送车辆（如低温车、冷冻车、冷藏车）或客户所在地具有卸货特性，特殊形态车辆可汇总合并处理

若以批次分配选定参与分配的订单后，订单的某产品总出货量大于可分配的库存量，则可依据具有特殊优先权者先分配、客户重要程度高的优先分配、订单交易量或交易金额对公司贡献度最大的优先分配、信用度较好的客户订单优先处理四个原则来决定客户订购

的优先性。

（5）确定拣货顺序与计算拣货时间。拣货顺序直接影响拣货的效率，它决定了拣货人员行走距离的长短，即拣货时间长短。拣货顺序可依据仓储货位的状况及货物存放的位置来确定。

由于要有计划地安排出货进程，因而要事先掌握每一张订单或每批订单可能花费的拣取时间，计算订单拣取的标准时间，如图6-11所示。

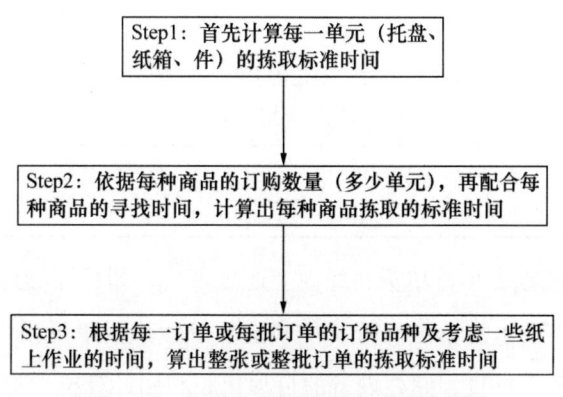

图6-11 订单拣取标准时间的计算步骤

当然，这只是粗略计算，因为总的拣货时间还与拣货人员行走时间、作业熟练程度有关。在保证准确性的前提下，拣货人员应尽可能缩短行走、寻找货物、拣取货物的时间，从而提高拣货的效率。要想缩短时间，就必须选择合理有效的拣货方式和辅助拣货设备。

（6）缺货处理。若现有存货数量无法满足订单需求，且客户又不愿意用替代产品时，则依下列两种方式处理：一种是依客户意愿而定，另一种是依公司政策而定。

在配合客户意愿与公司政策的前提下，对于缺货的处理如表6-11所示。

表6-11　　　　　　　　　　缺货处理方式

缺货处理方式	具体说明
1. 重新调拨	若客户不允许超期交货，而公司也不愿失去此客户订单时，则有必要重新调拨分配订单
2. 补交货	若客户允许不足额的订货等待有货时再予补送，且公司政策亦允许，则采取"补送"方式 若客户允许不足额的订货或整张订单留待下一次订单一同配送，则也采取"补送"处理

续表

缺货处理方式	具体说明
3. 删除不足额订单	若客户允许不足额订单可等待有货时再予以补送，但公司政策并不希望分批出货，则只好删除不足额的订单 若客户不允许过期交货，且公司也无法重新调拨，则可考虑删除不足额的订单
4. 延迟交货	有时限延迟交货：客户允许一段时间的过期交货，且希望所有订单一同配送 无时限延迟交货：不论等多久客户皆允许过期交货，且希望所有订货一同送达，则等待所有订货到达后再出货
5. 取消订单	若客户希望所有订单一同配达，且不允许过期交货，而公司也无法重新调拨时，则只有将整张订单取消

（7）订单资料处理输出。订单资料经由上述处理后，即可开始打印出货单据，以开始后续的物流作业。基本的出货单据有拣货单和送货单。拣货单可提供产品出库指示资料，并作为拣货的依据。随着拣货、储存设备的自动化，利用计算机、通信等方式处理显示拣货信息的方式已取代部分传统的拣货表单，如配有电子标签的货架、拣货台车以及自动存取的自动化立体仓库等。送货单主要是给客户签收、确认的出货资料，其正确性及明确性很重要。

库存分配后，对于缺货的产品或缺货的订单资料，系统应提供查询或报表打印功能，以便相关人员处理。

6.7 分拣作业管理

拣货作业是医药配送中心依据订单要求或配送计划，迅速、准确地将医药产品从其储位或其他区位拣取出来，并按一定的方式进行分类、集中的作业过程。在医药配送中心的各项作业中，拣货作业是整个医药配送中心作业系统的核心。有人将拣货作业称为"出货的第一环节"，也有人称其为物流配送中心的心脏，足见其重要性。合理规划与管理拣货作业，对降低整个配送中心作业成本、提高作业效率和经营效益具有事半功倍的效果。

6.7.1 分拣流程

大多数情况下，每份订单中都有多种产品需求，如何迅速、准确地把不同种类和数量的产品按订单要求集中起来，就是拣货作业的任务。拣货作业的基本流程如图 6-12 所示。

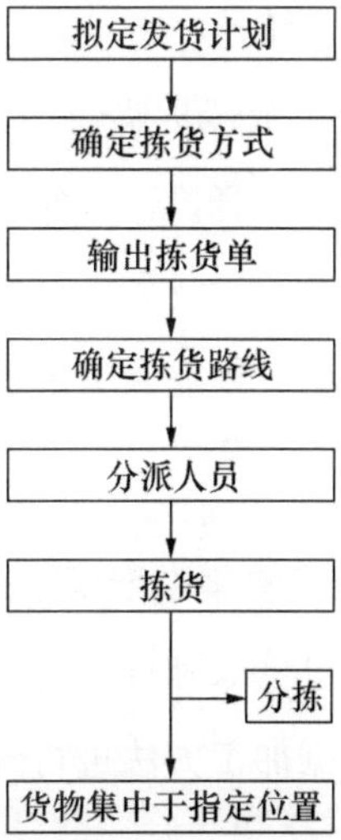

1. 拟定发货计划

发货计划在订单处理时同时生成。配送中心接到订单信息后需要对订单的资料进行确认、库存查询和单据处理，确定拣货方式，根据客户的送货要求制订发货日程，最后编制拣货单与发货计划。

图 6-12 拣货作业基本流程

2. 确定拣货路线

拣货部门根据拣货单所指示的货物编码、储位编号等信息，明确货物位置，确定合理的拣货路线。

3. 分派拣货人员

拣货部门按照明确责任、区域规划、科学分工的原则，合理安排拣货人员进行拣货。

4. 拣货

拣取货物的过程可以由人工或机械辅助作业或自动化设备完成。对于体积小、批量小、搬运重量在人力范围内且发货频率不是特别高的货物，可以采用手工方式拣取；对于体积大、重量大的货物，可以利用升降叉车等搬运机械辅助作业；发货频率高的货物可以采用自动拣货系统作业。

5. 分拣

对于一个现代化的物流配送中心，自动分拣系统是体现其自动化水平的标志之一。

分拣方式一般有以下三种。

（1）人工目视处理。由拣货人员根据订单或拣货单，把订购货品放入已贴好标签的货筐中。

(2) 自动分拣。自动分拣就是利用自动分类设备与计算机识别系统对货品进行分类。自动分拣与人工目视处理对比，具有准确、快速、效率高等特点。目前，国内较先进的自动分拣系统速率可达每小时 7000 ~ 10000 箱。

(3) 旋转货架分拣。旋转货架分拣就是将旋转货架的每一格当成客户的发货筐，分拣时只要从计算机输入各客户代号，旋转货架就会自动将其货筐转至作业人员面前，让其将批量拣取的货物放入货筐。即使没有动力的小型旋转货架，也可作为人工目视处理的货筐，只不过作业人员根据每格位上的客户标签人工行走找寻，以便将货物放入正确的货筐中。

6. 货物集中于指定位置

经过拣取和分拣的货物，根据不同的客户或送货路线集中。有些需要流通加工的产品还需根据加工方法进行分类，加工完毕再按一定方式出货。

6.7.2 分拣单位

分拣单位是指拣货作业中拣取货物的包装单位。可根据拣货包装单位来调整相应的储存和入库产品的包装单位。

包装单位拣货是由订单分析得来的，其分析过程如图 6 – 13 所示。

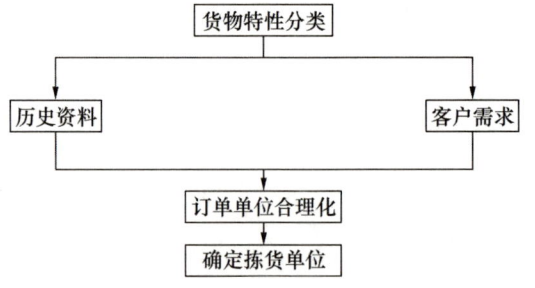

图 6 – 13 拣货单位分析过程

其中，货物特性分类是指将必须分别储存处理的货物依照其物理、化学特性来分类，再由历史订单统计资料与客户对包装单位的要求，与客户协商后将订单上的单位合理化。将订货单位合理化，主要是避免过小的单位出现在订单中。若出现过小的单位，必须进行合理整合，否则会增加作业量，引起作业误差。物流配送作业中拣货包装单位通常有以下四种。

(1) 单件：单件货物包装成独立单元，以该单元为拣取单位，是拣货的最小单位。

（2）箱：由单件装箱而成，拣货过程以箱为拣取单位。

（3）托盘：由箱堆码在托盘上集合而成，经托盘装载后加固。每托盘堆码数量固定，拣货时以托盘为拣取单位。

（4）特殊物品：体积过大、形状特殊，或必须在特殊情况下作业的货物，如桶装液体、散装颗粒等，拣货时以特定包装形式和包装单位为准。图 6-14 所示为物流配送中心货态结构。

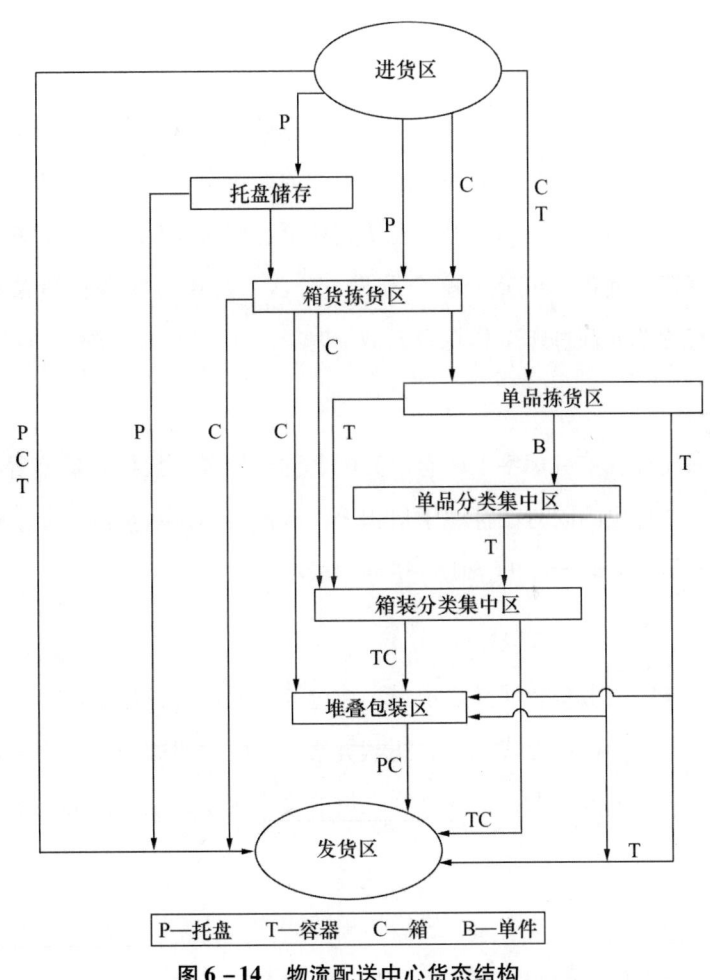

图 6-14　物流配送中心货态结构

6.7.3　分拣信息

分拣信息是拣货作业的指令。分拣信息使拣货人员正确而迅速地完成拣货作业。分拣信息既可通过手工单据来传递，也可通过其他电子设备和自动拣货控制系统传输。

1. 订单传票

订单传票即直接利用客户的订单（分页或影印本）或以公司的交货单来作为拣货指示凭据。这种方法适用于订购品项数少或小量订单的情况，其缺点是此类传票在拣货过程中易受污损，导致作业过程发生错误；产品的储位编号未标识，拣货人员必须靠记忆在储存区中寻找存货位置，耗费人力、时间。

2. 拣货单

指将原始的客户订单输入电脑后进行拣货信息处理再打印拣货单的方式。这种方法避免传票在拣取过程中受污损。检品完成后再使用原始传票查对，可修正拣货过程或拣货单打印发生的错误。产品的储位编号显示在拣货单上，可按路径先后次序排列储位编号，引导拣货员循最短路径拣货，可充分配合分批、分区、订单分割等拣货策略，提升拣货效率；其缺点是拣货单处理打印工作耗费人力、时间。

3. 贴标签

标签可以取代拣货单。标签上印有产品的名称、位置、数量和价格等信息。标签的数量等于拣取量，在拣取的同时贴标签于货物上，以作为确认数量的方式。因货物和标签同步前进，利用扫描器读取产品的条码，错误率极小。

4. 显示器

这种方式是在货架上安装液晶显示器，通过计算机控制，显示该货位应该拣取货物的数量。显示器可以安装在重力式货架、托盘货架、一般货架棚架上。显示器传递方式可以配合人工拣货，防止拣货错误，加快拣货人员的反应速度，提高拣货效率。

5. 条码

条码被贴附在物品或货箱表面，经过扫描器阅读、计算机解码，把"线条符号"转化成"数字符号"，便于计算机进行信息处理。

条码是商品从制造、批发到销售过程中自动化管理的符号。通过条码扫描器自动读取，不但能准确、快速地掌握商品信息，而且提高库存管理精度，是一种实现商品管理现代化、提高物流效率的有效方法。

6. 无线通信

将资料传递器安装在移动设备（叉车或堆垛机等）上，将能接受并发射电波的 ID 卡或标签等信息反应器安装在货品或储位上，当移动设备接近传递器时，传递器即读取反应器上的信息，通过天线由控制器辨识读出，再传至电脑进行控制管理。

7. 计算机随行指示

在堆垛机或台车上安装辅助拣货的计算机终端，在拣货之前把拣货信息输入计算机，拣货人员根据计算机显示和引导，迅速而准确地拣取货物。

8. 自动分拣系统

拣取的动作由机器负责，当电子信息输入自动拣货系统后，自动完成拣货工作，无须人工介入。这是物流拣货设备研究的方向。

6.8 补货作业管理

补货作业的目的是保证拣货区有货可拣。通常以托盘为补货单位，将拣货区需补货物由仓储区搬运到拣货区。

6.8.1 补货方式

补货作业是配合拣货作业的，因此与拣货作业息息相关。补货作业必须保证"有货可补"和"放置在拣货最方便的位置"。一般情况下，配送中心的补货方式有以下两种。

（1）由储存货架区向拣选重力货架区补货。

（2）货物存储二层以上为储存区，底层为拣选区，此时的补货是由上层货架向最低层补货。

6.8.2 补货时机

1. 批次补货

这种补货方式是在拣取之前，一次性补足一天或一批次的拣货量。适合一天内作业量变化不大、特殊追加订货不多的情况。

2. 定时补货

将一个工作日分为若干时间段，在一个时间段内补足所拣货物。这种补货方式比较适合拣货时间固定、追加订货时间也基本固定的情况。

3. 随机补货

这是一种指定专人从事补货作业的方式。这些人员随时巡视拣货区拣货存量，发现不足，随时补货。这种补货方式比较适合拣选量不大、紧急追加订货较多、作业量不易掌握的情况。

6.9 出货作业管理

将拣取分类完成的货品做好出货检查，装入妥当的容器，做好标示，根据车辆趟次或厂商等指示将物品运至出货准备区，最后装车配送。这过程即为出货作业。

6.9.1 出货流程

出货即发货。发货程序一般包括以下几方面的内容。

1. 发货准备

为保证货品能及时、准确地送到客户手中，发货部门应做好货品出库的准备。例如编制发运计划，安排调配装卸机具，预备相应的包装材料及衬垫物，准备钉箱、打包工具等。

2. 核对出库凭证

出库凭证是货品出库的依据。出库凭证的形式有发货单、提货单和调拨单等。发货人员要注意审核出库凭证内容，检查抬头、日期等是否符合要求。

3. 复核货品

按照出库凭证上所列货品的名称、规格、数量和客户，核对发货区实物是否与其一致，检查货品外观是否完好，技术证件（如合格证、质量检验证明书和使用说明书等）是否齐全。

4. 捆包待运

按照集货发运要求，对相应货品进行拼装、换装或加固，并重新标记。这些工作要求封顶紧密、捆扎牢固、衬垫适当、标记正确。

5. 点交和清理

货品经复核无误后，当面向运输人员按单列货品逐件点交，明确责任，办理交接手续。在货品装车时，发货人员应现场监督装车，一旦装车完毕，立即清理现场。发货结束后，发货人员在出库凭证上加盖"已出库"印戳。

6.9.2 出货检查方法

出货检查作业包括将拣取货品依客户、车次对象等做货品号码及数量的核对，及实施货品状态及品质的检验。出货检查最简单的做法是人工检查，也就是将货品逐一核对检查。但对于货品号码及数量核对来说，人工方式费时耗力，效率低下。因此，出于效率及效用来考虑，数量及号码检查的方法有以下几种。

1. 商品条码检查法

这种方法的最大原则就是要导入条码，让条码跟着货品跑。当进行出货检查时，将拣出货品的条码以扫描机读出，则电脑会自动将资料与出货单比对，来检查是否有数量或号码上的差异。

2. 声音输入检查法

声音输入检查法是一项新的技术，是由作业员发声读出货品的名称（或代号）及数量，之后电脑接收声音作自动判识，转成资料再与出货单进行比对。此方式的优点在于作业员只用嘴巴读取资料，手脚仍可做其他的工作，自由度较高。但需要注意的是，发音要准，且每次发音字数有限，否则电脑辨识困难，可能产生错误。

3. 重量计算检查法

它是先利用自动加总出货单上的货品重量，而后将拣出货品以计重器称出总重，再将两者进行比对的一种检查方式。如果能利用装有重量检核系统的拣货台车拣货，则在拣取过程中就能利用此法来检查。拣货员每拣取一样货品，台车上的计重器则会自动显示其重量，可完全省去事后的检查工作，效率及正确性将更佳。

课后思考

1. 简述改善搬运的原则与方法。
2. 如何保证货物存放的安全性？
3. 简述补货方式与补货时机。
4. 如何提高库存周转率？

案例分析

将客户满意度视为使命——Boots 公司药品零售配送中心[①]

总部设在英国诺丁汉（Nottingham）的 Boots 公司是英国历史最悠久的零售连锁店之一。公司成立于 1849 年，提供所有与卫生保健和美容相关的产品和咨询，服务包括美容、配镜、配助听器及药品的销售。公司在世界各地的员工总数为 8 万人，其中约有 55000 人在英国的各分店工作。连锁店的年营业额（包括网上销售）超过 53.3 亿英镑。

药品和化妆品的销售是 Boots 业务增长的核心部分，而这一部分是由 Boots The Chemist（BTC）负责的。拥有 1400 余家分店和 63000 多名员工的 BTC 是该行业在英国的"领头羊"，每一家分店都有自己的配药房为民众提供药品。不过，要快速、可靠地向每家分店提供 4000 余种处方药绝对是一项富有特殊挑战性的任务。1998 年，为了巩固现有的市场地位以及将来的持续发展，Boots 决定投资 1400 万欧元在诺丁汉兴建一个全新的、以最新技术武装的集中式的拣选和配送中心。

1. 配送中心的使命

由于配送中心需要面向多家企业，Boots 首先考虑的是客户满意度。也就是说，每一家分店都必须能够高质量地为客户提供所需药品。而要做到这一点，各分店只能依赖于订单的快速供应，并希望货物到达时数量正确、包装完好。如果 Boots 的分店在下午 6 点前发出一个订单，那么配送中心保证将物品在次日该分店开始营业前送到。要做到配送服务快速流畅，决定性的因素就是保证中心仓库内的精确协调和处理。

[①] 彭丽："英国 Boots 的药品零售配送中心"，《物流技术与应用》2004 年第 6 期。

对于兴建诺丁汉新的"d80仓库",公司将目标最终锁定为建立一个独立的中心库,并建立一个包括2个旧中心库和16个新建地区配送点的供应系统。该中心库应该具备每周拣选和发出超过200万件物品的能力。

这是一个蔚为壮观的项目,因为它覆盖的是范围极广的敏感药品和极高的货物吞吐率,而可靠的拣选(99.97%的拣选准确率)和发货又是其中最为重要的环节。

2. 配送中心解决方案

对于Boots来说,质量、可靠性加上找到一个创造性的一揽子解决方案是项目实施过程中同等重要的考虑因素。面对高要求,Knapp公司运用自己的专业知识设计了一个令人信服的概念性方案,并由此开发出完整的解决方案。

Knapp公司在一块7000平方米的空地上安装了一套有效且可靠的物流系统,将客户要求的所有功能囊括进来,完美地满足了客户需要。利用自身的软硬件和最先进的控制与输送系统,Knapp公司完成了一套为客户量身定制的、能轻松胜任将来任务的、多功能的配送中心。

3. Boots配送中心

接收处理是该配送中心内进行货物处理循环的第一步。接着,将货物放入高架货位中暂存,然后进行拣选和出库前的发货准备。

(1) 接收。码在托盘上的货物进入3条入货线的其中一条,检验合格后由系统接收,并通过无线网络连接到Knapp的WMS中的手持扫描仪,从而将它们录入系统中。货物被重新分装到更小体积的、带有条码的塑料周转箱中,总共有42000个周转箱在系统中循环,用于内部运输的输送机系统将货物输送至高架货架区域及流利式货架区域进行储存。

由于尺寸或特殊储存要求等原因而不能由堆垛机处理的少量物品将被存放于独立的储存区。这些物品主要包括瓶装液体和冷藏物品。

失效日期与批次号也会在接收区域记录到WMS中。这对于医药行业来说是极为重要的,只有通过这种方法才可以保证将合格药品供应到药店中,且在需要时能追踪货品记录。

(2) 周转箱高架库系统。Boots的高架库系统设计有4巷道35000个存储货位。所有存储货位的货物存放/提取操作由4台自动堆垛机完成。堆垛机除了负责完成货物的存放与提取任务外,还负责补货、重新分配货位及库存移出盘点等任务。堆垛机在单个循环内可以同时处理最多2个周转箱。Knapp的物流控制系统与智能的Kisoft Motion软件进行充分互动,保障了货物的储存与提取处理能在最有效的方式下进行。为了充分利用堆垛机的处理能力,储存与拣选处理在不同的时间进行。

(3) 拣选。拣选以两种不同的方式进行:第一种方式是利用 58 个人工拣选站台进行拣选;另一种是使用 3 条 sd-2000 自动拣选线。

人工拣选站台由流利式货架、一套集成的输送机系统以及若干个 RF 终端组成。RF 终端利用无线网络接收传输信息,并为操作者显示信息。拣选站的工作环境以符合人类工程学的原则进行设计。由 Knapp 的 sd-2000 自动拣选机进行的拣选是全自动进行的。装在 2206 条通道中的药品被拣选并输送至系统指定的周转箱中,之后周转箱前往下一个环节。

两个不同拣选系统中的药品由节省空间的流利式货架提供。物流控制系统(WCS)负责将周转箱供应到拣选区域。系统不会把某个周转箱导入没有拣选作业的工作站,因而保证了每小时 1400 个周转箱的吞吐量。

周转箱对应的订单处理完毕后,装有已拣选药品的周转箱将通过一系列检查站,之后进行自动贴标、封装及捆扎。最后,它们会到达发货站。

(4) 出库。订单一旦处理完,周转箱会被自动地视为发货准备就绪。输送系统确保周转箱按它们的目的地进行分组。

两个自动码盘机械手将来自 8 条 Knapp 发货线的周转箱码到准备发货的托盘上。托盘上的货物用薄膜进行加固,并装载到 Boots 的送货(配送)车上。

4. 显而易见的优势

该仓库于 2002 年 6 月投入使用。之前从地区性配送点接收订单物品的零售商业务将被逐渐地转移到新仓库来。

"Knapp 的自动化方案满足了我们设定的预算和项目进度。"Boots 在诺丁汉仓库的总负责人 John Uren 肯定地说。新的自动化物流系统的优点是显而易见的。和以前相比,它最大的不同在于减少了库存,提高了服务水平,精简了人员,并且由于拣选准确率大大提高,客户的满意度也大幅提高。另外,系统还为增加利润提供了一个新的源泉。

思考题

1. Boots 公司建设的配送中心将客户满意度视为其使命,这要求配送中心在规划及作业的时候要考虑哪些因素?

2. "系统还为增加利润提供了一个新的源泉"指的是什么?

第 7 章　医药配送中心成本管理

本章导读

医药行业是世界贸易增长最快的产业之一。但是作为一个成熟的产业，医药行业已经步入微利时代。因为医药产品的储存、搬运、包装、配送、运输等物流费用在企业总成本中占有相当大的比重。因此，有效地管理和控制物流成本成为医药企业获取利润的最有效的手段之一。

在整个物流系统中，配送中心是商流、物流、信息流、资金流的综合汇集地，如何有效地控制和管理好其成本，对于企业的长远发展具有重要意义。本章从医药配送中心的成本构成以及成本核算出发，阐述医药配送中心成本的控制方法。

知识结构图

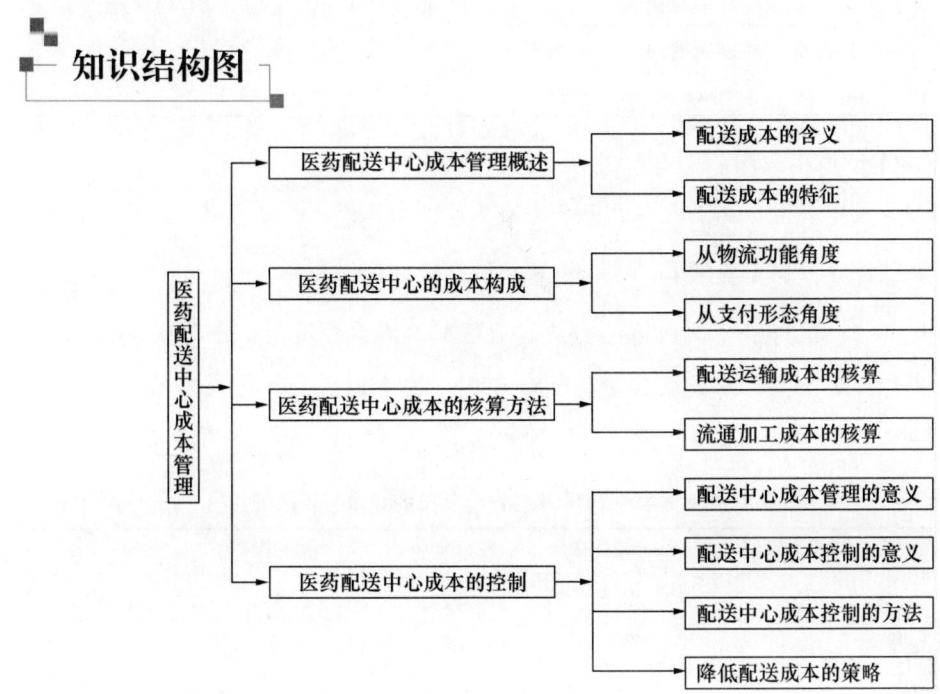

案例导读

××医药配送中心成本计算实例

××医药配送中心占地总面积33000多平方米，分为办公、仓库、运输配送三大块，是一家集储存、保管、养护、包装、配送于一体的多功能大型医药物流企业。仓库由自动立体库、高架库、隔板库、平置库、冷库以及特殊药品库等组成，采用立体、托盘、流利、隔板等现代化标准的货架，以电子标签、射频识别拣选、托盘存储、输送线等现代化设备进行作业，并引进先进的企业资源计划（Enterprise Resource Planning，ERP）和仓库管理系统（Warehouse Management System，WMS），具备适合各类药品的存储条件，实现了企业从传统的储存功能向现代化物流的成功转型。药品验收、保管、收货、发货和复核等严格按照国家新版《药品经营质量管理规范》（GSP）规定实施，并取得第三方医药物流GSP认证，确保药品这一特殊商品安全、高效地从生产领域向消费领域转移，保证了消费者的用药安全。表7-1为2014年该公司的各类资源费用数据。

表7-1　　　2014年××医药配送中心的各类资源费用数据　　　单位：万元

资源项目	物流作业直接成本			物流作业管理成本	辅助作业管理成本	职能管理部门成本
	职工薪酬	固定费用	运营费用			
资源费用	347.5	525.3	451.3	477	40.5	164.4

1. 作业环节的成本费用

作业环节的成本费用与耗用资源的比率有关，可以利用以下公式计算各个作业环节的成本费用。作业环节成本费用 = $\sum$ 各资源耗用比率×该资源总费用。通过计算，可以得出××医药物流配送中心2014年各主要作业环节的成本费用，如表7-2所示。同样可计算出内部客服、第三方客服、运输配送自运、运输配送外运的成本费用分别为600万元、2400万元、101.0256万元、114.7008万元。

表7-2　　　××医药物流配送中心2014年各作业环节的成本费用明细　　　单位：万元

	订单处理作业	收货作业	存储作业	拣货作业	发货作业
职工薪酬	75	232.5	22.5	472.5	240
固定资产折旧费	12.2	53.4	281	122.4	46.2

续表

	订单处理作业	收货作业	存储作业	拣货作业	发货作业
无形资产摊销	0.1	0.8	6.2	2.1	0.9
运营费用	14.8	30.7	255.6	111.1	39.1
管理成本	2.9	8.9	15.9	19.9	9.2
其他	5.5	17.2	30.6	38.3	17.6
合计	110.5	343.5	611.8	766.3	353

2. 作业环节成本及分析

通过计算，得出订单、收货、存储、拣货、发货、运输（自运）、运输（外运）、内部客服（订单中心＋内部客服）及第三方客服（药品业务拓展＋营销管理＋第三方客服）环节的费用分别占物流总成本的 4.09%、12.72%、22.65%、28.37%、13.07%、3.74%、4.25%、2.22%、8.89%。

可以看出，2014 年××医药物流配送中心存储作业和拣货作业的成本比较大，而自运成本和内部客服的作业成本比较小。这说明在××医药物流配送中心作业流程中，存储作业和拣货作业环节需要重点对待。

通过作业成本分析，医药物流配送中心可以清晰地掌握从订单作业至运送到顾客手中每个环节的成本，并且可以计算出单位作业成本，为市场上药品物流配送企业的财务核算以及承担第三方药品存储的定价提供支撑。

资料来源：杨巨峰、严锐："新 GSP 背景下医药物流配送中心作业成本计算——以××医药配送中心为例"，《运城学院学报》2016 年第 1 期。

7.1 医药配送中心成本管理概述

7.1.1 配送成本的含义

配送成本指在配送活动的备货、储存、分拣、配货、配装、送货、送达服务及配送加工等环节所发生的各项费用的总和，是配送过程中消耗的各种活劳动和物化劳动的货币表现。

配送成本一般由以下三方面因素决定。

（1）成本的计算范围如何确定。

（2）备货、储存、配装、送货等配送物流活动中以哪几种活动作为计算对象。

（3）把哪几种费用列入配送成本。

7.1.2 配送成本的特征

配送成本的特征可以从以下几方面来说明。

1. 配送成本的隐蔽性

日本早稻田大学的西泽修先生提出了"物流成本冰山"说，透彻地阐述了物流成本的难以识别性。同样，要想直接从企业的财务中完整地提取出企业发生的配送成本也是很难的。例如，通常的财务会计通过"销售费用、管理费用"科目可以看出部分配送成本的情况，但这些科目反映的费用仅仅是全部配送成本的一部分，即企业对外支付的配送费用。而且这一部分费用往往混在其他有关费用中。

2. 配送成本削减具有乘法效应

配送成本的减少可以显著增加企业的效益与利润。假定销售额为1000元，配送成本为100元。如果配送成本降低10%，就可以多得10元的利润。假定这个企业的销售利润率为2%，则创造10元利润，需要增加500元的销售额。可见，配送成本的下降会产生极大的效益。

3. 配送成本的"二律背反"

"二律背反"是指同一资源的两个方面处于相互矛盾的关系之中，要达到一个目的，必然要损失另一个目的；要追求一方，必然舍弃另一方。所以在配送成本与服务之间存在着二律背反的现象，即一般来说，提高配送服务水平，则配送成本上升，成本与服务之间受收益法则的支配。图7-1表示的是配送服务与成本之间的二律背反。

因此，在考虑配送服务与成本之间的关系时，有以下几种方法。

（1）在配送服务水平不变的前提下，考虑降低成本，如图7-2所示。

（2）在成本不变的情况下，提高服务水平，如图7-3所示。

（3）为提高配送服务水平，不惜增加成本，如图7-4所示。

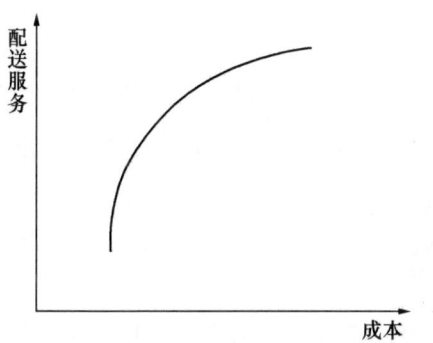

图 7-1 配送服务与成本的二律背反

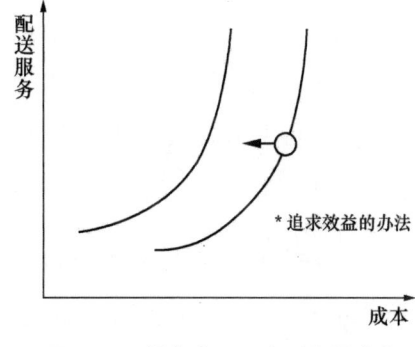

图 7-2 服务水平不变时降低成本

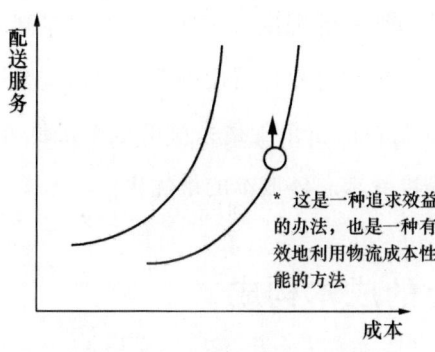

图 7-3 成本不变时提高服务水平

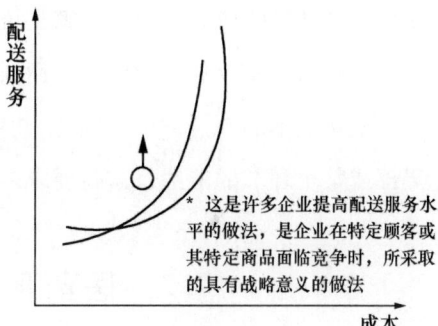

图 7-4 增加成本提高服务水平

（4）用较低的物流成本，实现较高的物流服务水平，如图 7-5 所示。

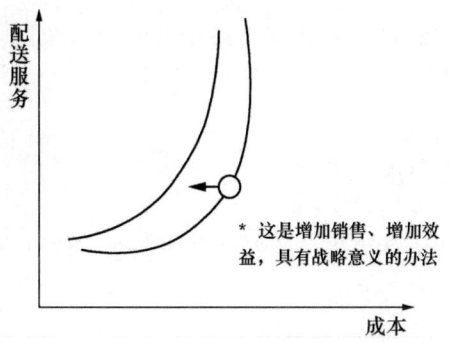

图 7-5 用较低的成本实现较高的服务水平

4. 配送成本的不可控性

配送成本中有许多是物流管理部门不可控制的，例如保管费中包括了因过多进货或过多生产而造成积压的库存费用，以及紧急运输配送等例外发货的费用。

5. 高水平的配送服务

高水平的配送服务是由高配送水平来保证的，企业很难既提高配送服务水平，同时又降低配送成本，除非有较大的技术进步。要想超过竞争对手，提供并维持更高的服务标准，就需要有更多的投入。因此一个企业在作出这种决定时必须经过仔细研究和对比。

6. 配送系统各功能活动的效益背反

所谓"鱼与熊掌不可兼得"，配送系统的各项活动处于一个相互矛盾的系统，要想达到某个方面的目的，必然使另一方面受到一定的损失。在物流活动中，一种功能成本的削减会使另一种功能的成本增加，也就是说出现了此消彼长的现象。例如，企业尽量减小安全库存，必然引起库存补充频繁，从而增加运输次数。此时库存费用降低，而运输费用增加，导致配送成本的效益背反。因此，企业必须通盘考虑整个配送系统的成本最低方式，而非局部或某个环节的节约，这就要求从系统的高度寻求总体成本的最优化。

7.2 医药配送中心的成本构成

配送成本有广义与狭义之分。广义的配送成本指配送中心为了开展配送业务所发生的各种直接和间接费用，包括配送运输费用、装配费用、包装费用、流通加工费用等。狭义的配送成本指从出库到送至客户的配送环节所特有的成本费用，主要包括配送运输成本、配装成本等。

7.2.1 从物流功能角度

按物流功能，配送费用大体可以分为医药品流通费、信息流通费和配送管理费。下面重点说明医药品流通费。

医药品流通费是指为了完成配送过程中物品的物理性流动而发生的费用。具体又可划分为配送运输成本、分拣成本、备货及保管费用、流通加工费用。

配送运输成本是指配送车辆在完成配送货物过程中所发生的各种车辆费用和间接费用。车辆费用：包括运输人员工资与福利费、车辆燃料费、轮胎费、修理费、折旧费、路桥费、公路运输管理费、车船使用费等。间接费用：指配送中心运输管理部门为管理和组织配送运输作业所发生的各项管理费用和业务费用。

分拣成本是指分拣机械及人工在完成货物分拣过程中所发生的各种费用。具体包括：分拣直接费用（分拣人员工资和福利费，分拣机械修理费、折旧费、其他费用等）和分拣间接费用（配送中心分拣部门为管理和组织分拣作业所发生的各项管理费用和业务费用）。

备货及保管费用包括备货费用、检验费用、保管费用。

流通加工费用包括流通加工设备费用、流通加工材料费用、流通加工人员工资等。

7.2.2 从支付形态角度

按支付形态，配送成本主要是以财务会计中发生的费用为基础，通过乘以一定比率加以核算。此时配送成本分为材料费、人工费、维护费、一般经费、特别经费、对外委托费以及给其他企业支付的费用。

1. 材料费

材料费是指因物料消耗而发生的费用。它主要包括物资材料费、燃料费、消耗性工具、低值易耗品摊销及其他物料消耗费。

2. 人工费

人工费指对配送作业中消耗劳务所支付的费用。它主要包括工资、奖金、补贴、福利以及职工教育培训费等。

3. 维护费

维护费是指土地、建筑物、机械设备、车辆、搬运工具等固定资产的运转和维修保养所发生的费用。它主要包括维修保养费、折旧费、房产税、土地租赁费用、保险费等。

4. 一般经费

一般经费相当于财务会计中的一般管理费，指差旅费、会议费、交际费、邮电费、城建税、能源建设税及其他税款，还包括商品损耗费、事故处理费及其他杂费等。

5. 特别经费

特别经费指采用不同于财务会计的计算方法算出来的配送费用。它主要包括按实际使用年限计算的折旧费和企业内利息等。

6. 对外委托费

对外委托费指向企业外支付的运输费、保管费、包装费、出入库装卸费、委托物流加工费。

7. 给其他企业支付的费用

在配送成本中还应该包括向其他企业支付的费用。比如商品购进采用送货制时包含在购买价格中的运费和商品销售采用提货制时因顾客自己取货而从销售价格中扣除的运费。在这种情况下，虽然本企业内并未发生配送活动，但发生了相关费用，因此也应该把它作为配送成本计算在内。

除了按物流功能和支付形态来分类配送成本外，还可以按服务对象和成本性质进行分类。服务对象可按营业单位、顾客、商品等类别进行计算；成本性质分为固定成本和变动成本两类。

7.3 医药配送中心成本的核算方法

正确计算配送成本是配送管理的基础。首先，通过对配送中心成本的全面核算，提高配送中心内部对成本重要性的认识；其次，通过对配送中心某一具体活动成本的计算，弄清物流活动中存在的问题，为配送中心运营决策提供依据；再次，按不同职能计算各配送中心的责任成本，评估各职能部门的绩效，以提高各部门的成本意识和服务意识；最后，通过对某一物流设备或机械的成本计算，弄清其消耗情况，以求得提高设备利用率、降低物流配送中心成本的途径。此外，通过对客户物流成本的核算，为物流服务费水平的制定以及有效的客户管理提供决策依据。

7.3.1 配送运输成本的核算

1. 配送运输成本的数据来源

（1）人员工资及福利费，来源于"工资分配汇总表"等。

（2）燃料费，来源于"燃料发出凭证汇总表"等。

（3）轮胎费用，来源于"轮胎发出凭证汇总表"等。

（4）修理费，来源于"辅助运用凭证汇总表"等。

（5）折旧费。

（6）路桥费及运输管理费。

（7）车船使用税、行车事故损失和其他费用。

（8）运营间接费用，根据"运营间接费用分配表"计入有关配送车辆成本。

2. 配送运输成本计算

物流配送单位月末应编制配送运输成本计算表，以反映配送总成本的单位成本。配送运输总成本是成本计算期内成本计算对象的成本总额，即各个成本项目金额之和。单位成本是成本计算期内各成本计算对象完成单位周转量的成本额。各成本计算对象计算的成本降低额，是指用该配送成本的上年度实际单位成本乘以本期实际周转量计算的总成本，减去本期实际总成本的差额。它是反映该配送运输成本由于成本降低所产生的节约金额的一项指标。

按各成本计算对象计算的成本降低率，是指该配送运输成本的降低额与上年度实际单位成本乘以本期实际周转量计算的总成本的百分比。它是反映该配送运输成本降低幅度的一项指标。

各成本计算对象的降低额和降低率的计算公式如下：

$$成本降低额 = 上年度实际单位成本 \times 本期实际周转量 - 本期实际总成本 \quad (7-1)$$

$$成本降低率 = \frac{成本降低额}{上年度实际单位成本 \times 本期实际周转量} \times 100\% \quad (7-2)$$

7.3.2 流通加工成本的核算

1. 流通加工成本项目和内容

（1）直接材料费。直接材料费指为生产加工某种产品直接消耗的各种材料、燃料和辅助材料的价格。由于这些费用发生时就能判明属于哪种产品，因此这些费用发生后直接归集到该产品成本中。

①材料消耗量的核算。为了正确计算在流通加工过程中材料的消耗量，企业应当采用连续记录法，及时记录材料的消耗数量。记录材料消耗量的原始凭证有"领料单""限额领料单""领料登记表"等。为了正确计算材料消耗量，对于在生产过程中只领未用的材

料,期末应当填制"退料单"。"退料单"也是记录材料消耗量的原始凭证。只有严格材料发出的凭证和手续,才能正确计算和确定材料消耗的数量。

②消耗材料价格的核算。在实际工作中,物流企业可以按照实际成本计价组织材料核算,也可按计划成本计价组织材料核算。但无论采用哪种计价方式,加工过程中消耗的材料都应当是材料的实际成本。

当采用实际成本计价组织材料核算时,由于同一材料的购入时间和地点不同,各批材料购进的实际单价可能不一致。因此,物流企业必须采用一定的方法,正确计算消耗材料的实际价格。当采用计划成本计价组织材料核算时,物流企业应当正确计算消耗材料应分摊的材料成本差异,将消耗材料的计划成本调整为实际成本。消耗材料的实际成本等于计划成本加上应分摊的材料成本超支差异,或减去应分摊的材料成本节约差异。

(2) 直接人工费用。流通加工成本中的直接人工费用,是指直接进行加工生产的生产工人的工资总额和按工资总额提取的职工福利费。生产工人的工资总额包括计时工资、计件工资、奖金、津贴和补贴、加班工资、非工作时间的工资等。

(3) 制造费用。制造费用是物流配送中心设置的生产加工单位为组织和管理生产加工所发生的各项间接费用。主要包括流通加工生产单位管理人员的工资及提取的福利费,生产加工单位房屋、建筑物、机器设备等的折旧和修理费,生产单位固定资产租赁费、物料消耗费、低值易耗品摊销、取暖费、水电费、办公费、差旅费、保险费、试验检验费、季节性停工和机器设备维修期间的停工损失以及其他加工费用。

在构成流通加工成本的费用中,制造费用属于综合性费用,明细项目比较多,除机器设备等的折旧费和修理费外,大部分为一般费用。尽管有些制造费用和加工产品产量的变动有关,但制造费用多为固定费用,不能按照业务量制定定额,只能按会计期间编制制造费用预算来控制制造费用总额。

2. 流通加工成本项目的归集

(1) 直接材料费用的归集。在直接材料费用中,材料费用数额是根据全部领料凭证汇总编制"耗用材料汇总表"确定的。在归集直接材料费用时,凡能分清某一成本计算对象的费用,应单独列出,以便直接计入该加工对象的产品成本计算单中;属于几个加工成本对象共同耗用的直接材料费用,应当选择适当的方法,分配计入各加工成本计算对象的成本计算单中。

(2) 直接人工费用的归集。计入产品成本中的直接人工费用的数额，是根据当期"工资结算汇总表"和"职工福利费计算表"来确定的。

"工资结算汇总表"是进行工资结算和分配的原始依据。它是根据"工资结算单"按人员类别（工资用途）汇总编制的。"工资结算单"应当依据职工工作卡片、考勤记录、工作量记录等工资计算的原始记录编制。

"职工福利费计算表"是依据"工资结算汇总表"确定的各类人员工资总额，按照规定的提取比例经计算后编制的。

(3) 制造费用的归集。制造费用是通过设置制造费用明细账，按照费用发生的地点来归集的。制造费用明细账按照加工生产单位开设，并按费用明细账项目设专栏组织核算。制造费用表可以参考工业企业制造费用表的一般格式。

3. 流通加工成本项目的分配

(1) 直接材料费用的分配。需要分配计入各加工成本对象的直接材料费用，在选择分配方法时，要遵循合理、简便的原则。分配方法中重要的因素是分配标准，分配方法通常以分配标准命名。在直接材料费用中，流通加工所消耗的材料和燃料费的分配，一般可以选用重量（体积、产品产量）分配法、定额耗用量比例分配法、系数分配法（标准产量分配法）；流通加工所消耗的动力费用分配，可以选用定额耗用量比例分配法、系数分配法（标准产量分配法）、生产工时分配法、机器工时分配法等。

(2) 直接人工费用的分配。采用计件工资形式支付给生产加工工人的工资，一般可以直接计入所加工产品的成本，不需要在各种产品之间进行分配。采用计时工资形式支付给生产工人的工资，如果生产工人只加工一种产品，也可以将工资费用直接计入该产品成本，不需要分配；如果加工多种产品，则需要选用合理的方法，将工资费用在各种产品之间进行分配。按照工资总额一定比例提取的职工福利费，其归集方法与工资相同。直接人工费用的分配方法有生产工时分配法、系数分配法等。流通加工生产工时分配法中的生产加工工时，可以是产品的实际加工工时，也可以是按照单位产品加工定额工时。

(3) 制造费用的分配。制造费用是各加工单位为组织和管理流通加工所发生的间接费用，其受益对象为流通加工单位当期所发生的全部产品。当加工单位只加工一种产品时，制造费用不需要在受益对象之间分配,直接转入流通加工成本;若加工多种产品时,则需要在全部受益对象之间分配,包括自制工具,以及生产单位负责进行的在建工程,都要负担制造费用。在选择制造费用分配方法时,同样注意分配标准的合理和简便。在实际工作中,制造费用分配方法有生产工时计算法、机器工时分配法、系数分配法、直接人工费用比例分配法等。下面以生产工时分配法为例说明。

生产工时分配法是以加工各种产品的生产工时为标准分配费用的方法。按照生产工时比例分配制造费用,能将劳动生产率与产品负担的费用水平联系起来,分配结果比较合理。由于生产工时是常用的分配标准之一,因而必须正确组织产品生产工时的核算。做好加工工时的记录和核算工作,不仅是计算产品成本的一项重要的基础工作,而且对于分析和考核劳动生产率水平、加强生产管理和劳动管理也有着重要意义。

4. 流通加工成本分析方法

对流通加工成本的分析,可通过编制流通加工成本报表进行。在对流通加工成本报表分析的过程中,应研究各项成本指标的数量变动和指标之间的数量关系,测定各种因素变动对成本指标的影响程度。常用以下几种分析方法。

(1) 比较分析法。比较分析法也称为对比分析法。它是通过对两个或两个以上相关指标进行对比后确定数量差异的一种方法,用以说明两个事物间的联系与差距。比较分析法是财务分析中最常见的一种方法。财务分析过程包括比较、分解和综合三个阶段。其中,比较分析是基础。在实际工作中,比较分析法有实际指标与计划指标对比、同一指标纵向对比、同一指标横向对比三种形式。

实际指标与计划指标对比说明企业业绩的计划完成情况和程度,分析实际与计划的差异,为进一步的财务分析提供依据。但在进行此项比较时,应注意计划本身的先进性与可行性。

同一指标纵向对比指同一指标在不同时间上的对比,一般是用本期实际指标与历史指标进行对比。通过对比,观察企业经营状况、财务活动发展规律趋势,有助于企业规划未来,并及时发现处于萌芽状态的新事物与薄弱环节。

同一指标横向对比指同一指标在不同条件下的对比,一般是将本企业与同类型、同行业企业进行对比,以发现差距,促使指标朝着先进方向发展。

运用比较分析法时要注意指标的可比性与指标差异的确定。指标可比性指的是指标间的口径要相同，包括指标内容、计算方法、评价标准和时间单位等方面一致，以及业务经营规模和业务范围基本一致。指标差异的确定指差异如果是绝对数，则采用两个指标相减的差额来表示；如果是相对数，则将两个基本点指标相除，以两者的比率来表示。

（2）趋势分析法。趋势分析法也是企业成本分析中常见的一种方法。它是比较分析法的延伸，是将连续数年（一般3年以上）的财务报表以某一年作为基期，计算每期各项指标对基期同一项指标的趋势百分比，借以表示其在各期间的上下变动趋势，从而判断企业的经营成果和财务状况。在实际工作中，一般选择第一年作为基期，如果第一年不适宜，也可选择其他年份。其计算公式如下：

$$某期增长趋势百分比 = \frac{本期金额}{基期金额} \times 100\% \qquad (7-3)$$

（3）比率分析法。比率分析法就是将两项相互依存、相互影响的财务指标进行计算，形成比率，用于分析评价企业财务状况和经营水平的一种方法。比率分析法较之比较分析法更具有科学性和可比性。

（4）标准成本差异分析法。标准成本差异分析法是指以预先制定的标准成本为基础，先将标准成本与实际成本进行比较，然后对成本差异进行分析的一种方法。标准成本的制定是使用该方法的前提和关键。成本差异计算和分析是标准成本差异分析法的重点，借此可以实现成本控制的目标，并进行经济业绩考评。

企业为了消除或减少不利差异，应对差异进行分析，找出原因。其核心是按标准成本记录成本的形成过程和结果，并借以实现对成本的控制，以便采取有效管理措施提高经济效益。

7.4 医药配送中心成本的控制

对医药配送中心成本的控制就是要满足配送的目标，即在满足一定顾客服务水平与配送中心成本之间寻求平衡。也就是说，在一定的配送成本下尽量提高顾客服务水平，或在一定的顾客服务水平下使配送成本最低。

医药配送中心通过降低物流成本，和客户共同分享节约的利润，以期达到共同增效。

配送成本控制不仅是客户考虑的内容,也是配送中心考虑的内容。

7.4.1 配送中心成本管理的意义

配送中心成本管理是配送中心管理的重要内容。降低配送中心成本与提高配送中心服务水平是配送中心成本管理最基本最重要的课题。配送中心成本管理的意义在于,通过对配送中心成本的了解和对配送中心活动的有效管理,加强对配送中心活动过程中费用支出的有效控制,降低配送中心活动中的物化劳动和活劳动的消耗,从而达到降低配送总成本、提高企业和社会经济效益的目的。

配送中心成本管理的前提是确定配送中心成本的发生范围,并对配送成本进行准确的计算。只有搞清楚配送成本的范围和大小,才能有针对性地编制配送成本预算,实施配送成本控制和有效地开展配送成本的分析。配送中心成本管理的意义体现在如下方面。

从社会宏观角度看,控制和降低配送中心成本可以给行业和社会带来经济效益。一是如果医药全行业的物流配送中心成本管理控制得比较好,物流配送成本能够降低到一个新水平,那么医药行业在国际市场上的竞争力就会增强。二是物流配送中心成本降低,在不影响企业利润的情况下,下调产品或服务的价格,从而增强人们的购买力,提高人们的健康生活水平,实现社会的和谐发展。三是如果物流配送中心成本的降低是建立在对能源、材料消耗及废气排放减少的基础上,那么不仅具有经济意义,还具有社会环境意义,符合国家提出的建立节约型社会的要求。

从企业微观角度看,控制和降低配送中心成本对企业自身的生存和发展意义重大。一是有利于企业在产品或服务价格不变的情况下,拓展盈利空间,实现企业的快速发展。二是有利于企业在不减少盈利的情况下,降低企业产品或服务价格,增强企业的市场竞争力。三是有利于企业实现物流"第三利润源泉"的目标。

7.4.2 配送中心成本控制的意义

物流成本管理包括成本的预测、决策、计划、控制、核算和分析等环节,其中为成本控制提供依据的是成本的预测、决策和计划。成本核算和分析是成本控制的基础,而成本控制既要保证成本目标的实现,还要渗透到成本的预测、决策和计划中。现代化成本管理中的成本控制,着眼于成本形成的全过程。

企业的生产经营活动和管理水平对产品的成本水平有着直接影响。若要实行成本控制，必须按要求建立相应的控制标准和控制制度，如材料消耗的定额和领发制度、工时定额、费用定额等都应该及时制定和修订，并加强各项管理工作，以保证成本控制的有效进行。

7.4.3 配送中心成本控制的方法

配送中心成本核算的最终目的是实现对成本的控制。一般来说，对配送中心成本的控制应从以下几方面进行。

（1）加强配送的预见性及计划性。在配送活动中，临时配送、紧急配送或无计划的随时配送都会大幅度增加配送成本。为了加强配送的计划性，配送中心需要建立客户的配送申报制度，以便及时了解客户的需求。在实际工作中，配送中心应针对商品的特性，及时掌握客户的需求，增强客户需求预测能力，制定不同的配送申请和配送制度。

（2）确定合理的配送路线。确定配送路线的方法很多，配送中心既可采用方案评价法，即拟定多种方案，以使用的车辆数、司机数、油量、行车的难易度、装卸车的难易度及送货的准时性等作为评价指标，对各个方案进行比较，从中选出最佳方案；也可以采用数学模型进行定量分析。无论采用何种方法，配送中心都必须考虑以下条件：满足所有客户对产品品种、规格和数量的要求；满足所有客户对产品发货时间范围的要求；在交通管理部门允许通行的时间内送货；各配送路线的产品量不得超过车辆限高、限宽及载重量；在配送中心现有运力及可支配运力的范围内配送。

（3）配送中心作业高效化。产品库位分配合理、入出库高效快速、分拣与补货高效快速、核对检验达到零差错等。

（4）订货及库存合理。如果订货量太大，就会增大库存成本，占用更多资金，影响资金流；如果订货量太少，可能导致缺货，严重的可能丢失客户。因此，需要制定合理的安全库存和订货量。

7.4.4 降低配送成本的策略

一般来说，要想保证一定的服务水平下使配送成本最低，可以考虑以下策略。

1. 混合策略

混合策略是指配送业务的一部分由配送中心完成。这种策略的基本思想是：合理安排配送中心自身完成的配送和外包给第三方物流的配送，使配送成本最低。

2. 差异化策略

差异化策略是按产品的特点、销售水平来设置不同的库存、不同的运输方式以及不同的储存地点。其指导思想是产品特征不同，客户服务水平也不同。忽视产品的差异性会增加不必要的配送成本。

3. 合并策略

合并策略包含两个层次：一个是配送方法上的合并，另一个则是共同配送。

（1）配送方法上的合并。配送中心在安排车辆完成配送任务时，应充分利用车辆的容积和载重量，做到满载满装。这是降低成本的重要途径。

（2）共同配送。共同配送是一种产权层次上的共享，也称为集中协作配送。它是几个配送中心共同利用同一配送设施的配送方式。其标准运作形式是：在中心机构的统一指挥和调度下，各配送中心以经营活动（或以资产）为纽带联合行动，在较大的地域内协调运作，共同对某一个或某几个客户提供系列化的配送服务。

4. 延迟策略

延迟策略的基本思想是对产品的外观、形状及其生产、组装、配送尽可能推迟到接到客户订单后再确定，一旦接到订单，就要快速反应。采用延迟策略的一个基本前提是信息传递要非常快。

实施延迟策略常采用两种方式：生产延迟（或称形成延迟）和物流延迟（或称时间延迟）。而配送中往往存在加工活动，所以实施配送延迟策略时既可采用形成延迟方式，也可采用时间延迟方式。

5. 标准化策略

标准化策略就是尽量减少因品种多变而导致的附加配送成本，应尽可能地采用包装标准化产品。采用标准化策略要求厂家从产品设计包装开始就要站在消费者的立场去考虑怎样节省配送成本，而不要等到产品生产出来才考虑采用什么方法降低配送成本。

课后思考

1. 阐述配送成本与配送中心成本的异同点。
2. 控制配送成本的方法与策略有哪些?
3. 简述配送中心成本管理的意义。

案例分析

湖南省急救药品配送服务中心启动[①]

在湖南省卫生厅、省发展改革委、省经信委、省药监局等有关部门的指导和大力支持下,历经三个月,湖南达嘉维康医药有限公司组建的湖南省急救药品配送服务中心(以下简称中心)于 2011 年 5 月 27 日正式启动。

当前,由于急救药品具有不常用、用量少、价格低等特点,大部分医疗机构及医药商业企业配备的急救药品品种、品规不全,很难满足湖南省突发性事件、急救和特殊用药需求。该中心的组建和专业化运作,将进一步有效地解决医疗机构急救药品配备不齐全等相关问题,降低医疗机构的医疗风险,切实保障人民生命安全。

湖南达嘉维康医药有限公司作为省级重点医药储备企业、省药监局医药冷链物流试点建设单位、省疾病预防控制中心疫苗定点采购配送单位和国家发展改革委生物医药物流配送重点支持企业,拥有 12000 多平方米的医药物流配送中心和相应的冷藏车、配套运输车辆及配送设施,在业务网络、药品冷藏配送等方面具有独特优势。据悉,该中心设立了 24 小时值班服务热线,24 小时调度和配送急救药品,配备了 8 名专职人员,配置了急救药品调度、冷藏(冷库、冷藏车)、配送(运输车)、GPS 定位系统等专业设施设备,且药品配送过程中产生的物流成本也将由医药公司承担,不会转嫁到患者身上。

---

① "湖南达嘉维康医药有限公司急救药品配送服务中心",《中南药学》2017 年第 15 卷第 9 期。

? 思考题

1. 急救药品配送中心的配送成本相对于普通药品的配送成本来说是高还是低？说明理由。

2. 急救药品配送中心的规划是否还适用区域设施规划中的经济性原则？与实际情况是否矛盾？

第 8 章　医药配送中心信息系统

本章导读

物流配送中心的有效运行，依赖于对物流信息的实时传输和处理；要实现物流配送中心各功能，核心是建立信息系统。在物流配送中心内部，信息管理系统起着指挥调度生产、控制物流流程、协调作业机能的作用；在商品流通领域，信息系统承担着掌握市场动态、反映客户需求、提供实时服务的任务。因此，物流信息系统是物流配送中心的灵魂，是物流配送中心能否高效运转的关键。按照"软件先行、硬件适度"的设计原则，建设先进、适用的物流配送中心信息管理系统，对于提高物流配送中心的日常运作效率和服务能力具有十分重要的意义。对于医药配送中心而言，其自动化设备相比其他行业较多，同时配送环节需符合 GSP 的标准与要求。这对其信息系统提出了更高的要求，也是医药配送中心信息系统规划的难点。与此同时，在现代医药配送中心的规划中也越来越重视信息系统的建设，并将其作为企业核心竞争力之一。本章首先从医药配送中心信息概念讲起，分析其需求，介绍配送中心的信息技术及应用，最后阐述医药配送中心信息系统的设计。

知识结构图

```
                                    ┌─ 概念、特征及作用
                  ┌─ 医药配送中心信息系统概述 ─┤
                  │                 └─ 需求分析
                  │
                  │                 ┌─ 信息识别技术
医药配送中心      │                 ├─ 物流信息定位技术
信息系统      ────┼─ 医药配送中心信息技术及应用 ─┤
                  │                 ├─ 信息交换技术
                  │                 └─ 物联网技术与智慧储存
                  │
                  │                 ┌─ 信息系统战略规划阶段
                  └─ 医药配送中心信息系统的设计 ─┼─ 信息系统规划阶段
                                    └─ 信息系统实施阶段
```

案例导读

北京万年青诚医药冷链信息监管方案

北京万年青诚自动识别技术有限公司是一家创新型的科技企业。公司拥有资深研发团队和专业管理团队，所有软件和硬件产品都是自主研发，拥有自主知识产权，并已申请专利。公司深入研究行业需求，整合云服务与物联网技术，凭借先进的传感技术、物联网技术、无线网络传输技术、全球定位技术和严格的 GMP/GSP 认证管理体系，对多种冷链设备进行全程储运实时监控；同时，提供云存储、云平台、云计算等服务，通过手机/PAD 等终端实现实时查看、预警、打印、物流运输全程"可视化"功能，为客户提供实时、准确、高效的供应冷链体系和包括医药冷链、疾控冷链、医疗冷链、冷链物流以及食品（电商）冷链等多种全程冷链解决方案，为解决药品流通领域多个管理难题出谋划策。

以医药冷链为例，在功能架构方面，万年青诚自动识别技术有限公司建立对仓库、车辆、冷藏柜、保温箱的温度/温湿度的实时采集、实时传输，并具有温湿度的预警、报警功能，具有符合要求的权限管理、各种报告输出、数据分析等功能，并建立采购、财务、库管、客户之间有机的关联和沟通的全程冷链监控平台。

在医药监控系统方面，其把系统分为三大部分：多种温湿度采集终端及本地服务器（PC 工作站）部分，负责数据采集；服务器部分，实现云服务、云计算、云存储，置于云端服务，负责数据接入、数据存取以及业务规则处理、分析、管理；体验交互部分，包含固定终端，比如 PC 机，供管理人员、操作人员使用，用于管理、展现移动终端，包含手机、PAD 等终端（用于实现数据查询、交互等操作），如图 8-1 所示。

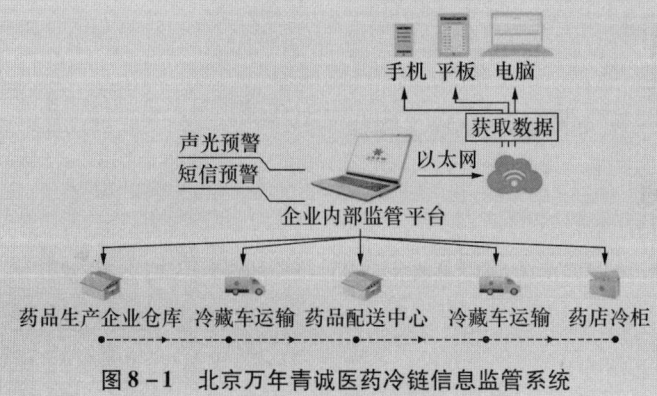

图 8-1　北京万年青诚医药冷链信息监管系统

资料来源：作者根据北京万年青诚自动识别技术有限公司资料整理。

8.1　医药配送中心信息系统概述

8.1.1　概念、特征及作用

1. 概念

正如第 1 章所述，医药配送中心根据用户的订单和销售情况，利用现代物流和信息技术，集仓储管理和物流配送于一体进行规模化的采购和进货，通过优化医药产品的验收、存储、分拣、配送等作业过程，减少各个环节的成本，缩短药品物流的时间和用户的经营成本，从根本上缓解目前医药配送环节费用较高导致药品价格居高不下的局面。医药配送中心的信息是反映医药物流各种活动的知识、数据、文件与图像的总称，是伴随着医药物流各个环节的业务活动生成的。医药配送中心管理信息系统也称为医药物流配送中心信息系统，是计算机管理系统在医药物流领域的应用。广义上，医药物流配送中心信息系统应包括配送中心业务过程的各个领域，是由计算机技术、应用软件及其他高科技组成的物流设备，通过计算机网络，将供应链上、下游连接起来的动态系统。狭义上，医药物流配送中心信息系统只是某一医药企业用于管理医药物流的系统。

2. 特征

同其他物流配送中心信息系统一样，医药配送中心的信息系统主要是实现对医药产品物流信息的收集、处理、发布及交易，并在此过程中不断进行物流资源的整合和物流信息的反馈。一个先进的医药配送中心信息系统应具有以下特征。

（1）开放性。医药物流信息系统不但要与企业内部其他系统相连接，以实现企业内部数据的整合和信息的流通，还应与企业外部供应链各个环节如医药供应商以及终端销售等进行数据交换，实现各节点的不间断连接。

（2）信息量大。医药配送中心的信息随着医药产品的物流和商流活动的展开而大量生成，尤其随着"互联网＋"处方药新零售趋势、分级诊疗制度等的出现，医药订单更加碎片化，医药产品越来越趋向多品种、小数额、高频度的配送，使进货、库存、发货和运输等物流活动的信息量与日俱增。

(3) 可扩展性。与其他行业相比，医药产品的安全性和实效性要求较高，且医药物流受政策影响较大，医药配送中心通常面临系统复杂、订单处理多变等诸多挑战。因此，医药配送中心信息系统应能随着配送中心的发展而拓展。在信息系统设计时，应充分考虑未来的市场变化、业务需求等，以便在原有基础上进行扩展。

(4) 安全性。随着系统应用的增加，特别是网上支付的实现、电子单证的使用，安全性已成为医药配送中心信息系统要解决的首要问题。

3. 作用

医药配送中心信息系统可以实现对各种作业的精细化管理，可以对医药产品存储和发货等进行动态安排，亦可以对仓储作业的全过程进行电子化操作。具体来说，其作用主要有以下三点。

(1) 有利于实现医药配送中心各种作业信息的透明化，使医药配送中心可以及时准确地掌握库内的货物存放状态，可以及时调配仓储资源，提高仓库利用率。

(2) 有利于保证医药配送中心与客户间的即时互动，便于管理更新。利用系统强大的查询和报表输出功能，医药配送中心能很快地为客户提供货物"进、出、存"的实时情况及报表统计，确保市场信息的及时性和准确性。

(3) 有利于提高医药配送中心仓储的服务水平和工作效率，特别是拣货作业效率，以相对较小的资金投入实现仓储管理的优化，合理调配仓储资源，提高库房和工具的使用率，减少大量票据的传送，规范工作流程，堵塞管理漏洞。

8.1.2 需求分析

1. 运作模式

医药配送中心作为供应商和销售商之间的纽带，在产销垂直整合方面具有缩短上、下游产业流通过程，减少产销差距的中介功能，还可以对处于水平关系的同行业间的交流提供整合支持，最大限度地降低成本。医药配送中心信息的运作模式如图8-2所示。

医药配送中心信息系统是管理信息系统的一种特例。管理信息系统能实测企业各种运行情况，并利用过去的数据预测未来，从企业全局出发辅助企业进行决策，利用信息控制企业的行为，帮助企业实现其规划目标。

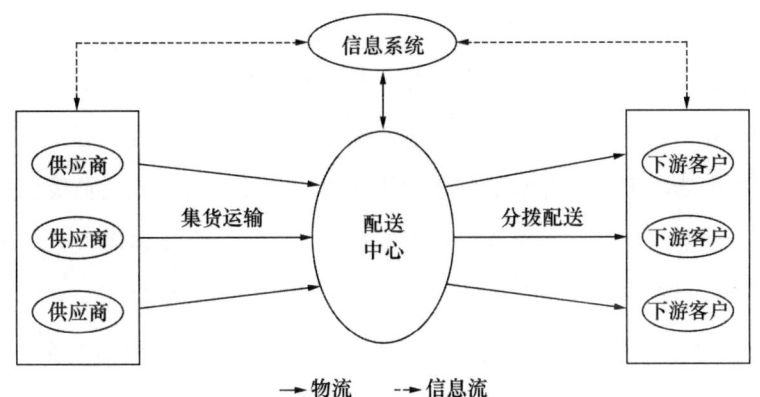

图 8-2 医药配送中心信息系统的运作模式

2. 功能需求

医药配送中心信息系统包括作业管理系统和业务支持与分析系统两大部分。作业管理系统包括采购处理系统、订单处理系统、仓储管理系统和运输配送信息系统；业务支持与分析系统包括客户关系管理系统、内部事务管理系统、财务管理系统和绩效评价分析系统。其总体结构如图 8-3 所示。

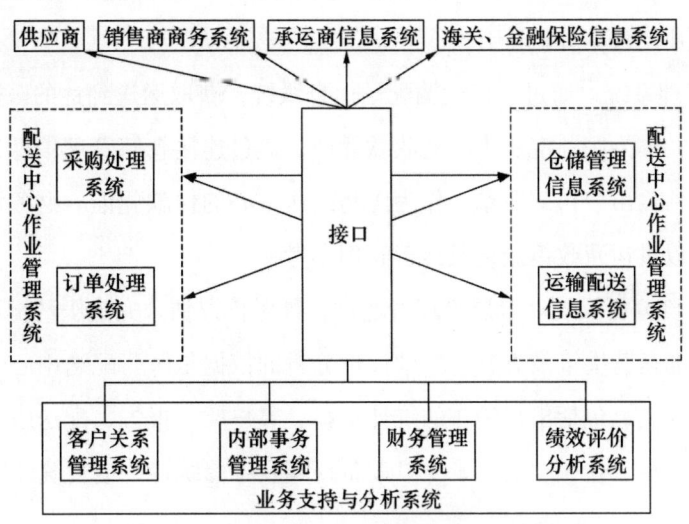

图 8-3 医药配送中心信息系统总体结构

各子系统的功能需求分析如下。

（1）采购处理系统。包括向供应商查询交易条件，根据仓储管理信息系统所提供的库存数量及较经济的库存策略提出采购单，同时在仓储管理信息系统出现库存预警时提出采购单。

（2）订单处理系统。包括客户询价答复，客户订单接收，退货资料处理，订货方式与订货结账截止日数据，商品需求统计及预测，报价历史资料管理等内容。通过连接仓储管理信息系统查询出货当天的库存情况、装卸货能力、包装流通加工负荷等信息；通过运输配送信息系统查询配送负荷，答复客户能否依其要求交货。在特定时段，订单处理系统还需统计该时段的订货数量，并以此确定调货、分配出货程序及数量。

（3）仓储管理信息系统。用来管理出入库事务、库存状态与相关设备等的软件实施工具，是仓储管理的灵魂。仓储管理信息系统的构建质量与其他物流系统网络接口的交流时效，是仓储管理作业能否发挥良好作用的关键。

（4）运输配送信息系统。该系统包括配送线路的安排、医药产品装车的顺序、医药产品配送途中的追踪和控制，以及配送途中意外情况的处理等。

（5）客户关系管理系统。该系统包括供应商以及下游客户的资料管理和交易商品、次数与金额等交易信息。

（6）内部事务管理系统。包括工具设备损坏及维修、燃料耗材等使用量分析、工具成本分析、人力作业的效率分析等。

（7）财务管理系统。通过连接运输配送信息系统，获取运送到达的医药产品资料，并输出应收款账单，作为医药配送中心的收款凭证；通过连接仓储管理信息系统，获取医药产品入库资料，并输出应付款账单，作为医药配送中心的付款凭证。财务管理系统还输出各项财务报表，以供运营政策制定及运营管理参考。

（8）绩效评价分析系统。上层管理者通过各种考核评估来完成医药配送中心的效率管理，并制定良好的运营决策及方针。绩效评价分析的依据是医药配送中心其他信息系统提供的各种信息与报表，包括出货销售的统计资料、客户反应报告、配送医药产品次数及时段报告、配送失误率、仓库缺货率、工具设备损坏及维修统计、退货统计报表等。

3. 系统功能

医药配送中心信息系统应具有以下功能。

（1）标准化管理。负责整个系统工作人员、货物信息、货物代码、仓库储位、供货商与客户等基本信息的记录与维护，这是整个信息系统应用的基础。

（2）入库管理。主要实现预入库、入库审核、入库验收以及信息确认等操作管理。

（3）出库管理。主要实现出库审核、出库登记、出库现场作业等数据的记录与维护。和入库管理一样，属于业务操作管理。

（4）理货管理。主要实现对入库的货物进行清点、审核，货位安排、商品上架管理以及处理现场记录等。

（5）在库管理。主要根据医药配送中心订货子系统提供的数据制定库存策略，实现货物分类以及货物在库盘点等功能。

（6）拣货管理。主要是根据发货计划安排拣货作业、打印拣货单和出库通知单等。

（7）流通加工管理。主要是制订作业计划、维护作业数据、打印货物明细、记录现场作业和处理事故等。

（8）车辆调度管理。主要根据发货信息及车辆资源状况合理安排车辆，实现最佳的车辆使用效率。

（9）业务及合同管理。负责医药配送中心对外业务的信息处理，即受理客户的收、发货请求，对由配送中心出具的有关业务单据进行验证复核并打印，同时负责有关合同与客户档案的管理。

（10）费用结算。负责整个仓储与运输配送业务相关费用的计算和业务单据与报表的打印等。

（11）电子订货系统（EOS）数据接口。EOS利用先进的电子技术手段，如POS机、电话、互联网等，及时获取批发商、零售商或医院的订货数据信息；然后将这些信息通过网络传给配送管理信息系统，由配送管理信息系统及时组织产品的拣货及配送。

（12）电子数据交换（EDI）数据接口。EDI是一种在合作企业之间交换信息的有效技术手段，有时也称为"无纸贸易"。供应链环境下不确定的是最终消费者的需求，所以，必须对最终消费者的需求作出很好的预测。通过EDI预测，可以最有效地减少供应链系统多余环节所导致的时间浪费和成本的增加，缩短订单周期。

（13）条码系统数据接口。主要应用条码、IC卡或射频技术（RFID）对产品的属性进行标记，以便在配送系统及销售过程中识别产品身份。配送管理信息系统必须设计相应的数据接口，对条码系统获取的数据按标准格式进行处理，以达到"零"失误、提高效率的目的。目前，大部分医药配送中心仓储都采用条码技术。

（14）RF 无线网络系统接口。RF 技术主要用于对产品所带条码、IC 卡或射频识别卡进行身份识别，并将识别到的信息通过无线方式传输到配送管理信息系统。在设计配送管理信息系统时，应考虑设计专门的数据接口功能，支持身份识别。

（15）GPS（全球定位系统）系统接口。GPS 是医药配送中心通常采用的一种卫星定位技术，其主要功能有配送路线的规划、指挥调度、车辆跟踪导航、紧急援助以及车辆信息查询等。此外，它对优化运输路线和安全运输也很有帮助。但 GPS 系统数据需要通过特定转换功能接口导入物流配送管理信息系统。

8.2　医药配送中心信息技术及应用

医药配送中心常用的信息技术主要包括条码技术、射频识别技术、计算机网络技术、多媒体技术、地理信息技术、全球卫星定位技术、自动化仓库管理技术、智能标签技术、信息交换技术、电子数据技术、数据仓库技术等。在这些信息技术的支撑下，形成了集移动通信、资源配置管理、监控调度管理、自动化仓储管理、业务管理、客户服务管理和财务管理等多种业务于一体的现代物流配送信息系统。

本节主要从信息识别、物流信息定位和信息交换三个方面介绍相关的信息技术及其应用，并简要介绍目前非常有应用前景的物联网技术。

8.2.1　信息识别技术

信息识别技术是现代物流系统中非常重要的技术之一。它适应于物流大量化和高速化要求，快速采集信息，大幅提高物流效率。其中，条码技术、射频识别技术是实现计算机管理和电子数据交换不可或缺的前端技术。

1. 条码技术

条码技术是计算机和信息技术在应用实践中产生和发展起来的集编码、识别、数据采集、自动录入和快速处理等功能于一体的新兴信息技术。它是为实现对信息的自动扫描而设计的，是实现快速、准确和可靠地采集数据的有效手段，是进行有关订货和接受订货、销售、运输、保管、出入库检验等活动的信息源。条码技术是物流信息系统的关键点，是物流信息由手工处理到自动化、数据化处理的桥梁。条码技术的应用，解决了数据录入和数据采集的瓶颈问题，为物流乃至供应链管理提供了强有力的技术支持。

条码系统是由条码符号设计、制作及扫描阅读组成的自动识别系统。条码设备由条码打印机、条码纸质基材和条码识别装置组成。条码打印机即计算机普通打印机；条码纸质基材有铜版纸、热敏纸、PET（聚酯薄膜）纸和PVC（乙烯基）纸。识别条码所采用的各种扫描设备都和后续的光电转换、信息信号放大及计算机联机形成完整的扫描阅读系统，完成电子信息的采集。其中包括适应各种扫描环境及要求的光笔和台式、手持式、固定式及激光快速扫描器。

常用的条码有一维条码、二维条码和特种条码。

（1）一维条码。一维条码由一组按一定编码规则排列的条、空及字符组成。一个完整的条码符号由两侧空白静区、起始符、数据符、终止符组成，用以表示一定信息。目前，国际广泛使用的一维条码种类有 EAN 码、UPC 码、Code 码、Code39 码、Codebar 码（库德巴码）、ITF25 码、Code93 码、Code128 码等。其中，EAN 码是目前广为使用的商品条码，已成为 EDI 的基础；UPC 码在美国和加拿大大量使用；Code39 码在各行业内部管理中广泛使用；Codebar 码被广泛应用于医疗和图书领域。

一维条码是迄今为止最经济、最实用的一种自动识别技术，具有以下优点。

①数据可靠、准确。有资料可查，键盘输入平均每 300 个字符一个错误，而条码输入平均 15000 个字符一个错误，如果加上校验位，则出错率仅为千万分之一。

②数据输入速度快。键盘输入，一个每分钟打 90 个单词的打字员输入 12 个字符需要时间 1.6 秒（按平均每个单词由 5 个字母组成计算）；而使用条码，做同样的工作平均仅需 0.3 秒，是键盘输入时长的约 1/5。

③经济便宜。与其他自动化识别技术相比，一维条码所需费用较低。

④灵活实用。条码符号作为一种识别手段，可以单独使用，也可以和有关设备组成识别系统实现自动化识别，还可以和其他控制设备连接起来实现整个系统的自动化管理。同时，在没有自动识别设备或者自动识别设备出现故障时，也可以实现手工键盘输入。

⑤自由度大。识别装置与条码标签相对位置的自由度较大。条码通常只在一维方向上表达信息，而同一条码上所表示的信息完全相同并且连续，这样，即使标签有部分缺失，仍可以从正常部分读出正确的信息。

⑥设备简单。条码符号识别设备结构简单，操作容易，无须专门训练。

⑦易于制作。条码可印刷，称为"可印刷的计算机语言"。条码标签易于制作，对印刷技术设备和材料无特殊要求。

（2）二维条码。一维条码的信息容量很小，例如，产品上的条码仅能容纳13位阿拉伯数字，因其密度较低，故仅作为一种标志数据，不能对产品进行描述。若需更多描述产品的信息，只能依赖数据库的支持。离开了预先建立的数据库，这种条码就变成了无源之水，从而使条码的应用范围受到一定的限制。由此，二维条码应运而生。与一维条码相比，二维条码具有以下特点。

①高密度。二维条码利用垂直方向的尺寸来提高条码的信息密度。通常情况下，其密度是一维条码的几十倍到几百倍，这样就可以把产品信息全部存储在一个二维条码中，真正实现了用条码对物品的描述。

②具有纠错功能。二维条码引入纠错机制，使二维条码在因穿孔、污损等引起局部损坏时，照样可以得到正确识读。二维条码的纠错功能非常强大、可靠，这是一维条码无法相比的。

③可表示多种语言文字。多数二维条码具有字节表示模式，即提供了一种表示字节流的机制。我们知道，不论何种语言，它们在计算机中存储时都以机内码的形式表现，而机内码都是字节码。这样就可以设法将各种语言文字信息转换成字节流，然后再将字节流用二维条码表示，从而为多种语言文字的条码表示提供一种途径。

④可表示图形数据。

⑤可引入加密机制。二维条码作为一种新的信息存储和传递技术，从诞生之时起就受到了国际社会的广泛关注。经过几年的努力，现已应用在国防、公共安全、交通运输、物流配送、医疗保健、工业、商业、金融、海关及政府管理等多个领域。目前，二维条码主要有QR Code条码、Codeone、Maxicode、Code49码、PDF417码、Code16K码等。

（3）条码技术的应用。物流条码是识别符号，通常印在包装外箱上，用来识别商品种类及数目，亦可用于销售现场的扫描结账。

物流条码符号的应用场合包括自动装卸货、拣货、分拣、进发货与传输，以及用户收货作业。由于在各项活动发生时就能自动读取信息，因此可以及时捕捉到客户的需求，提高商品的销售率，也有助于提高物流信息化水平，提高物流系统的效率。

①物料管理。在现代化药品生产中,物料配套的不协调会极大地影响产品的生产效率。如杂乱无序的物料仓库、复杂的生产备料及采购计划的执行几乎是每个企业都会遇到的难题。

②仓库管理。利用条码技术,可根据品名、型号、规格、产地、牌名以及包装等划分医药产品品种,并分配唯一的货号编码,然后按货号进行医药产品的库存管理,并且应用于仓库的各种操作。通过条码技术,可更加方便地进行医药产品的入库、出库、盘库与核库等业务,更准确地完成仓库的进、销、存管理。

③销售追踪管理。通过在销售、配送过程中采集医药产品的单品条码信息,根据医药产品单件标志条码记录产品销售过程,完成医药产品销售链跟踪。

④售后跟踪服务。根据医药品标志条码建立产品销售档案,记录医药品信息;通过医药品的售后服务信息采集与跟踪,为企业医药品服务管理提供依据。

2. 射频识别技术

射频识别(Radio Frequency Identification,RFID)是 20 世纪 90 年代兴起的一种自动识别技术,它利用无线射频方式在阅读器和射频标签之间进行非接触式双向数据传输,以达到目标识别和数据交换的目的。RFID 与传统的条码、磁卡及 IC 卡相比,具有非接触、阅读速度快、无磨损、不受环境影响、寿命长和便于使用等特点,可识别高速运动物体,并可同时识别多个标签。目前,射频识别技术已广泛应用于工业自动化、商业自动化、交通运输、物流管理等多个领域。

RFID 通过感应无线电波或微波能量进行非接触式双向通信、识别和交换数据。一个最基本的 RFID 系统由射频电子标签、读写器或阅读器、天线三部分构成。

与当前广泛应用的条码相比,RFID 有以下优点。

(1)读取方便、快捷。数据读取无须光源,实现非接触识读(识读距离可以从 100 毫米至几十米)。

(2)可快速扫描。条码一次只能扫描一个;RFID 读写器能够同时处理多个电子标签,实现批量识别。

(3)使用寿命长,应用范围广。其无线电通信方式,使其可以应用于放射性等特殊环境,而且其封闭式包装使其寿命大大超过印刷的条码。

（4）可重复使用。条码印刷上去之后就无法更改，而 RFID 电子标签则可以新增、修改或删除 RFID 标签内储存的数据。

（5）可实现穿透性和无屏障阅读。RFID 能够穿透纸张、木材和塑料等非金属或非透明的材质，进行穿透性通信。

（6）数据容量大。电子标签与传统标签相比，数据存储量大。

（7）安全性优越。由于 RFID 承载的是电子式信息，其数据内容可由密码保护，不易被伪造和涂改。

目前，RFID 主要应用在三个方面。一是供应链管理方面。供应链管理是 RFID 应用的一个重要领域，处于供应链中的企业必须随时、精确地掌握链上商流、物流、信息和资金的流向。RFID 技术可以有效地解决供应链上各项业务资料的输入与输出、业务过程的控制与跟踪，大幅减少出错率。二是车辆自动识别方面。物流配送中心可以采用射频识别技术的车号自动识别标准，对进入库区的车辆进行管理。三是高速公路收费及智能交通方面。利用射频识别技术开发的不停车高速公路自动收费系统，已在我国得到广泛应用。

随着 RFID 技术的进一步发展，其成本大幅下降，在未来的若干年，全球开放的市场将为 RFID 带来巨大的商机。

8.2.2 物流信息定位技术

1. 地理信息系统（GIS）

（1）GIS 概述。地理信息系统（Geographic Information System，GIS）由计算机系统、地理数据和用户组成。通过对地理数据的集成、存储、检索、操作和分析，生成并输出各种地理信息，从而为土地利用、资源管理、环境监测、交通运输、物流配送、经济建设、城市规划以及政府各部门行政管理提供支持，为工程设计和规划、管理决策等提供服务。通俗地讲，它是整个地球或部分区域的资源与环境在计算机中的缩影。

首先，GIS 是一种计算机软硬件系统，它具备一般计算机系统所具有的功能，如采集、管理、分析和表达数据等。其次，GIS 处理的数据都与地理信息有着直接或间接的关系。从外部来看，地理信息系统表现为计算机软硬件系统，而其内涵则是由计算机程序和地理数据组成的地理空间信息模型，是一个缩小的、高度信息化的地理系统。

（2）基本功能。GIS 的应用范围很广泛，功能也很强大，具有将数据集合和地理信息链接起来的能力，以地图和附加报告的方式简洁而清晰地提供查询与分析，使决策者集中精力于实际的问题。以 GIS 为基础的图形数据库是可以延续的，比例尺也不受限制。其基本功能如下。

①查询和分析。GIS 提供简单的查询功能和复杂的分析工具，为管理和分析人员提供需要的信息。GIS 的应用不仅表现为能提供一些静态的查询、检索数据功能，更可以使用户根据需要建立一个应用分析的模式。用户通过动态分析，为评价、管理和决策提供依据。

②结果可视化输出。将用户查询的结果或数据分析的结果以合适的形式输出是 GIS 的最后一道工序。图形数据、编辑和操作分析过程、用户查询检索结果等都可以显示在屏幕上。而最终结果的输出，除了在屏幕上显示外，还可以根据用户要求输出到打印机、绘图仪或者记录在磁带、磁盘上。输出结果可以是数据、表格、报告、统计图、专题图等。针对不同的外围设备，系统应备有相应的接口支持软件。

（3）GIS 的应用。GIS 在近几年获得了迅速的发展，广泛应用于国土管理、城市规划、环境评估、灾害预测、基础设施建设、邮电通信、交通运输、物流配送、军事公安、水利电力、公共设施管理、农林牧业、商业金融等几乎所有领域。

GIS 强大的地理数据功能可以完善物流分析技术。国外已经开发出利用 GIS 为物流提供专门分析的工具软件，集成了车辆路线模型、最短路线模型、网络物流模型、分配物流模型和设施定位模型。在互联网和无线通信及接入设备大发展的今天，GIS 集成系统为实现全国乃至全球性的物流管理和监控提供了一定的可能性和现实性。

2. 全球定位系统（GPS）

（1）GPS 概述。全球定位系统（Global Positioning System，GPS）是美国国防部开发的卫星导航和定位系统。该系统可以在全球范围内全天候地为地面目标提供信息，从而确定该目标在地面上的精确位置、速度、运行方向等参数。它最初应用于美国的军事领域，在第一次海湾战争中，美国空军初次使用 GPS 技术而大获成功。

随着 GPS 的不断改进，它的应用领域正在不断扩大。我国于 1995 年成立了中国 GPS 协会。通过广泛的国际交流与合作，我国的 GPS 应用技术得到飞速发展，目前已遍及国民经济的各个部门，并逐步深入人们的日常生活。

（2）GPS 技术的组成。GPS 由空间卫星系统、地面控制系统和用户接收系统三部分组成。

①空间卫星系统。GPS 的空间卫星系统由 24 颗卫星（21 颗工作卫星和 3 颗备用卫星）组成。它们分布在离地高约 2 万公里的 6 个近似于圆形的轨道平面上，每个轨道 4 颗卫星，各轨道间的夹角为 60 度，轨道面倾角为 55 度，卫星运行周期为 718 分钟，能在全球范围内向任意多用户提供高精度、全天候、连续、实时的三维测速和三维定位。

空间卫星系统的主要功能是接收来自地面控制系统的各种指令和信号。一方面，它在指令的控制下进行卫星自身的轨道纠偏、速度调节、姿态调整等一系列维护性技术活动，以维持卫星的正常运行；另一方面，它将控制中心发来的一系列星历和导航电文向用户进行全球全天候的发播。

②地面控制系统。地面控制系统包括 1 个主控站、3 个注入站和 5 个监控站。主控站位于美国科罗拉多州的空军基地；3 个注入站分别位于大西洋、印度洋和太平洋；5 个监控站除了与主控站和注入站同设一处的 4 个站外，还有 1 个站设在夏威夷。主控站用来收集监控站发来的相关信息。根据这些信息，编制一定格式的导航电文后传送到注入站，对各注入站、监控站、卫星和整个地面控制系统进行监护和工作协调，保证各卫星在自己的轨道上正常运行。注入站接收主控站传来的导航电文和控制指令，并将这些信息注入飞越其上空的 GPS 卫星。监控站为主控站编纂导航电文，提供各类观测数据和信息，采集定轨参数、气象要素、卫星时钟和工作状态等数据，监控 GPS 卫星的运行状态及精确位置，并将这些信息传给主控站。

③用户接收系统。用户接收系统指各种以无线电传感技术和计算机为支撑的 GPS 接收机和数据处理软件，是一种能实现接收、跟踪、变换和测量 GPS 信号的接收终端设备。接收机将所接收到的信号进行变换和处理，实时计算出观测站的状态参数，最终实现定位导航的目的。

（3）GPS 的特点。GPS 导航定位以其高精度、全天候、高效率、多功能、操作简单、应用广泛等特点著称。

①定位精度高。用 GPS 卫星发来的导航定位信号能够进行厘米级甚至毫米级精度的静态相对定位、米级至亚米级精度的动态定位、亚米级至厘米级精度的速度测量和毫微秒级精度的时间测量。采用动态差分定位的精度小于 7 米，GPS 的测速精度为 0.1 米/秒。

②观测时间短。目前，20 千米以内相对静态定位仅需 15~20 分钟；快速静态相对定位测量时，当每个流动站与基准站相距在 15 千米以内时，流动站观测时间只需 1~2 分钟，可随时定位，每站观测只需几秒。

③操作简便。随着 GPS 接收机不断改进，接收机的体积越来越小，重量越来越轻，极大地减轻了测量工作者的紧张程度和劳动强度。

④全天候、全方位定位。目前，GPS 观测可在一天 24 小时内的任何时间进行，不受阴天黑夜、雨雪雾风等天气的影响。GPS 覆盖全球范围，可以在任何地点进行观测，接收 GPS 信号。

（4）GPS 的应用。最初设计 GPS 的主要目的是导航、收集军事情报，后来应用在广阔领域。

尤其是在货物配送领域，大量使用了车辆导航、车辆跟踪、货物配送路线规划、货物信息查询等功能。货物配送过程中运输路线的选择、仓库位置的选择、仓库容量的设置、合理的装卸策略、运输车辆的调度和投递路线的选择等，都可以运用 GPS 进行有效的管理和决策分析。这有助于配送企业有效地利用现有资源，降低消耗，提高效率。

3. 中国北斗卫星导航系统

中国北斗卫星导航系统（BeiDou Navigation Satellite System，BDS，中文名称 BeiDou）作为我国独立发展、自主运行的全球卫星导航系统，是国家正在建设的重要空间信息系统，可广泛应用于经济社会的各个领域。

北斗卫星导航系统的建设目标是建成独立自主、开放兼容、技术先进、稳定可靠的覆盖全球的卫星导航系统，形成完善的国家卫星导航应用产业支撑、推广和保障体系，推动卫星导航在国民经济社会各行业的广泛应用。北斗卫星导航系统由空间段、地面段和用户段三部分组成。空间段包括 5 颗静止轨道卫星和 30 颗非静止轨道卫星，地面段包括主控站、注入站和监测站等若干个地面站，用户段包括北斗用户终端以及与其他卫星导航系统兼容的终端。

北斗卫星导航系统能够提供高精度的定位、导航和授时服务，具有导航和通信相结合的服务特色。通过多年的发展，这一系统在测绘、渔业、交通运输、电信、水利、森林防火、减灾救灾和国家安全等诸多领域得到应用，产生了显著的经济效益和社会效益。

8.2.3 信息交换技术（EDI）

1. EDI 概述

信息交换技术（Electronic Data Interchange，EDI）指将信息（主要指商业信息）以标准格式，通过计算机通信网络，在计算机系统之间进行自动化传递，实现数据的交接与处理。EDI 是一种信息管理或处理的有效手段，是对供应链上的信息流进行运作的有效方法。使用 EDI 的目的是充分利用现有计算机及通信网络资源，提高贸易伙伴间通信的效益，降低成本。

EDI 的主要优点有：降低了纸张文件的消费；减少了重复劳动，提高了工作效率；使贸易更迅速、更有效，大大简化了订货及存货过程；改善贸易双方的关系，提高他们的竞争能力。

由于 EDI 可以完全代替传统的纸张文件的交换，因此有人称它为"无纸贸易"或"电子贸易"。

2. EDI 的构成

构成 EDI 系统的三个要素是 EDI 软件、EDI 标准和通信网络。

（1）EDI 软件。EDI 软件的作用是将组织内部非结构化格式的信息（数据）翻译成结构化的 EDI 标准格式文件，然后传送 EDI 报文。这是针对信息发送方而言的。对信息接收方来说，需要把接收到的标准 EDI 报文翻译成在该部门内部使用的非结构化格式的信息。根据这样的要求，EDI 软件应具有三方面的基本功能：数据转换、数据格式化和报文通信。

（2）EDI 标准。EDI 技术构成中，标准起着核心的作用。EDI 标准可分成两大类：一类是表述信息含义的语言，称为 EDI 语言标准，主要用于描述结构化信息；另一类是载运信息语言的规则，称为通信标准，它的作用是将数据从一台计算机传输到另一台计算机。目前广泛应用的 EDI 语言标准有两大系列：国际标准的 EDIFACT 和美国的 ANSIX. R。EDIFACT 标准作为联合国与国际标准化组织联合制定的国际标准，正在被越来越多的国家所接受。

（3）通信网络。EDI 通信网络是指通过网络把 EDI 数据传送到目的地。在传统的商务活动中，贸易单证票据的传递通常由邮政系统或专业投递公司来完成，但使用 EDI 技术后就可以用电子的手段来生成、处理和传递各类贸易单证。因此，网络通信是 EDI 系统必不可少的组成部分。从 EDI 所依托的计算机网络通信技术的发展演变来看，最初是点到点方式，随后是增值网络（VAN）方式，进而是电子邮件（E-mail）方式，现在是 Internet 模式，这一变化趋势使 EDI 的应用范围变得更加广泛。

3. EDI 的实现过程

EDI 的实现过程是用户在现有的计算机应用系统上进行信息的编辑处理，然后通过 EDI 转换软件（Mapper）将原始单据格式转换为中间文件（Flat File），再通过翻译软件将中间文件变成 EDI 标准格式文件，最后在文件外层加上通信交换信封，通过通信软件传至 Internet 或直接传给对方用户。对方用户则进行相反的处理过程，最后成为用户应用系统能够接受的文件格式并进行收阅处理。EDI 的工作方式如图 8-4 所示。

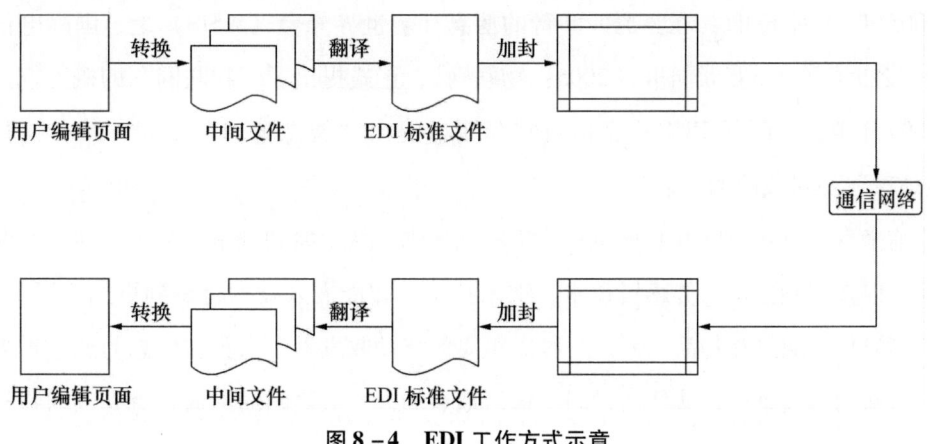

图 8-4　EDI 工作方式示意

4. EDI 的应用

EDI 的应用领域很广泛，涵盖工业、商业、外贸、金融、医疗保险、运输配送、政府机关等。EDI 应用获益最大的是零售业、制造业和配送业。EDI 技术的应用提高了其发票传输和订单过程效率。因此，EDI 在密切贸易伙伴关系方面有巨大的潜在优势。

随着网络技术的发展，EDI 已经开始朝着开放系统和综合电子商务解决方案的方向发展，面对新技术、新趋势带来的挑战，如何真正有效地利用 EDI，并在此基础上建立起适合中国的电子商务与物流体系，是发展我国电子商务与物流的一件大事。

8.2.4 物联网技术与智慧储存

1. 物联网概念的提出

物联网是指把所有物品通过射频识别、红外感应器、全球定位系统、激光扫描器等信息传感设备与互联网连接起来，进行信息交换和通信，实现智能化识别、定位、跟踪、监控和管理。

物联网的概念最早出现于比尔·盖茨 1995 年出版的《未来之路》一书。1998 年，美国麻省理工学院创造性地提出了当时被称为 EPC 系统的"物联网"的构想。1999 年，美国 Auto-ID 首先提出"物联网"的概念，主要是建立在物品编码、射频识别技术和互联网的基础上。在中国，物联网被称为传感网。中国科学院早在 1999 年就启动了传感网的研究，并取得了一些科研成果，建立了一些适用的传感网。

2005 年 11 月 17 日，在突尼斯举行的信息社会世界峰会（WSIS）上，国际电信联盟（ITU）发布了《ITU 互联网报告 2005：物联网》，正式提出了"物联网"的概念。

2009 年 1 月，时任 IBM 首席执行官彭明盛提出"智慧地球"构想，其中物联网为"智慧地球"不可或缺的一部分。

目前来看，世界上所有的物品，从轮胎到牙刷、从房屋到纸巾，都可以通过互联网进行交换。射频识别技术、传感器技术、纳米技术、智能嵌入技术将得到更加广泛的应用。在物联网时代，通过在物品上嵌入一种短距离的移动收发器，人类在信息与通信世界里将获得一个新的沟通维度，从任何时间、任何地点的人与人之间的沟通扩展到人与物和物与物之间的沟通连接。

2. 物联网相关技术

国际电信联盟提出物联网主要有四个关键性的应用技术：标签事物的射频识别技术（RFID）、感知事物的传感器网络技术（Sensor Technology）、思考事物的智能技术（Smart Technology）和微缩事物的纳米技术（Nanotechnology）。

（1）射频识别技术。射频识别技术通过与互联网、通信等技术相结合，可实现全球范围内物品跟踪与信息共享。

（2）传感器网络技术。传感器是机器感知物质世界的"感觉器官"，可以感知热、力、光、电、声、位移等信号，为网络系统的处理、传输、分析和反馈提供最原始的信息。随着科学技术的不断发展，传统的传感器正逐步实现微型化、智能化、信息化和网络化，正经历着一个从传统传感器、智能传感器到嵌入式 Web 传感器的发展过程。

（3）智能技术。智能技术利用各种方法和手段，通过在物体中植入智能系统，使物体具备一定的智能性，能够主动或被动地实现与用户的沟通。

（4）纳米技术。纳米技术主要研究结构尺寸在 0.1nm～100nm 范围内材料的性质和应用，主要包括纳米体系物理学、纳米化学、纳米材料学、纳米生物学、纳米电子学、纳米加工学和纳米力学 7 个相对独立又相互渗透的学科，涵盖纳米材料、纳米器件、纳米尺度的检测与表征三个研究领域。基于纳米技术，利用传感器技术就能探测到物体的物理状态；利用嵌入式智能技术，可大大增强网络信息处理的能力。纳米技术意味着物联网中体积越来越小的物体能够进行交互和连接。

3. 物联网和智能物流

智能物流是信息化及物联网在传统物流业应用的产物，它不仅能为企业带来物流效益的提升和物流成本的控制，还能从整体上提高企业以及相关领域的信息化水平，从而达到带动整个产业发展的目的。

智能物流的过程可以简述为：一条生产线正在运行，一批产品在最后下线的环节被机器内置了一个电子标签，这些产品在入库时被射频识别装置自动读取电子标签存入数据库，并自动更新库存数据；经过一段时间，这批产品被调出库时，同样经过数据读取并及时更新数据库信息；然后这批产品进入物流系统，而物流公司要对其进行同样的数据采集和管理，通过数据的实时传输、实时跟踪掌握这批产品所处的位置。当物流公司将这批产品交付给货主企业后，货主企业再次对其进行数据读取和收集，直到将产品送到最终消费者手中。

在上述过程中，处于最初环节的生产商可以通过与物流公司和最终端的联网，全程跟踪这批产品的动向，其中任何一个环节出现问题，都可以在最短的时间内确定相关的信息；相关主体可以在第一时间内进行沟通，商讨解决问题的方案。

物联网集合了编码技术、网络技术与射频识别技术，在标准化、自动化与网络化等方面进行了创新，从而使物流公司能够准确、全面和及时地获取物流信息，并提供独到的服务。在这里，提高物流企业的信息获取能力是关键，而物联网的出现，正好迎合了物流运输特别是配送在这方面的需求。

物流配送中心可以对单个货品信息实现自动、快速、并行、实时和非接触处理，并通过网络实现信息共享，满足用户的需求，最终实现社会资源的优化配置，从而实现对供应链实现高效管理。物流配送中心通过分析、提炼来自诸如运输、仓储、配送等基础物流服务所获得的物流信息，得出企业级、行业级和供应链级的分析结果，并在此基础上根据不同的信息级别，分别提供企业级、行业级和供应链级的信息增值服务。

4. 医药产品物流可追溯系统

药品质量安全全程可追溯解决方案基于一物一码技术，能够有针对性地提出解决方案，以确保企业快速、准确、实时采集到药品质量信息，从而实现对药品全生命周期的追踪管理。

图8-5为在医药产品仓储作业的整个流程中应用射频识别技术建立的物流可追溯系统。

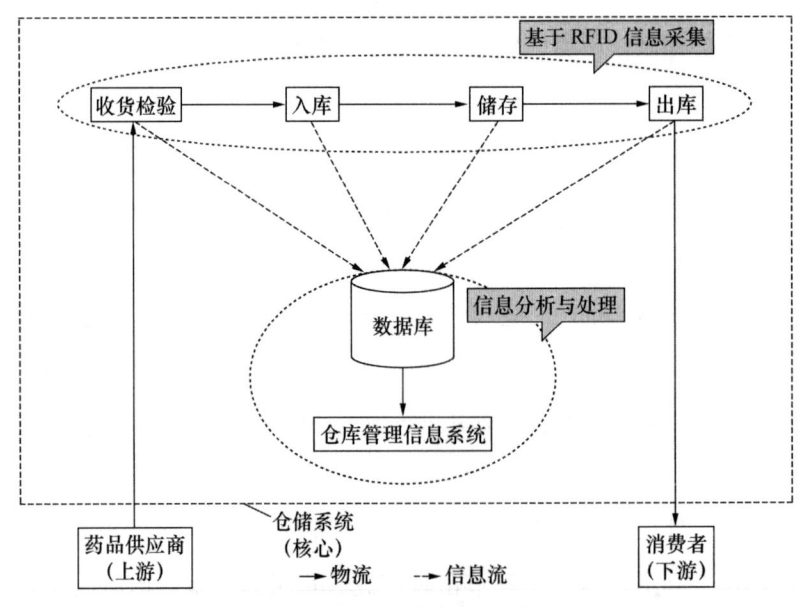

图8-5 医药品物流可追溯系统

医药产品的仓储过程一般包含收货检验、入库作业、储存保管、出库作业等环节，在仓储过程的上游联系着医药制造商，下游联系着销售商、医院甚至最终端消费者。该系统在仓储过程的每个环节应用射频识别技术进行信息的录入和处理,并对每一步操作进行有效的查询和监控,从而实现医药产品物流的可追溯性,具体内容如下。

(1) 将所有产品的最小销售单元赋予唯一的监管码,以二维条码和数码混合的方式体现,在生产过程中进行赋码,通过监管码记录每件产品的生产日期、批号及原料来源、质监报告等信息,使用数据库进行储存。

(2) 出入库时将监管码激活,并上传到监管平台。在流通过程中,通过扫描、录入监管码方式查询生产日期、保质期、产品真伪、销售去向等信息。当出现质量问题时,可以根据监管码带有的信息追查原因,还可以根据监管码对应的发货信息检查市场上是否有窜货现象等。

(3) 储存阶段。利用射频识别技术可以实现仓库的快速盘点,帮助管理人员随时了解仓库里医药产品的状况。

(4) 由于医药产品的运输、存储、销售等环节的信息都存在射频识别标签中,一旦医药产品出现问题,根据追溯系统标签的内容可以追溯全过程,帮助确定出现问题的环节和问题产品的范围。仓储部门利用读写器可在仓库中迅速找到尚未销售的问题产品,医院甚至最终端消费者也能利用RFID标签确认购买的医药产品是否是问题产品以及是否在召回的范围内。

8.3 医药配送中心信息系统的设计

物流配送中心信息系统的设计大致可分为三个阶段:信息系统战略规划、信息系统规划及信息系统实施。

8.3.1 信息系统战略规划阶段

在信息系统开发之前,首先进行战略规划,制订客观且具体可行的整体开发计划,使信息系统能够服务于企业发展目标。信息系统与相关人力、资金和现有的信息资源相协调,是信息系统成功开发的关键。一般需要根据规划范围的界定、组织措施的落实、组织架构与组织运行状况评估、信息系统现状、产业特性、企业经营环境,以及竞争对手信息系统发展状况等,来制定信息系统战略规划。

1. 规划范围界定及组织措施安排

在信息系统战略规划阶段，首先要弄清楚企业的经营目标及管理者对信息系统的期望，由此确定主要的工作范围，通常包含信息系统的功能设计、数据库架构设计、软件和硬件的选用及资源的配置方式、人力资源现状、投入经费、推动措施的制定以及管理制度的建立与健全。同时在战略规划开始阶段，取得企业最高管理者的全力支持非常重要，最好由最高管理者召集各单位主管人员成立战略规划委员会，由各参与单位提出其对信息系统的要求与期望，以此来制定规划的目标、范围与方向，以及各种可行的方案，并且决定信息系统规划后续过程中各部门的工作内容和部门间的职责划分等。

2. 产业特性、经营环境及竞争对手信息的评估分析

建立与运用信息系统，除了可以简化事务作业内容和流程外，还可以促成企业经营绩效提高，使企业在医药行业内具有较强的竞争力。因此在战略规划之初，需要对产业特性、企业经营环境及竞争对手信息系统发展状况等加以评判分析，并将其分析成果渗透到实施战略的制定中，将评估要点贯穿于信息系统开发的全过程。

3. 信息系统的实施

信息系统的实施至少应包含以下内容：作业内容的修改和制定、管理方式与制度的建立、信息系统需求方案制定、推动各项方案的组织架构的建立、方案实施时间预估、确定方案实施的先后次序等。信息系统实施方案开发的先后次序，一般由该方案对企业决策的重要性及发生的频率来决定。因此须调查各个作业活动的发生周期，以信息系统使用的次数多少来决定其开发的先后次序。如库存控制管理系统、配送路线的选择系统、仓库的进出库作业系统等，每日发生多次，故对企业的经营与运作影响巨大，可率先开发以增加企业的经营效率。对于不常发生的决策活动，如机械设备的采购选用、仓库设置数量及选址、堆放方式的规划设计等，由于使用的频率较低，因此在信息系统开发时可暂缓执行。

8.3.2 信息系统规划阶段

信息系统规划就是分析信息系统功能需求，并制定输入输出报表、界面设计与程序编写需求，进而制定信息系统实施时所需的各项工作内容、开发进度及推行的组织措施。

1. 信息系统需求分析

当企业完成信息系统的开发与系统安装并使用一段时间后,系统的使用者往往会对所使用的系统提出一些意见,如系统本身无法满足其真正的需求,各项报表、界面的设计也有许多不尽如人意之处。因此在信息系统开发战略确定以后,就要针对各方案的详细功能展开调查。调查可通过以下几种方式来进行。

(1) 向使用单位发放问卷调查,并与使用人员作进一步的沟通与讨论。

(2) 组成信息需求调查小组,由使用该系统的单位指定人员参与,通过开座谈会的方式,协调整合各部门的需求。

(3) 由信息系统开发设计人员对使用该系统的各个部门展开一对一的访谈调查。该方式虽然需要耗费大量的时间,但是能了解到具体使用者的需求与系统的缺点,所以效果较好。

2. 运行状况分析

对物流配送中心运行状况的了解包含以下内容。

(1) 组织架构。除了将企业所拥有的部门列举出来,并依其组织架构加以标示外,还需要详细了解各部门的工作机能及其作业内容,这样可帮助系统分析师作系统的分析规划,也有助于信息系统建立后作为系统推行的参考。

(2) 作业内容及作业流程。了解企业的作业方式及事务流程,一方面可为信息系统规划作参考,另一方面可作为作业内容合理化、信息流程简化的规划基准。可通过绘制现行信息系统关联图和资料流程图,收集现有作业报表、单据与资料等方式来实现。

(3) 管理方法与制度。各项作业的管理准则及制度对信息系统设计也有极大的影响,尤其是对程序中逻辑推理的过程或计算公式的设定有直接的影响。因此,必须将企业的各项管理准则一一列举出来,如库存产品先进先出的原则、产品搬运的最短距离原则等。

3. 系统分析与设计

明确物流配送中心的各项作业流程、系统功能需求、现有的各项信息技术与管理决策之后,系统分析人员即可依据这些条件来制定新的作业方式,建立可行的信息系统架构,并将各项可执行的实际内容列举出来,以便进行信息系统的实施。

(1) 作业合理化。作业合理化的基本思想是保留原作业系统的各项功能,去除不必要的作业，合并性质重复的作业，使现有作业流程顺畅化；检查原有作业系统的瓶颈，提出作业问题点并予以解决；合并格式内容相近的表单，统一意义相同的栏位名称，减少表单数量，使表单内容更加丰富。

（2）建立信息系统架构与设定功能。作业方式与内容确定后，信息系统的功能将根据各项作业的需求来确定。信息系统的架构可通过物流配送中心的组织架构或数据库结构的方式，由作业内容来建立。

（3）作业流程设计。信息系统架构建立后，即可分析各项作业之间的资料流程。作业流程的分析可由逻辑系统关联图和逻辑资料流程图来具体表现。

（4）数据结构设计。数据库中数据结构的不同，可能会影响程序执行时的速度及效率，选择何种数据结构，视实际情况而定。一般而言，数据库可分为集中式数据库和分散式数据库。集中式数据库又可分为阶层式数据库、索引式数据库和关联式数据库。采用关联式数据库，通常可以较快地取得数据，但数据储存量较大。而阶层式数据库则可取得详尽数据，不易遗漏，且不占用过多储存空间，但其数据搜寻速度比关联式数据库慢得多。

用户界面是人和计算机联系的重要途径，操作者可以通过屏幕窗口向计算机输入有关数据并控制计算机的处理过程，将处理结果反映给用户。因此，用户界面设计必须根据用户的操作习惯与方便性来设计。

（5）程序处理设计。由逻辑系统关联图和逻辑数据流程图可得信息系统内部程序间的运作流程及各子程序的执行内容、数据来源、信息的输入/输出及数据处理计算的公式。程序处理设计可用制作较清楚的需求规格说明书加以表达。

需求规格说明书是运用结构化程序语言，描述数据流程图中最低层的作业程序、原则性的处理流程及相关的逻辑决策表。

4. 实施规划

信息系统实施规划的主要内容是为信息系统作实施内容分析，制定实施步骤，预计各项目推进所需时间，进行工程进度安排及人力需求规划，并制定相应的组织架构、教育训练计划与管理控制制度等。

（1）信息系统功能分析。一般程序均以达成下列几项功能为目的：数据查找、数据排序、数据处理及计算、数据档案的存取、报表打印及界面显示等。因此，可依据各子系统功能及作业内容列出各子系统的程序及各程序应具备的功能,作为系统分析人员估计程序编写时间的标准及程序测试审核的标准。

(2) 程序开发流程规划。当系统分析人员获得上述数据之后,即可估计程序编写所需时间,将编写的工作内容细化,并调整程序编写的先后次序,使程序的编写顺利进行。

(3) 软、硬件资源规划。该部分内容包括数据库处理系统的选用,网络的设置和架构,网络控制系统的选用,程序编写工具或语言,以及计算机主机、终端机、输入/输出装备、数据储存装置、传输卡与网络传输介质等的选用。

(4) 人员及组织的训练规划。完成以上各项工作后,即可针对各项工作内容,安排相关人员,负责执行各种知识与技术的训练课程。除此之外,针对各项工作的推行,编排工作进度,制定工作绩效考核标准,方便工作实施时的进度控制。

8.3.3 信息系统实施阶段

系统实施就是由推行人员实施执行,达到系统建立与使用的目的。而系统的实施包括下列五个阶段。

1. 程序设计

物流信息系统的程序设计是以程序设计说明书为基础,以某一种或几种具体的编程方法和工具为媒介,来实现系统功能模块的程序编制工作。信息系统程序设计的基本要求包括五个方面。

(1) 可靠性。这一方面是指系统的安全可靠性,包括数据的存取、通信、操作权限等数据资料方面的可靠性;另一方面是指程序运行的可靠性,也就是系统本身的良好状态。

(2) 实用性。实用性是系统实施后能否正常投入使用的重要保证,是指从用户的角度来审查系统的功能,满足灵活、实用及方便的要求。

(3) 可读性。即力求写出的程序和命令清晰、易懂。可读性是将来系统维护和修改的基础,这对于大型系统的开发尤为重要。

(4) 规范性。首先是要求系统功能的划分、结构的界定等方面应当遵循既定的规范;其次是程序的编写、变量的命名以及书写的格式等方面要遵守一定的规范;最后是文档,包括开发文档、维护文档以及说明等应有一定的规范。系统的规范性是日后对系统进行使用、升级维护以及相互交流的基础。

（5）可维护性。可维护性要求系统程序的各个组成部分之间保持相互的独立，这与规范性、可读性等指标密切相关。

2. 系统程序调试

系统程序调试主要包括程序调试、模块调试、子系统测试、系统功能调试和系统性能调试等。

（1）程序调试。它是指对一些具有独立功能的程序进行的调试。调试的主要内容包括正确性、运行速度、存储空间以及使用简便性。

（2）模块调试。它是指对若干个程序组成的某一功能模块进行的调试。它是在程序调试的基础上对程序调入过程的功能出现的问题进行调试。

（3）子系统调试。它是对模块与模块之间的调用关系进行调试。其中，调试内容包括上层模块如何使用下层模块，下层模块出现问题时反馈信号如何影响上层模块，多个模块同时使用文件时是否存在死锁等。

（4）系统功能调试。它是在子系统调试的基础上对整个系统的功能进行的调试，包括对子系统之间的接口、数据通信、功能处理、资源共享，以及某系统遭到破坏后能否按要求恢复等问题的调试。

（5）系统性能调试。它主要是对系统转换方式的调试。系统转换方式主要有直接转换方式、并行转换方式和分段转换方式等。

3. 编写操作手册

为了使信息系统上线之后可以顺畅地执行各项作业，必须编写各种手册，以指导使用者如何维护及操作，其中包含指导系统安装人员的安装手册、指导使用者的使用操作手册以及保证系统顺畅运作的维修手册。

4. 系统安装及上线

系统安装调试好之后通常不能马上上线，主要是因为现有数据尚未经过有效整理，不适合系统设计的输入/输出格式，无法发挥信息系统的既定功能。因此系统初次使用时，需要将必要的数据导入系统中，或将数据转换成系统所需的数据格式。

5. 系统人员操作训练

系统人员是指在进行系统开发的过程中以及在系统的使用、维护等工作中所需要的各类专业人员。在整个系统开发过程中，所涉及的工作人员包括以下几类。

（1）系统分析员。负责与用户一同确定信息需求，编写系统说明书。

（2）系统设计员。负责设计信息系统，定义软件、硬件要求。

（3）应用程序员。负责设计、调试计算机应用程序，确保其能够正常投入使用。

（4）程序维护员。对目前运行的系统和程序进行有效维护。

（5）数据库管理员。管理和控制企业数据库，确保正常运作。

（6）计算机操作员。操作计算机设备和使用相关系统。

（7）文件库管理员。保存与收发系统的相关必要文件，进行文件的整理存放。

（8）控制员。记录各种系统控制信息，检查控制规程。

（9）规划员。对信息系统的发展前景进行规划，确保将来开发的方向。

课后思考

1. 物流配送管理信息系统与条形码管理系统、GPS 系统、EOS 系统有何关系？
2. 物流配送中心管理信息系统的组成结构是怎样的？

案例分析

九州通等运用 RFID 电子标签技术让药品冷链物流不"断链"[1]

据了解，受技术限制，目前一些物流公司采用人工确认温度进行温度管理，但这种方式只限于出货和进货时进行测定，缺少运输环节的连续性温控数据。如何实现全程实时温度监测与控制，是药品经营企业进行冷链管理时突出的重点和难点之一。

---

[1] 资料来源：http://hd.jctrans.com/hdinfo/27407-2.html。

全程冷链是疫苗等冷藏药品质量安全的重要保证，无论是生产、出厂、运输、储存、终端，都需要冷链保障。不能"断链"，是冷链物流最基本的原则，否则可能导致疫苗失效，影响群众生命安全。由于我国目前缺乏统一的药品冷链执行标准，各药品经营企业冷链过程控制水平参差不齐。现阶段，不是所有从事冷链物流的企业都能提供温度监测和控制记录，冷链运输过程中还存在着温控不力等问题。因为没有温控记录，一旦某个物流环节"断链"，很难调查出究竟是哪个环节出现问题。

目前，全程冷链和实时温控是摆在药品经营企业、冷链物流企业和监管部门面前的一道亟须破解的难题。冷链物流行业的发展也迫切需要建立统一的物流规范和操作标准作为支撑。

2011年底，九州通医药集团投资3亿元建立了上海九州通现代医药物流中心。这个新物流中心引进了多项现代化物流信息管理技术，其中应用了日本电气股份有限公司（NEC）的RFID（俗称电子标签）技术对全程冷链管理系统进行温度管理。

在冷链物流环节，RFID技术多应用于食品药品等高附加值物流系统的管理中，通过药品出库时在冷藏箱中放置带有温度传感器的RFID标签，把货物信息包括药品温度实时地储存在RFID芯片中。货物到达后通过手持型读写器批量读取货物及温度信息，可以实现全程的温度信息瞬间获取，降低人工成本及出错率。

九州通物流管理总部负责人表示，该公司通过全程连续性温度追踪，实现了可靠的温度管理。接下来，九州通还将逐渐向全公司推广RFID温度追踪系统，并将根据实际应用情况不断扩大需求量。

据了解，除药品经营企业外，一些第三方物流企业也在应用RFID技术，以实现冷链物流的专业化管理。

"传统的温度记录仪是通过有线连接到相关设备并读取出相应温度数据，而应用RFID温度标签则无须打开冷链周转箱，外面的读写器能通过无线射频自动读取冷链箱内的货物温度记录数据，冷链不会断掉，而且可以随时了解产品在途温度。"北京松冷冷链物流有限公司总经理孙立军表示。

贴有RFID标签的冷链箱，如同有了一张电子"身份证"。"身份证"可以记录货物所有的信息，其中包括货物的实时温度信息。"一批冷链周转箱出库时，读写器能一次性读取到该批次各冷链保温箱内的所有RFID温度标签的信息。这使冷链周转箱出入库的信息录入实现了自动化，缩短时间的同时也确保了出入库信息的准确性。当货物量很大时，出入库自动读取信息能够解决物流操作环节的瓶颈问题。"孙立军说。

据悉，松冷和 NEC 在共同探索多项技术的融合，将 RFID 温度标签技术与 GPS 技术、冷链信息系统相融合，运输过程中货物温度记录数据读取之后将自动上传至温控数据信息平台，客户可以随时上网下载与之相对应的记录数据，从而实现货物在途信息查询、实时温度监控和地理位置跟踪，这将填补冷链运输环节温控的空白。

思考题

1. 射频识别技术在医药物流配送中心有哪些主要的应用领域？
2. 如何用射频识别技术建立一个"完全透明"的体系？这种体系对于医药配送中心的信息系统有什么好处？

第 9 章　医药配送中心绩效管理

本章导读

医药配送中心绩效是指医药配送中心从事配送业务，通过采购进货入库储存，分拣、配货、配装等一系列活动所产生的成绩和效果。一个设计合理的医药配送中心绩效评价体系可以使高层管理者判断现有经营活动的获利能力，及时发现尚未控制的领域，有效地配置企业资源，提高医药配送中心的核心竞争力，实现企业战略转移，并且能够确保企业将短期目标与长期目标相联系，确保企业在竞争中生存和发展。为了科学、客观地反映医药配送中心的运营状况，应考虑建立与之相适应的绩效评价指标和评价方法，并确定相应的绩效评价体系。本章介绍了医药配送中心绩效评价体系的原则、设计要求和实施步骤，并且解析了两种绩效评价方法，最后详细阐述了基准化管理这一医药配送中心绩效改进方法。

知识结构图

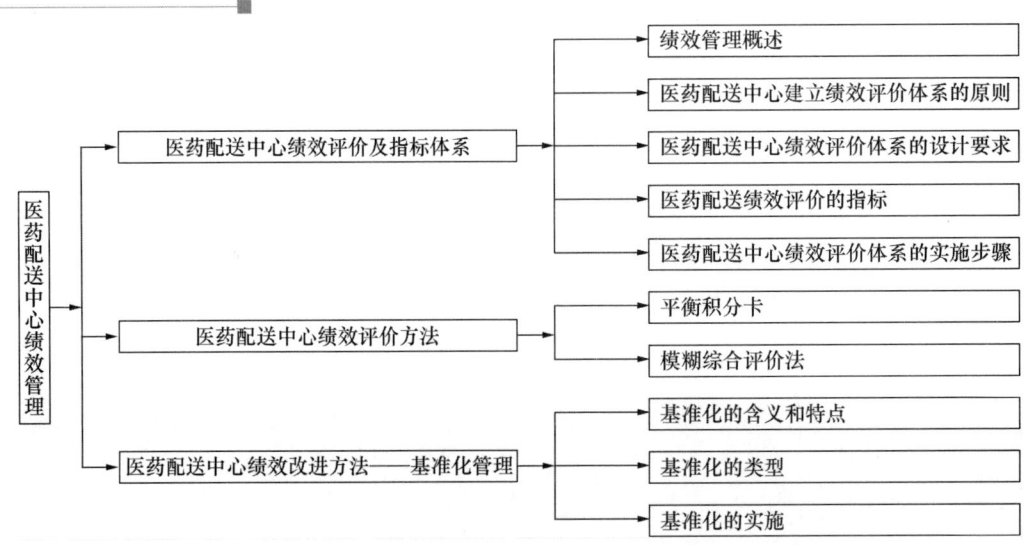

案例导读

K 医药配送中心配送绩效

K 医药配送中心有一条醒目的商家座右铭：为顾客节省每一分钱。配送中心的营销利润控制在 5% 内，这是其他医药商家不会做的"傻瓜"生意。据了解，按照医药的传统销售模式，制药企业生产的医药批发出厂后，经过医药配送中心或医院，再到大小药店和消费者手中，药品价格已上涨 30%～50%，药价居高不下的问题便不难理解了。

K 制药集团于 1998 年成立制药药品销售有限公司，公司宗旨是"千方百计降低成本，减少老百姓负担"。降低药品的价格，首先是靠降低生产成本，这个已经很难再降了，所以减少流通环节、降低物流成本就成了首选。因此 K 医药销售公司通过建立配送中心、完善配送系统来努力降低物流成本。

为了有效降低成本，同时努力提高配送服务效率和服务水平，K 医药配送中心制定了一整套绩效考核系统和标准，针对配送作业各个环节制定了详细的考核标准和参考标准，定期考核各项作业的效率和成本情况，进而采取有针对性的措施来有效降低成本。2005 年以后，又将内部绩效考核扩大到外部，形成一体、涉及各个方面的绩效考核系统，全面检查和改进配送各项作业。

通过有效的绩效考核和工作优化，公司的配送成本得到了有效控制。2013 年公司总销售额达到 5.4 亿元，而仅有 83 人的 K 医药配送中心销售额就达到 2.1 亿元，其中配送成本仅占销售额的 6.1%。

资料来源：劳动和社会保障部教材办公室组织：《高级物流师》，中国劳动社会出版社 2004 年版。

9.1 医药配送中心绩效评价及指标体系

9.1.1 绩效管理概述

从事各项管理工作都需要进行对比衡量。一个员工没有考核，没有衡量，就无法看清楚自己工作中的成绩和不足。同样对于医药配送中心而言，如果不对其进行考核，就无法知道经营绩效的好坏，无法看清楚自己与竞争对手之间的差距，就不能弥补不足，或者不能提升核心竞争力和增强自己的市场竞争力。无论是个人还是医药配送中心，都希望在实现一定产出的情况下，使得投入最小，或者在投入一定的情况下，实现产出最大。

1. 绩效管理的概念

绩效管理是指一系列以员工为中心的管理活动，目标是通过充分开发和利用每个员工的价值来达到改善企业绩效、实现企业战略目标的目的。

2. 绩效管理的意义

20世纪80年代以来，经济全球化的步伐越来越快，市场竞争日趋激烈。在这种竞争中，一个企业要想取得竞争优势，必须不断提高其整体效能和绩效。绩效管理是对产生绩效的员工进行管理。实践证明，提高绩效的有效途径是进行绩效管理。绩效管理是一种提高企业员工的绩效和开发团队、个体的潜能，使企业不断获得成功的管理思想和具有战略意义的、整体的管理方法。通过绩效管理，可以帮助企业实现其绩效的持续发展；促进形成一个以绩效为导向的企业文化；激励员工，使他们工作更加投入，促使员工开发自身的潜能，提高他们的工作满意度；增强团队凝聚力，改善团队绩效；通过不断的沟通和交流，发展员工与管理者之间的建设性的、开放的关系；给员工提供表达自己的工作愿望和期望的机会。

3. 绩效的管理过程

绩效管理是一系列以员工为中心的管理活动。绩效管理的最终目标是通过充分开发和利用每个员工的潜能来提高企业绩效，即通过提高员工绩效来达到改善企业绩效的目的。有效的绩效管理的核心是一系列活动的连续不断的循环过程，一个绩效管理过程的结束，是另一个绩效管理过程的开始，它包括绩效计划、绩效管理、绩效考核和绩效反馈四个环节。

（1）绩效计划。绩效计划是确定组织对员工的期望并得到员工认可的过程。由于绩效包括结果绩效和行为绩效两个部分，因此绩效计划必须清楚地说明期望员工达到的结果以及为达到该结果所期望员工表现出来的行为和技能，即确定工作目标和发展目标。

工作目标的设计是一个自下而上的目标确定过程，通过这一过程将个人目标、部门或团队目标与企业目标结合起来。目标设计也是一个员工全面参与管理、明确自己的职责和任务的过程，是绩效管理的一个至关重要的环节。因为员工只有知道了企业或部门对自己的期望是什么，才有可能通过自己的努力达到期望的结果。制定目标时应注意以下几个方面：第一，领导与员工应该就员工个人发展目标达成一致；第二，员工有权利和责任确定自己的发展目标；第三，培训和发展活动应支持所确定的工作目标的实现；第四，培训和发展活动应符合员工学习的风格，因此应该采用多种方法，如在职培训、进修、研讨会等来帮助员工提高工作的能力。

（2）绩效管理。绩效计划制定完成以后，被评估者按照计划开始工作。在工作的过程中，绩效管理者要对被评估者的工作进行指导和监督，及时解决发现的问题，并对绩效计划进行调整。绩效计划并不是一成不变的，而是随着工作的开展不断调整。整个绩效考核期间都需要管理者不断地对员工进行指导和反馈。

（3）绩效考核。在绩效评价阶段，依据预先制定好的计划，主管人员对下属的绩效目标完成情况进行考核。绩效考核的依据是双方达成一致意见的关键绩效指标。在绩效管理过程中所收集到的能够说明被考核者绩效表现的数据和事实，可以作为判断被考核者是否达到关键绩效指标要求的依据。

（4）绩效反馈。绩效管理的过程并不是到绩效评价打出一个分数就结束了，绩效管理者还需要与下属进行一次面对面的交谈。通过绩效反馈面谈，下属了解管理者对自己的期望，了解自己的绩效，认识自己有待改进的方面；下属也可以提出自己在完成绩效目标中遇到的困难，请求管理者的指导。对于表现优异、绩效好的员工，应进行有效的激励。

9.1.2 医药配送中心建立绩效评价体系的原则

为对医药配送中心进行绩效评价，需要建立评价体系，其原则如下。

1. 客观公正

坚持定量与定性相结合的原则，建立科学、适用、规范的评价指标体系及标准，避免主观臆断。以客观的立场评价优劣，以公平的态度评价得失，以合理的方法评价业绩，以严密的计算评价效益。

2. 责、权、利相结合

医药配送中心的绩效评价结果产生后，应分析责任的归属。在确定责任时，要明确是否在当事人责权范围内。评价的目的主要是改革绩效，不能为评价而评价，要为奖惩而评价、为晋升而评价。此外，应该注意评价指标包括的是否为当事人可控事项，只有这样奖惩才能公平合理。

3. 目标与激励

医药配送中心绩效评价体系的目标设计和激励是必不可少的，目标的实现是很重要的激励机制。另外，以报酬作为激励也是现代化医药配送中心不可缺少的有效管理机制。

4. 多层次、多渠道、全方位评价

多方收集信息，实行多层次、多渠道、全方位评价。在实际工作中，可综合运用上级考核、同级评价、下级评价、职员评价等多种形式。

5. 时效与比较

在评价绩效时，数据是最佳的衡量工具，但是如果没有比较的基准数据，再及时的评价也是徒劳的。因此，医药配送中心的盈余或亏损，必须与过去的记录、预算目标、同行业水准、国际水平等进行比较，才能鉴别其优劣。只有将一定的基准数据与被评价企业的经营结果进行比较及分析，医药配送中心绩效评价才具有实际意义。为了及时了解医药配送中心运营的效益与业绩，应该及时进行评价。

6. 连贯性

医药配送中心绩效评价体系的建立要依据连贯性原则，避免设定指标的大起大落和指标定义的变动。

7. 经常化、制度化的评价

医药配送中心必须明确评价的原则、程序、方法、内容及标准，建立科学合理的绩效评价制度，将正式评价与非正式评价相结合，形成经常化、制度化的评价体系。

9.1.3 医药配送中心绩效评价体系的设计要求

配送中心绩效评价指标是非常重要的，首先对其特点进行说明。

1. 现行的绩效评价指标的特点

现行的绩效评价指标侧重于对单个部门的评价，评价的对象是某个具体医药配送中心的内部职能部门或者员工个人，其评价指标在设计上有如下一些特点。

(1) 现行绩效评价指标的数据来源于财务结果，在时间上略为滞后，不能反映医药配送中心的动态运营情况。

(2) 现行绩效评价主要是评价医药配送中心职能部门工作的完成情况，不能对医药配送中心的业务流程进行评价，更不能科学、客观地评价整个医药配送中心的运营情况。

(3) 现行绩效评价指标不能对医药配送中心的业务流程进行实时评价和分析，而是侧重于事后分析。因此，当发现偏差时，偏差已成为事实，其危害和损失已经造成，并且往往很难弥补。

因此，为衡量医药配送中心整体运作绩效，以便决策者能够及时了解医药配送中心的整体状况，应该设计出更适合于度量医药配送中心绩效的指标和评价方法。

2. 医药配送中心绩效评价体系的设计要求

任何一个体系的设计都与企业结构有着密不可分的关系。医药配送中心绩效评价体系是在整个组织结构之内设计的，适应医药配送中心经营的组织结构，有助于实施适当控制，同时组织结构也影响信息的流向与流量。总体而言，这个体系的设计必须满足以下要求。

(1) 及时。只有及时获取有价值的信息，才能及时评价、及时分析，迟到的信息会使评价失真或无效。因此，何时测算及以什么样的速度将测算结果予以报告，是医药配送中心绩效评价体系的关键。

(2) 准确。要想使评价结果具有准确性，与绩效相关的信息必须准确。在评价过程中，测算什么、如何测算，都必须十分清楚。

(3) 可理解。能够理解的信息才是有价值的信息。评价体系与发展战略目标应该是一致的。

(4) 指标的可控性与激励性。对管理者的评价必须限制在其可控范围之内，只有这样，他才能接受，对管理者也公平。即使某项指标与战略目标非常相关，只要评价对象无法实施控制，他就没有能力对该项指标的完成情况负责，非可控指标应尽量避免。另外，指标水平应具有一定的先进性、挑战性，这样才能激发被评价者的工作潜能。

(5) 应变性。良好的绩效评价体系，应对医药配送中心战略调整及内外部的变化非常敏感，并且体系自身能够相应作出较快的调整，以适应变化要求。

（6）反映企业的特性。一个有效的医药配送中心绩效评价体系，必须能够反映企业的特性。从控制的观点出发，绩效评价的焦点一般集中在评价公司及经理，以确定被评价的医药配送中心的业绩及效益。

3. 医药配送中心绩效评价体系设计时应注意的问题

医药配送中心在设计绩效评价体系时，除必须满足上述几项要求外，还应注意下列问题。

（1）经济效益指标不可过高或过低。医药配送中心是服务性企业，特别是本公司的医药配送中心，其经营战略是使整体利益最大化。如果经济效益指标过高，企业无法接受。但是也不能过低，过低会失去评价的意义。

（2）不可过分注重财务性评价。非财务性的绩效评价不能忽视，因为它能更好地反映医药配送中心的运营状况，如客户满意程度、交货效率和及时性、订货周期等。

（3）以客户为中心。医药配送中心的绩效指标最好能有客户参与的空间，让客户直接选定他们关心的某些项目，这样会产生较好的效果。

（4）如果医药配送中心的价格有较强的竞争力，但客户不多，则在利用评价结果与同行业进行比较分析时，应注意可比性。

（5）若上市公司医药配送中心的财务绩效评价结果较好，而股票价格毫无起色，则需要审查体系设计的指标和标准是否合适。

（6）评价体系应兼顾眼前财富最大化和长远财富最大化，能实现物流企业的可持续发展，使企业获取长期利益。

9.1.4 医药配送绩效评价的指标

根据配送活动所经历的阶段，可以将医药配送绩效评价指标分为下列三个方面，如图9-1所示。

1. 配送活动计划的设计

配送计划是对配送活动进行运营活动的安排，其实质是对要达到的目标及途径进行事先确定，是配送活动的重要环节。配送计划的优劣主要体现在全局性、应变性和效益性三个方面。

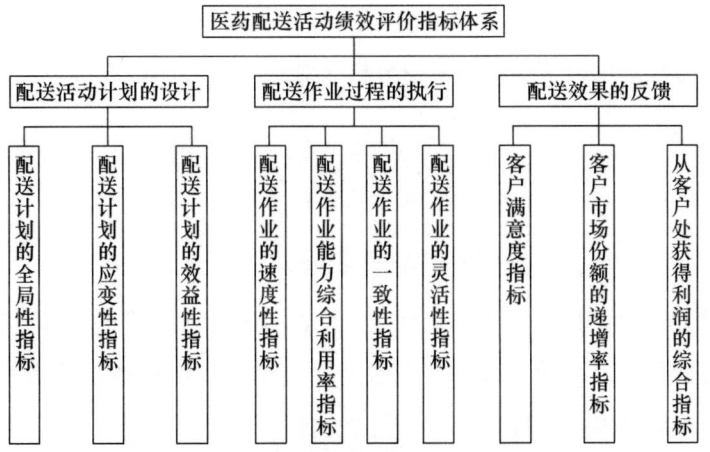

图 9-1 医药配送活动绩效评价指标体系

(1) 配送计划的全局性指标。全局性是指配送计划应符合配送整个业务流程的需要，而不是单一地满足某一方面的需要。为了便于评价，可以利用功效系数法进行评价，将其指标分数化成 100 分制。计算公式如下：

$$\text{全局性评价指标分数} = 60 + \frac{\text{实际指标值} - \text{指标不允许值}}{\text{指标满意值} - \text{指标不允许值}} \times 40 \qquad (9-1)$$

指标不允许值和指标满意值均可由决策者经过长期的实际运作分析而定。对于某一时期的配送计划绩效的评价，指标实际值由决策者对这段时间内的计划进行分析而定。

(2) 配送计划的应变性指标。应变性是指当外界条件发生变化时，其计划能够较快地作出调整以适应变化的要求。为此，可以采用功效系数法和比较尺度法进行评价。配送计划应变性的比较尺度如表 9-1 所示。

表 9-1 配送计划应变性的比较尺度

应变性容易程度	很不容易	较不容易	不容易	稍不容易	一般	稍容易	容易	较容易	十分容易
分数	1/9	1/7	1/5	1/3	1	3	5	7	9

当认为计划的应变性为容易的时候，对其进行打分，取值 1~9。

$$\text{应变性评价指标分数} = 60 + \frac{\text{指标值}}{9} \times 40 \qquad (9-2)$$

当认为计划的应变性为不容易的时候，对其进行打分，取值 1/9~1。

$$\text{应变性评价指标分数} = 60 + \frac{\text{指标值}}{\frac{1}{9}} \times 40 \qquad (9-3)$$

(3) 配送计划的效益性指标。效益性是配送绩效评价的主要内容之一,配送的主要目的在于体现其效益性。可以采用盈亏平衡分析法对一个配送计划进行评价。具体计算公式如下:

$$\eta_1 = \frac{P}{C}, \varepsilon_1 = \frac{\eta_1}{\eta_0} \qquad (9-4)$$

$$\text{效益性评价指标分数} = 60 + (\varepsilon_1 - 1) \times 40$$

其中,η_1 表示该计划的单位成本获利数;P 表示该计划能够获得的利润;C 表示该计划的总成本;ε_1 表示该计划单位成本获利数与标准单位成本获利数的比值;η_0 表示企业长期统计的标准单位成本获利数。

2. 配送作业过程的执行

配送过程的执行是医药物流服务的核心环节,执行的质量好坏关系到整体服务效果。配送作业过程的执行主要体现在配货作业和运输作业两个方面,其共同特征体现为作业的速度性、作业能力的综合利用率、作业的一致性和作业的灵活性等指标。

(1) 配送作业的速度性指标。可以采用配送系统对顾客服务需求的平均响应时间来衡量。设配送系统共有 M 种服务内容,对于第 i 类顾客服务,配送中心从接到第 j 类顾客订单,到送到顾客手中这一整体活动中所需要的时间为 t,那么第 i 类顾客服务的速度性指标可以利用该种服务需要的平均时间 $\overline{t_i}$ 来衡量。

$$\overline{t_i} = \frac{\sum_{j=1}^{N_i} t_{ij}}{N_i} \qquad (9-5)$$

其中,N_i 表示第 i 类顾客的总人数。

(2) 配送作业能力综合利用率指标。作业能力是指在规定的时间段内(每小时或每天)员工进行正常作业程序时所能够完成的作业量。配送作业能力综合利用率是指配送企业进行配送活动时,其作业能力(包括运输能力、配货能力等)综合利用情况。假设企业进行配送活动包括 N 项作业,对于第 i 项作业,假定经过长期的观测,其作业能力为 C_i,某一时期内该作业工序的配送作业平均能力为 $\overline{C_i}$,则该作业工序的配送作业能力的利用率为:

$$\theta_i = \frac{\overline{C_i}}{C_i} (i = 1, 2, \cdots, N) \qquad (9-6)$$

配送作业能力的利用率 θ 取所有工序能力利用率最小值，即：

$$\theta = \min(\theta_1, \theta_2, \cdots, \theta_N) \qquad (9-7)$$

（3）配送作业的一致性指标。指配送活动在一定时期内准时交货并保证质量的次数占总交货次数的百分比。假设在一个时段内（t），准时保质交货的次数为 N_d，总交货次数为 N_t，作业的一致性指标计算公式如下：

$$P_d = \frac{N_d}{N_t} \qquad (9-8)$$

（4）配送作业的灵活性指标。主要体现在处理异常的顾客服务要求的能力以及故障处理能力两个方面。其中，处理异常的顾客服务要求的能力可以利用异常要求处理完毕数与异常要求需要处理数之比来计算，具体如下：

$$k = a \times k_1 + (1-a) \times k_2 \qquad (9-9)$$

其中，k 表示作业灵活性指标值；k_1 表示处理异常顾客服务要求能力指标值；k_2 表示故障处理能力指标值；a 表示处理异常顾客服务要求与故障处理能力相比的重要程度，若 $a=0.7$，表示异常顾客服务要求占 70%，而故障处理能力则 30%。a 的取值由决策者根据公司实际情况而定。

$$k_1 = \frac{异常情况处理完毕数目}{异常情况总需要处理数} \qquad (9-10)$$

$$k_3 = \frac{\sum_{i=1}^{n} t_{i标} - \sum_{i=1}^{n} t_{i实际恢复需要时间}}{\sum_{i=1}^{n} t_{i标}} \qquad (9-11)$$

$$k_2 = 0.7 + k_3 \times 0.3 \qquad (9-12)$$

其中，$t_{i标}$ 表示第 i 类故障处理时间（由企业决策者统计决定）；$t_{i实际恢复需要时间}$ 表示第 i 类故障实际处理时间；n 表示故障总类数。

3. 配送效果的反馈

配送效果的反馈是配送活动的末端环节，处理好配送效果的反馈工作对于提高配送业务操作水平以及整体服务水平都有积极意义。配送效果的反馈一般体现为顾客满意度、顾客市场份额递增率和从顾客处获得利润的综合值等。

（1）客户满意度指标。满意度计算一般是通过回访调查而得到，即满意数与总调查数之比。为了使满意度的计算更加合理，把很满意数、较满意数、基本满意数等统一折算成满意数,在实际中可以用下式来计算(系数可以根据企业情况微调,但要一贯执行)。

$$客户满意度 = \frac{很满意数 \times 1.1 + 满意数 \times 1 + 基本满意数 \times 0.6 - 不满意数}{样本总数} \times 100\%$$

(9 – 13)

(2)客户市场份额递增率指标。用来评价物流企业顾客的市场份额递增的情况,通常采用下列公式计算:

$$\lambda_{12} = \frac{\beta_2 - \beta_1}{\beta_1} \quad (9-14)$$

其中,β_1 和 β_2 表示相同时间段 T 内的前期市场份额增长率和本期市场份额增长率;λ_{12} 表示市场份额增长率。

(3)从客户处获得利润的综合值指标。配送效果反馈中不仅要重视顾客的交易利润,还要评价这种交易是否有利可图。应当注意,有些顾客尽管目前无利可图,但其有很大的增长潜力,不可忽视。如果与公司交易多年的客户仍然无利可图,则应该尽快摆脱这些客户。可以将客户分为三类,分别是稳定的长期客户、有较大发展潜力的客户、无利可图的客户。从客户处获得利润的综合值的计算如下:

$$A = \left(\sum_{i=1}^{n_1} A_{1i}\right) \times 1 + \left(\sum_{j=1}^{n_2} A_{2j}\right) \times f_1 + \left(\sum_{k=1}^{n_3} A_{3k}\right) \times f_2 \quad (9-15)$$

其中,A 表示从客户处获得利润的综合值;A_{1i}、A_{2j}、A_{3k} 分别表示稳定的长期的第 i 位客户总利润值、有较大发展潜力的第 j 位客户总利润值、无利可图的第 k 位客户总利润值;n_1、n_2、n_3 分别表示稳定的长期客户总数、有较大发展潜力的客户总数、无利可图的客户总数;f_1 表示有较大发展潜力的客户利润折算系数,由决策人决定,$f_1 > 1$;f_2 表示无利可图的客户利润折算系数,由决策人决定,$0 < f_2 < 1$。

以上是配送活动三个阶段的绩效评价指标。在进行量化分析时,充分注重了实用性原则,量化结果能够帮助医药配送企业发现配送活动中的某些问题,为企业配送活动的流程优化提供了基础,从而弥补了定性分析的缺陷,在实际决策中有一定的指导意义。

9.1.5 医药配送中心绩效评价体系的实施步骤

医药配送中心绩效评价既包括医药配送企业内部的运作评价,也包括企业外部对企业经营管理的评价。企业内部的运作评价是建立在员工考核基础之上的,是企业日常管理的一部分。而企业外部进行的评价是对企业的管理水平、市场竞争地位的核查。一般要按照正规的评价过程逐步实施，主要包括以下几项内容。

1. 确定评价工作实施机构

一般由评价组织机构直接实施评价，评价组织机构将负责成立评价工作组，并选聘有关专家组成专家咨询组；或者委托社会中介机构实施评价，这时应与选定的中介机构签订委托书，然后由中介机构成立评价工作组及专家咨询组。无论由谁来组织实施评价，对工作组及专家咨询组的任务和要求都应明确。

参加评价工作的成员应具备如下基本条件。

（1）熟悉医药配送中心绩效评价业务，有较强的综合分析判断能力。

（2）具有较丰富的物流管理、财务会计、资产管理及法律等方面的专业知识。专家咨询组的专家还应具有一定的工程技术方面的知识。

（3）专家咨询组的专家应在物流领域中具有高级技术职称，有一定的知名度和相关专业的技术资格。

（4）评价工作主持人员应有长期的经济管理工作经历，并能坚持原则，秉公办事。

2. 制定评价工作方案

由评价工作组根据有关规定制订医药配送中心评价工作方案，经评价组织机构批准后开始实施，并送专家咨询组的每位专家审核。

3. 收集并整理基础资料和数据

根据评价工作方案的要求及评分的需要来收集、核实及整理基础资料和数据。收集的数据包括如下两点。

（1）选择物流行业同等规模企业的评价方法及评价标准值。

（2）收集连续三年的会计决算报表、有关统计数据及定性评价的基础材料，并确保资料的真实性、准确性和全面性。

4. 评价计分

运用计算机软件计算评价指标的实际分数，这是医药配送中心绩效评价的关键步骤。

（1）核实会计决算报表及统计数据，计算定量评级指标的实际值。

（2）根据选定的评价标准，计算出各项基本指标的得分，形成"医药配送中心绩效评价计分表"。

（3）利用修正指标对初步评价结果进行修正，形成"医药配送中心绩效基本评价计分表"。

（4）根据已核实的定性评价基础材料，参照绩效评价指标参考标准进行指标评价和打分，形成"医药配送中心绩效评价计分汇总表"。

（5）将"医药配送中心绩效基本评价计分表"和"医药配送中心绩效评价计分汇总表"进行校正、汇总，得出综合评价的实际分数，形成"医药配送企业绩效得分总表"。

（6）根据基本评价的四部分（财务效益、资产运营能力、偿债能力、发展能力）得分情况分析计算各部分的系数。

（7）对评价的分数和计分过程进行复核，为了确保计分准确无误，必要时用手工计算校验。

5. 评价结论

将绩效基本评价得分与物流产业中相同行业及相同规模企业的最高分数进行比较，将财务效益、资产运营能力、偿债能力、发展能力这四部分内容的分析系数与相同行业的比较系数进行对比，对医药配送中心绩效进行分析判断，形成综合评价结论，并听取医药配送中心有关方面负责人的意见，进行适当的修正和调整。

6. 撰写评价报告

评价报告的主要内容包括评价结果、评价分析、评价结论及相关附件等。评价报告应送专家咨询组征求意见，由评价项目主持人签字后，报送评价组织机构审核认定。

7. 评价工作总结

将评价工作背景、时间、地点、基本情况、结果、工作中的问题及措施、工作建议等汇总成书面材料，建立评价工作档案，同时报送医药配送中心备案。根据行业或企业进行分析和排序，其步骤为确定评价对象、选定评价标准值、收集和核实基础资料、用计算机计算分数和排序、评价分析、撰写并报送评价分析报告。

应当指出，行业的评价方法及评价标准这一标杆还比较缺乏，可以纵向比较自己企业的数据，以自己的企业前期数据作为标杆。

9.2 医药配送中心绩效评价方法

9.2.1 平衡计分卡

医药配送中心的绩效评价是一个典型的多指标综合问题。医药配送中心的绩效评价包含了许多主观和不确定的因素,即使只考虑企业的库存,其规模和其中的变量也难以用传统的运筹学方法解决,因此决定了其性能评价模型以仿真模型为主。近年来,平衡计分卡作为一种来源于战略的、各种衡量方法一体化的新的绩效评价框架,在企业管理领域得到了广泛的关注。平衡计分卡源于企业战略绩效的评价,通过改进,该方法也可以适用于医药配送中心的绩效评价。这种方法具有较好的可操作性,简单、有效,可以分层次、多角度地评价医药配送中心的绩效。

1. 平衡计分卡的概念

1992 年,Robert S. Kaplan 和 David P. Norton 在《哈佛商业评论》上发表了关于"平衡计分卡"的文章。其核心思想如图 9-2 所示。

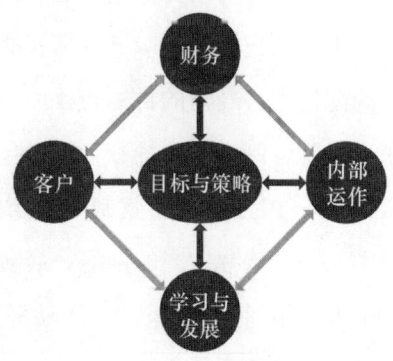

图 9-2　平衡计分卡战略透视图示

平衡计分卡克服了单纯利用财务报表进行绩效管理的局限性。财务报表传达的是已经呈现的结果和滞后于现实的指标,并没有向公司管理层传达未来业绩的推动要素是什么,以及如何通过对客户、供应商、员工、技术革新等方面的投资来创造新的价值。平衡计分卡从四个不同的角度,提供了一种考察价值创造的战略方法。

(1) 财务：从投资者角度来看企业增长、利润率以及风险战略。

(2) 客户：从顾客角度来看企业创造价值和差异化的战略。

(3) 内部运作：使各种业务流程满足客户和投资者需求的优先战略。

(4) 学习与发展：优先创造一种支持公司变化、革新和成长的氛围。

从这四个方面建立平衡计分卡，兼顾短期和长期目标、理想的结果和结果驱动因素、主观目标和客观目标，可以科学地衡量企业包括客户关系、创造能力、质量水平、员工积极性和信息系统在内的无形资产在创造持续的价值上所起的作用。

2. 平衡计分卡的设计原则

可以结合自身的实际情况，建立医药配送中心平衡计分卡，平衡兼顾各种指标。设计时可遵循以下几个原则：与医药配送中心的战略目标和供应链整体绩效一致；定性衡量与定量衡量相结合；内部评价与外部评价相结合；长期目标与短期利益相结合。

由于绩效评价体系最终反映在供应链的价值上，因而在使用平衡计分卡对医药配送中心绩效进行评价时，不仅要考核当前状况，更要关注其长期发展能力。绩效评价指标应覆盖三个主要领域：第一，考查医药配送中心当前盈利性；第二，分析医药配送中心对供应链的持续贡献能力；第三，医药配送中心对培养供应链盈利的增长潜力的贡献。

建立医药配送中心平衡计分卡的关键在于供应链内部就战略问题是否达成共识，并弄清楚如何把战略方向转换成医药配送中心经营的目标与评估手段。平衡计分卡的制定中必须让企业的各级员工参与进来。通常，制定平衡计分卡可以包括以下几个步骤。

首先，为平衡计分卡确定目标。在公司高层就制定平衡计分卡达成共识，并获得支持，明确平衡计分卡的主体意图。一是选择适当的部门。最初的平衡计分卡工程，最好从一个具有战略意义的业务部门开始，这个业务部门的活动最好贯穿整个工作流程——创新、经营、销售和服务。二是选择和设计评价手段。该阶段主要包括以下要点：对于每个目标，设计出容易实现和能够传达这种目标意图的评价手段；对每个评价手段，找到必要的信息源并且采取必要的行动；对每个目标的评价体系之间的相互影响进行评价。

其次，制订实施计划。以实施平衡计分卡目标部门的下属业务部门为单位，成立实施小组。各实施小组确定平衡计分卡的目标并制订实施计划。该计划包括如何把评价手段与数据库和信息体系联系起来，负责在公司内部传播平衡计分卡，并帮助下一级部门制订实施计划。对于医药配送中心的评价，需要针对不同类型的医药配送中心进行具体分析。加工型医药配送中心集成了物流活动的所有功能，包括备货功能、储存功能、分拣和配货功能、简单加工功能、配载功能和运输功能等，它可以看作物流活动的缩影。

3. 医药配送中心平衡计分卡

下面以具有简单加工功能的医药配送中心为例，说明医药配送中心平衡计分卡的主要内容。

医药配送中心平衡计分卡如表 9-2 所示，该系统有财务、客户、内部运作、学习与发展等思想指标。对于具体的医药配送中心，需要对关键因素进行选择，某些关键因素需进一步分解。

表 9-2　　　　　　　　　　医药配送中心平衡计分卡

指标	战略重点	关键因素（可选）
财务	达到供应链与医药配送中心价值最大化	资产回报率、销售总量、利润总额、存货周转率、库存天数、现金流
客户	满足客户合理需求	客户保有率、新客户开发率、客户价值率、客户满意度、供应商满意度
内部运作	在合理的成本下，高效率运作	平均响应时间、最短响应时间、配送时间柔性、配送生产率
学习与发展	持续改进、提高与创新	流程、技术的改进与创新，员工技能提高；客户关系管理、供应商关系管理与货物数据管理等方面的学习与发展

（1）财务。在医药配送中心的平衡计分卡中，财务指标在所有指标中仍然具有核心地位。医药配送中心在整个供应链中的作用是保证整个供应链在财务上有长期的、良好的收益。因此，医药配送中心的财务优化非常重要。财务指标包括资产回报率、销售总量、利润总额、存货周转率、库存天数、现金流等。

（2）客户。医药配送中心的目标之一就是为它的上游、下游客户创造价值，为他们提供稳定的收益。因此，对医药配送中心评价的核心内容之一就是客户管理，评价指标的选择应该集中体现客户的需求和客户价值等指标。客户指标包括客户保有率、新客户开发率、客户价值率、客户满意度及供应商满意度等。其中，客户满意度包括客户对医药配送中心的响应能力、服务能力的认同，客户能否就订单的包装、货物性能提出个性化的要求,以及这种个性化要求的实现程度。客户价值率是指客户对医药配送中心的满意度和服务过程中发生的成本进行比较的比率。

(3) 内部运作。由于不同的医药配送中心所面临的市场、采用的业务模式和发展阶段不尽相同,在内部运作评价方面,可以根据医药配送中心的具体情况增加或者减少某些关键因素,也可以在某个阶段细化某一类关键因素。内部运作评价指标一般包括平均响应时间、最短响应时间、配送时间柔性、配送生产率等。其中,医药配送中心配送时间柔性是指市场需求变动导致配送量增加到一定比例后,医药配送中心内部重新组织计划、生产和运输的时间。

(4) 学习与发展。学习与发展一般包括流程、技术的改进与创新,员工技能提高,客户关系管理、供应商关系管理与货物数据管理等方面的学习与发展。医药配送中心在某种意义上就是一个信息中心,它的特点就是用信息代替存货,这是维持供应链伙伴关系和高效率运作的关键。信息共享的内容包括需求预测、销售点数据、生产计划战略方向、客户目标等,重要信息的共享程度体现了一个医药配送中心实际实施供应链管理的程度。所以,客户关系管理、供应商关系管理与货物数据管理等方面的学习与发展是不可或缺的评价指标。

9.2.2 模糊综合评价法

由于医药配送中心绩效评价指标体系涉及的因素相当多,且对各因素的评价结论大多是模糊的,一般不适宜用绝对数值来表示。单纯用定量分析方法对医药配送中心的物流绩效进行评价是不可能的,而采用完全定性的评价方法不仅缺乏说服力,而且针对性也不强,不能明确反映问题出在什么地方、到什么程度。因此,有必要采用定性分析与定量分析相结合的评价方法,通过模糊综合评价法对医药配送中心绩效进行评价。这样能减少评价的主观性,增加评价的客观性,再加上模糊综合评价结果以向量的形式出现,而不是一个单点值,且这个向量是一个模糊子集,可较为准确地反映物流服务商的综合情况。根据物流绩效评价指标设计的原则,结合医药配送中心的物流具体运作情况,在进行评价时,该方法的基本步骤如下。

1. 建立评价因素集

对绩效评价指标进行合理划分,具体产生评价因素集,有一级指标评价因素集为 $U =$

$\{U_1, U_2, U_3, U_4, U_5\}$,二级指标评价因素集分别为 $U_1 = \{U_{11}, U_{12}, U_{13}, U_{14}\}$、$U_2 = \{U_{21}, U_{22}, U_{23}, U_{24}\}$、$U_3 = \{U_{31}, U_{32}, U_{33}, U_{34}\}$、$U_4 = \{U_{41}, U_{42}, U_{43}, U_{44}\}$、$U_5 = \{U_{51}, U_{52}, U_{53}, U_{54}\}$。

2. 确定权重集

权重是各个评价因素重要程度的反映,它是与评价因素集 U 相对应的模糊集合。有一级指标的权重集 $A_i = \{a_1, a_2, \cdots, a_5\}$,且 $\sum_{i=1}^{n} a_i = 1$;二级指标的权重集 $A_{ij} = \{a_{i1}, a_{i2}, \cdots, a_{im}\}$,$\sum_{j=1}^{n} a_{ij} = 1 (i = 1, 2, \cdots, n)$。权重的确定方法有多种,如权值因子判断表法、专家估测法、层次分析法、加权统计法、频数统计法等。为方便起见,文中采用权值因子判断表法,将定性问题量化,具体评价指标的权重可通过以下步骤确定。

(1)成立评价小组。由配送中心相关管理人员和有关专家组成 L 人的评估小组。

(2)制作评价指标权值因子判断表。根据各级评价指标的数量多少确定 n 的值,如表 9-3 所示。

表 9-3　　　　　　　　评价指标权重值因子判断

评价指标	U_1	U_2	U_3	⋯	U_n
U_1					
U_2					
U_3					
U_4					
U_5					

(3)填写评价指标因子判断表。评价小组成员将行因子与列因子相互对比,若采用 4 分制时,两因子相比非常重要的指标记 4 分,比较重要的指标记 3 分,同样重要的指标记 2 分,不太重要的指标记 1 分,很不重要的指标记 0 分。

(4)确定评价指标的权值。根据各评价小组成员填写的权重值因子判断表,首先计算每一行得分,其次求评价指标平均值。

3. 建立评价集

根据评价指标体系的性质,设评价集 $V_j = \{V_1, V_2, \cdots, V_m\}$,$V$ 表示评价标准,$j = 1, 2, \cdots, m$。如把评价等级定位优、良、中、差等四种,则 m = 4,即评价集 V 对应四维

向量的评语集为 {优、良、中、差}。

4. 找出评价矩阵

评价矩阵又称隶属度向量矩阵,它是对评价因素集 U 内的评价因素进行评定的一种模糊映射。它反映了各评判因素和评价等级之间的关系,是从 U 到 V 的 F 关系矩阵 $R \in F(U \times V)$。

$$R_K = \begin{bmatrix} r_{k11} & r_{k12} & \cdots & r_{k1m} \\ \vdots & \vdots & \vdots & \vdots \\ r_{kn1} & r_{kn2} & \cdots & r_{knm} \end{bmatrix} (k = 1, 2, \cdots, n) \quad (9-16)$$

其中,元素 r 为从第 i 个因素着手,作出第 j 种评价的可能程度。

5. 进行模糊综合评价

模糊综合评价计算公式为:

$$B_K = A_K \cdot R_K \quad (9-17)$$

即:

$$评价向量 = 权重向量 \cdot 隶属矩阵$$

其中,"·"为模糊关系的合成运算符。

6. 多级综合评价

由于医药配送中心绩效评价是相当复杂的过程,有些问题在实际评价时,往往需要将评价指标分为多层级,其评价方法是重复运用以上计算过程,从低级指标向高级指标逐级评价。

采用模糊综合评价的方法对配送中心的物流绩效进行评价,需要建立一套科学的评价指标体系,并合理地确定各个评价指标的权重。根据企业自身的特点和相关客户对配送中心物流服务质量不断发展的要求,客观地制定指标体系。评价指标权重的确定,可以采用权值因子法。它是一种将定性问题定量化的权重确定法,与层次分析法中的最小平方方法相比,具有简单易操作的特点。它不仅能够快速准确地比较出各个评价指标的相对重要程度,而且能够比较科学、客观地对配送中心物流绩效进行综合评价,这对改进医药配送中心的物流管理具有一定的借鉴作用。

9.3　医药配送中心绩效改进方法——基准化管理

9.3.1　基准化的含义和特点

中国有句话曾经很流行,那就是"榜样的力量是无穷的",还有一句话"他山之石,可以攻玉",都透着基准化管理的思想。

1. 基准化的含义

基准化是美国现代营销大师马克姆·波里奇于20世纪70年代提出来的。基准化就是指企业为了削减运营成本、缩短流通时间、增加产品稳定性、降低库存和提高客户满意度,确认与鉴别出来那些出类拔萃的并可以为企业直接采用的,或经过必要的改造后可为企业所采用的产品、服务、流程以及经营管理实践的系统化的思维方式。具体来说,基准化是企业将自己的产品、服务、生产流程与管理模式等与行业内或行业外的领袖型企业进行比较,借鉴与学习他人的先进经验,改善自身的不足,从而提高竞争力、追赶或超越基准企业的一种良性循环的管理方法。其实质是一种促进企业绩效改进和提高的工具,是模仿、学习和创新的过程。

基准化可以使企业开阔视野,在全球、全行业甚至跨行业的范围内寻找最佳企业,根据最佳企业的情况来设定自己既具有挑战性又具有现实可行性的奋斗目标。

2. 基准化的特点

(1) 系统性。它不是简单的抄袭,而是一个识别最佳实践并吸收消化的过程,致力于长期的绩效改善。

(2) 执行性。制定较高的绩效目标是一个方面,其实施过程才是关键。

(3) 价值化。基准化管理的最终目标是要创造价值。

(4) 指标化。如何设计和应用指标是基准化的关键所在。

(5) 持续性。基准化管理不是静止的,随着新标准的出现,绩效管理的过程也不断变化。

(6) 变革性。就其本质而言,基准化管理是一次在制度、流程与运营模式上的变革。

9.3.2　基准化的类型

很多公司如美国电报电话公司、IBM公司、杜邦公司以及摩托罗拉公司等都以基准化作为标准的经营手段。有些公司仅仅以其行业中最好的公司为基准，而有些公司却以世界上"经营实践最好的公司"为标准实行基准化。例如，由于方向等原因而卖掉移动业务的摩托罗拉公司的每一项基准化管理都从研究世界上"最好的企业"入手。

按照基准化的来源，基准化可以划分为内部基准化、外部基准化和竞争性基准化。只有正确全面地掌握基准化方法的定位和内涵，企业在运用基准化方法的过程中才不会出现偏差。每个企业应仔细评价自己的资源条件和竞争环境，开展基准化管理的唯一有效方法就是确定是为财务需要还是为满足客户需要这一问题。任何类型的基准化，如果能正确应用都将使企业受益。以下分别举例说明。

1. 内部基准化

内部基准化主要是指单个企业内部的基准化。这是以企业内部操作为基准的方法，是最简单且易操作的基准化方法之一。它是通过确立内部基准管理的主要目标，可以做到企业内的信息共享。确立企业内部最佳职能或流程及其实践，然后推广到企业内的其他部门，这不失为提高企业绩效最便捷的方法之一。

例如，来自吉列公司内部物流基准化的例子就是最好的说明。吉列公司在拉美地区的业务网点包括设在墨西哥、智利、巴西、哥伦比亚、阿根廷、委内瑞拉、厄瓜多尔及秘鲁的产品制造厂和物流配送中心。每年，每一处经营网点的物流管理者的工作业绩都要通过12项指标来体现，其中主要包括装运准确性、库存准确性、库存周转率、供应率、物流配送中心效率、物流配送中心储存密度、订单周转时间及订单执行绩效等。吉列公司为每一项指标都设了一个年度奖，各个经营网点相互友好地竞争各单项奖以及年度综合物流业绩奖。最重要的是每一个获奖人或单位必须向其他人讲授自己是怎样获得成功的。通过这一方式，每个经营网点的仓储管理水平都得到了提高。

2. 外部基准化

外部基准化是指企业所在行业外的基准化。下面从施乐公司来看外部基准化。

施乐公司是一个具有代表性的外部基准化实例，它在所处的行业以外寻找基准化对象。施乐公司致力于重新设计一个重要的配送网络，其中包括了对经营网点数、经营点位置、所有制成品设计及服务套件配送设施的重新考虑。为了设计高效的物流配送中心，施乐公司派代表参观了其他行业的一系列配送设施。在每次参观过程中，施乐公司都与受访企业进行信息交流，所交流的信息都是关于仓储绩效和仓储配送设施操作方面的。同时，他们还探讨受访企业在设施的设计及操作方面的教训。一旦新的作业计划完成，施乐公司就与来自基准化对象公司的代表们在关于新的操作方式上达成一致。

为了迅速估算出参观途中每项作业设施的总体运行状况，施乐公司的物流工程师们提出了一个简单的方法，用以衡量每项配送设施的运行状况，即每项仓储设备每年装运出库的产品数与每年花费在该仓储设备上的劳动时间之比。简单来说，就是产品装运量与每人时之比。对比值较高的设备，公司还要对其进行仔细检查和重新衡量，以确保这些设备与施乐公司新的配送设施设计相协调。

施乐公司的客户服务及其物流配送中心的作业绩效本身就很出众，它将基准化的对象集中在 L. L. Bean 公司上。许多 L. L. Bean 公司物流配送中心正在运作的操作方式被引入施乐公司的设计中。这些操作方式在施乐公司同样起作用，因为施乐公司在服务套件的配送作业上已经达到了国际先进水平。这种从外部看问题的角度是成功实现基准化的关键所在。首先，大部分的物流实践及运作方式的创新突破是在不同行业间的物流活动中出现的；其次，当基准化的对象处在同一个行业时，它们就很难达到基准化过程中所必需的合作性；最后，如果在同行中设定基准化对象，就很可能只把自己设定为行业内的领导者，如果所在的行业在物流管理方面效率并不高的话，其结果就像"矮子里拔将军"一样。

与外部基准化同样重要的是选择物流管理上类似的基准化伙伴。在内部基准化和竞争性基准化中，这种类似性是显而易见的。但是在外部基准化过程中，识别类似的物流作业就比较困难。在施乐公司和 L. L. Bean 公司的例子中，它们在物流作业方面之所以具有类似性，是因为两者的平均订单价值基本相等，平均订单所包含的货物体积也基本相等，平均每项订单所包含的产品数量基本相同，两者所处理的交易数量几乎相同，两者存货单元的数量基本一致等。在某种程度上，如果外部基准化对象与本企业具有物流作业方面的类似性，那么所建立的基准化伙伴关系就是成功的。选择基准化伙伴的过程不仅对选择者本身的基准化过程来说很重要，而且对具有伙伴关系的双方都很重要。一个良好的基准化伙伴关系必须具备以下要素。一方的优势恰好就是另一方的劣势，反之，一方的劣势就是另一方的优势；具有对机密消息的灵敏性；能够承认劣势并吸取教训；能够承认优势并与他人分享成果；具有开放的思想；具有物流作业上的相似性；在不同行业或不同国家进行经营活动。

3. 竞争性基准化

竞争性基准化关注的是同行业内不同企业间的作业状况。这是以竞争对象为基准的基准化方法，也被称为竞争性基准法。该方法的目标是与有着相同市场的企业在产品、服务、工作流程等方面的绩效与实践进行比较，直接面对竞争者。

例如，某两个保健品批发公司合并后不久，新上任的副总裁就被委任管理新企业的配送网络，这个配送网络包含 30 个物流配送中心，规模从 5000 平方米到 50000 平方米不等。由于该副总裁并不熟悉该行业的配送情况，因此他管理的出发点是从对本企业配送绩效的评价调查开始，以便与其他竞争者进行对比。一家大的咨询机构负责进行这项调查，调查的内容包括用装运量来衡量劳动生产率、配送成本（以占销售额的百分比来表示）、库存周转率、准确性等指标。调查结果很快通过图示反映出企业配送活动中存在的优势和劣势，接着很快据此制订出一系列改进方案。

9.3.3 基准化的实施

"模仿"看似一件平常的事情，然而，把模仿的意思弄错的企业也非常多，如下面这个例子。

A 公司和 B 公司的物流经理参观 C 公司的某个物流配送中心，听了 C 公司物流经理关于"我们物流配送中心的拣货劳动生产率为平均每人每小时拣货 600 个"的介绍之后，对于自己公司与 C 公司在这方面的差距（A 公司为 200 个，B 公司为 300 个）感到非常震惊。

A 公司的经理回到自己公司之后，立刻制作一幅"将拣货的劳动生产率提高到每小时 600 个"的标语。而 B 公司的经理带着"为什么两个公司的劳动生产率会有这么大差距"的疑问，一边将自己公司的做法与 C 公司进行比较，一边仔细观察 C 公司的作业情况。他发现 C 公司的拣货员来回走动的距离比自己公司拣货员要短很多，还注意到了两个公司在货物保管上面的差异。相对于自己公司是按照商品系列进行区分来决定保管场所的做法，C 公司以各个量贩店为单位，按不同的顾客来决定保管场所。在自有品牌商品不断增加的情况下，B 公司的经理认为这是"最佳"的做法，通过对这项业务的模仿，来提高自身的劳动生产率。

A 公司与 B 公司对于改善活动所付出的努力的差异，直接反映在他们的"目标达成度"上。单纯只是模仿 C 公司的劳动生产率这项指标的 A 公司最终只不过是制定了一个"简单的努力目标"。也就是说，只有将创造优势的过程当作基准点（模仿的目标）的 B 公司，才具备了将来能够成为胜者的资质。所以，基准化过程一般应遵循下述 7 个步骤：决定基准化哪项功能；识别关键的可测定的绩效变量；识别最好的一类公司；测定最好的一类公司的绩效；测定本公司的绩效；制订缩小此种差距的具体方案和实施行动；实施和检测结果。

实施基准化活动，要求企业清晰界定基准化的目标和项目。简单地说，就是企业在基准化活动中应该明确学什么、向谁学。

美孚石油公司在实施基准化管理活动中首先进行目标和项目的确定。1992 年，美孚石油公司还只是一个每年只有 670 亿美元收入的公司，为了提高销售绩效，公司进行了一项调查，询问了光顾服务站的 4000 位顾客"什么对他们是重要的"。调查显示，仅有 20% 的被调查者认为价格是最重要的，其余 80% 的顾客想要三件同样的东西：能提供帮助的友好员工、快捷的服务和对他们消费忠诚予以认可。调查结果让公司决定对其服务进行改革。具体内容分别以速度（经营）、微笑（顾客服务）、安抚（顾客忠诚度）作为基准项目。然后对相应的最佳企业实践进行研究，寻找基准企业。有了明确基准目标和项目，通过学习和研究整合，美孚石油公司最终形成了新的加油站概念——"友好服务"，目的是努力使顾客体会到加油也是愉快的，结果当年加油站的平均收入增长了 10%。基准化管理法在有些企业取得了显著的成效，但在有些企业却收效甚微。基准化管理能否取得成功，以及能够取得多大的成功，在很大程度上取决于高层管理者的重视程度和支持程度。

高层领导必须提供各种资源，从组织机构方面予以保证。高层领导要提供时间和经费，组建基准化小组或委员会，选拔和圈定进入小组的成员，在企业年度战略规划与经营计划中列入或体现基准化管理的内容。

企业在甄选每一个基准化企业时,一定要根据企业自身所处的行业发展前景、企业发展战略、产品成本和收益等实际情况,仔细挑选出应该学习的基准企业。在选择基准企业时,可注意避免如下几个误区:一是只选择行业企业学习,其实找到行业外的基准,才可能有突破性进展;二是选概念好的企业,比如瞄准高科技企业,其实越是高科技企业对管理的要求反而更低,而越是没有技术壁垒的企业越要讲究管理竞争;三是选择国外知名企业,认为国外企业在各方面都比国内企业好;四是选择大企业,认为大企业就是好,其实适合自己的才是最好的。

事实上,一个企业真正能发展,除了靠表面的规则之外,还有很多潜在的、非正式的东西,而这些非正式的东西是基准企业在发展过程中积淀下来的,包括价值理念和行业规范等,而且未必是成文的东西。所以,企业在学习的时候不要被基准企业表面的繁荣所迷惑,不能仅停留在基准企业的表层和形式上,一定要由表及里,要看到支撑基准企业发展的更有价值的潜在的东西。如果看不到这些,企业实施基准化不仅学不到先进的东西,反而会给企业带来灾难。

整个基准化流程中最重要的环节是方案的实施与运作。任何好的方案如果不能付诸实施,就仅仅是一堆废纸,不要总是处于对数据的无休止的分析和再分析之中而忘了基准化的最终目的。

医药配送中心进行基准化管理,既要向行业内先进的配送中心进行学习,更要向行业外的服务、管理、流程现代化的配送中心多多学习,使自身向更高水平的配送中心迈进。

课后思考

1. 医药配送绩效评价指标分为哪几个方面?
2. 医药配送中心绩效评价体系的实施步骤是什么?
3. 模糊综合评价法和平衡计分法的优缺点各是什么?
4. 医药配送中心应怎样实施基准化?

案例分析

上海医药的六西格玛管理

上海医药作为中国最早提供第三方医药物流服务的公司，目前在全国范围内设立现代化物流中心超过60个，总仓储面积达50万平方米，可支持跨区域、跨库存运作。从国外经验来看，医药流通企业从单一的物流服务商转向整体方案提供商、从传统商业购销模式转向现代全产业链服务模式是大势所趋。现代化的物流能力是构成流通企业未来竞争力的关键因素，而运营效率则是物流能力的基本前提与重要保证。从2013年起，上海医药全面建立精益六西格玛持续改进体系，以顾客需求为导向，围绕绩效提升、流程优化两大主题，应用精益六西格玛方法论和工具，实施对供应链流程的优化和完善。公司着眼全国运营一体化，推进多仓联动一体化、多业态物流网络一体化、供应链服务一体化，加快建设全国物流项目，构建全国物流信息平台、全国运输管理平台、全国订单配送管理平台，并实施全国物流资源共享优化项目，启动物流标准化体系建设。

2013年，公司下属上药分销控股有限公司率先在物流公司试点精益六西格玛管理，精选十大项目，内外联动，全流程、全要素践行精益管理。试点成效达到预期，运营效率明显改善，物流成本显著降低，客户满意度大幅度提升，为全面深入推进打下扎实基础。项目推广首年即节约物流费用180万元。在物流成功经验的基础上，上药分销控股深化并扩大试点范围，将精益管理延伸至供应链全过程，扩展至精益管理工作、企业文化理念中，鼓励员工参与其中、分享其中。上药科园信海由骨干人员带头，分阶段践行精益六西格玛管理，全面推进项目落地见效。一期项目共设十大课题，设计物流、采购、财务运营及销售部门，从建立多仓联动机制、降低室内物流成本、制定国内厂商服务策略、提升医院客户满意度、提升流程审批效率等方面层层突破，狠抓落实，成效卓著。

六西格玛作为精益管理工具，其核心是持续改进、系统改善、消除浪费、保证服务品质。上海医药将精细化管理提升到精益管理层次，并作为核心战略常抓不懈。精益管理在内部供应链管理上进行流程优化和变革的同时，在采购端，通过选择供应商服务策略项目提高了客户满意度，通过增加送货频次，成功减少了库存量，通过预约送货时间项目减少了供应商送货等待时间；在医院客户端，实施改变客户的下单时间以均衡作业、改变客户的回款周期以减少资金压力、改变客户退货流程使库存更为准确等项目，敢于创新，勇于变革，大大提高了医药服务企业的服务水平和运营效率。

？思考题

1. 上海医药是如何应用精益六西格玛方法提升企业绩效的？
2. 上海医药的哪些方面可以作为基准化企业被学习的东西？

参考文献

［1］徐贤浩．物流配送中心规划与运作管理．武汉：华中科技大学出版社，2008
［2］孔继利．物流配送中心规划与设计．北京：北京大学出版社，2014
［3］贾争现．物流配送中心规划与设计．北京：机械工业出版社，2014
［4］赵皎云．南京医药中央物流中心的规划建设创新实践．物流技术与应用，2019，24（11）
［5］刘昌祺．物流配送拣货系统选择及设计．北京：机械工业出版社，2011
［6］孔继利．物流配送中心规划与设计．1版．北京：北京大学出版社，2014
［7］张芮．配送中心规划设计．北京：中国物资出版社，2011
［8］汝宜红，田源，徐杰．配送中心规划（修订本）．北京：清华大学出版社，北京交通大学出版社，2010
［9］徐静．医药物流配送中心作业管理与策略优化研究．物流技术，2014（12）
［10］杨巨峰，严锐．新GSP背景下医药物流配送中心作业成本——以××医药配送中心为例．运城学院学报，2016（1）
［11］常艳杰．浅析运营成本法在流通型配送中心成本核算中的应用．物流技术，2010（3）
［12］李安华．物流信息系统．成都：四川大学出版社，2006
［13］史红霞．物流信息系统分析与设计．杭州：浙江科学技术出版社，2007